金融服务业集聚研究：
经济增长、城镇化与互联网金融

施卫东 著

东南大学出版社
SOUTHEAST UNIVERSITY PRESS
·南京·

内容提要

一个地区金融服务业集聚程度、金融服务业生产率增长情况不仅直接关系到本地区金融服务业与经济的健康发展,还对其周边乃至全国范围内经济、金融的健康、稳步发展产生重大的影响。在我国产业结构转型与升级的宏观背景下,金融服务业发展面临的一个重要问题是实现有限金融资源的优化配置,从而在促进金融服务业自身效率增长与产业成长的同时,为我国产业结构优化升级与国民经济的稳定增长提供动力源泉。本书从金融服务业集聚与经济增长、金融服务业集聚与城镇化、金融服务业集聚的新形态互联网金融三个方面来分析金融服务业集聚发展中的影响机制和制约因素,可为相关部门总结金融服务业集聚发展及演变规律、深入了解城市间金融服务业集聚联系情况,从而为推动区域金融一体化与协调发展提供理论依据与现实材料;可为政府及金融服务机构针对制约金融服务业集聚的制约因素制定相应政策,并采取有针对性的措施为有效提高金融服务产业集聚提供决策依据,从而进一步发挥金融服务业集聚的产业结构升级效应,推动金融服务业的集聚化与良性发展,进而带动产业结构的转型升级与经济的可持续发展。

图书在版编目(CIP)数据

金融服务业集聚研究:经济增长、城镇化与互联网金融 / 施卫东著. —南京:东南大学出版社,2021.10
 ISBN 978-7-5641-9711-7

Ⅰ.①金… Ⅱ.①施… Ⅲ.①金融—商业服务—服务业—研究 Ⅳ.①F830

中国版本图书馆 CIP 数据核字(2021)第 201800 号

责任编辑:张慧芳　　封面设计:王玥　　责任印制:周荣虎

金融服务业集聚研究:经济增长、城镇化与互联网金融
Jinrong Fuwuye Jiju Yanjiu: Jingji Zengzhang、ChengZhenhua Yu Hulianwang Jinrong

著　　者	施卫东
出版发行	东南大学出版社
社　　址	南京市四牌楼2号　邮编:210096　电话:025-83793330
网　　址	http://www.seupress.com
电子邮箱	press@seupress.com
经　　销	全国各地新华书店
印　　刷	广东虎彩云印刷有限公司
开　　本	700mm×1000mm　1/16
印　　张	15.75
字　　数	311千字
版　　次	2021年10月第1版
印　　次	2021年10月第1次印刷
书　　号	ISBN 978-7-5641-9711-7
定　　价	48.00元

本社图书若有印装质量问题,请直接与营销部联系,电话:025-83791830。

目录 CONTENTS

第一章　总　论 ……………………………………………………… 1
　1.1　绪言 ……………………………………………………………… 1
　1.2　相关概念界定 …………………………………………………… 2
　　1.2.1　金融服务业内涵及外延界定 ……………………………… 2
　　1.2.2　金融服务业集聚内涵及外延界定 ………………………… 4
　　1.2.3　小结 ………………………………………………………… 5
　1.3　金融服务业集聚文献综述 ……………………………………… 6
　　1.3.1　集聚动因文献综述 ………………………………………… 6
　　1.3.2　集聚效应文献综述 ………………………………………… 10
　　1.3.3　小结 ………………………………………………………… 15
　参考文献 ……………………………………………………………… 15

第一部分：金融服务业集聚与经济增长

第二章　金融服务业集聚对区域经济增长空间溢出效应 ………… 22
　2.1　绪论 ……………………………………………………………… 22
　2.2　文献综述 ………………………………………………………… 23
　　2.2.1　金融服务业集聚与经济增长 ……………………………… 23
　　2.2.2　金融服务业集聚对区域经济增长的影响机制 …………… 24
　　2.2.3　小结 ………………………………………………………… 26
　2.3　模型设定与变量选取 …………………………………………… 26
　　2.3.1　空间相关性检验 …………………………………………… 26
　　2.3.2　模型设定 …………………………………………………… 27

  2.3.3 变量选取与数据来源 ……………………………………… 28
  2.3.4 小结 ……………………………………………………… 30
 2.4 实证结果 ……………………………………………………… 30
  2.4.1 全局空间自相关检验 …………………………………… 30
  2.4.2 局域空间相关性检验 …………………………………… 31
  2.4.3 空间计量模型 …………………………………………… 34
  2.4.4 异质性检验 ……………………………………………… 39
  2.4.5 机制分析 ………………………………………………… 42
  2.4.6 稳健性检验 ……………………………………………… 42
  2.4.7 小结 ……………………………………………………… 43
 2.5 结论与建议 …………………………………………………… 44
 参考文献 …………………………………………………………… 45

第三章 金融服务业集聚对产业结构升级的影响研究
——以江苏省为例 ……………………………………… 49
 3.1 绪论 …………………………………………………………… 49
 3.2 相关理论与文献综述 ………………………………………… 50
  3.2.1 相关概念界定 …………………………………………… 50
  3.2.2 理论分析 ………………………………………………… 51
  3.2.3 文献综述 ………………………………………………… 52
  3.2.4 小结 ……………………………………………………… 54
 3.3 江苏省金融集聚区位熵分析 ………………………………… 55
  3.3.1 测度方法 ………………………………………………… 55
  3.3.2 样本与数据来源 ………………………………………… 55
  3.3.3 数据计算结果 …………………………………………… 55
  3.3.4 小结 ……………………………………………………… 57
 3.4 江苏省金融服务业集聚水平影响产业结构升级的实证检验 … 58
  3.4.1 变量选择与数据来源 …………………………………… 58
  3.4.2 模型设定 ………………………………………………… 60
  3.4.3 变量的单位根检验 ……………………………………… 60
  3.4.4 约翰逊协整检验 ………………………………………… 61
  3.4.5 向量误差修正模型 ……………………………………… 62

3.4.6　回归结果 ·· 63
　　3.4.7　小结 ·· 64
　3.5　结论与建议 ·· 65
　参考文献 ·· 66

第四章　金融服务业支持对区域绿色发展的影响研究 ············ 69
　4.1　绪论 ··· 69
　4.2　概念界定及文献综述 ·· 71
　　4.2.1　概念界定 ·· 71
　　4.2.2　文献综述 ·· 73
　　4.2.3　小结 ·· 76
　4.3　金融支持区域绿色发展的现状 ······································ 76
　　4.3.1　金融产品的绿色化发展现状 ···································· 76
　　4.3.2　环境产权市场发展现状 ··· 77
　　4.3.3　地方政府对金融支持政策 ······································ 78
　　4.3.4　小结 ·· 78
　4.4　实证分析 ·· 78
　　4.4.1　绿色发展的测度 ·· 78
　　4.4.2　绿色发展测度指标及模型 ······································ 79
　　4.4.3　金融支持对区域绿色发展影响的实证分析 ··················· 83
　　4.4.4　小结 ·· 86
　4.5　结论与建议 ·· 87
　参考文献 ·· 90

第二部分：金融服务业集聚与城镇化

第五章　金融服务业集聚对居民收入差距影响的研究
　　　　　——以长三角16座中心城市面板数据为例 ················ 92
　5.1　绪论 ··· 92
　5.2　文献综述 ·· 94
　　5.2.1　金融服务业集聚 ·· 94
　　5.2.2　居民收入差距影响因素 ··· 95

  5.2.3 金融发展与居民收入差距的关系 ·················· 96
  5.2.4 小结 ·· 97
 5.3 理论分析 ·· 97
  5.3.1 核心概念界定 ·· 97
  5.3.2 金融服务业的集聚机制 ··································· 99
  5.3.3 金融发展对居民收入差距影响的分析与假设 ······ 101
  5.3.4 小结 ·· 103
 5.4 实证分析 ·· 103
  5.4.1 相关变量的测量方法 ····································· 103
  5.4.2 模型设定 ·· 109
  5.4.3 结果分析 ·· 110
  5.4.4 小结 ·· 115
 5.5 结论与建议 ··· 115
 参考文献 ·· 117

第六章 金融集聚与城镇化的空间计量分析——以浙江为例 ··· 119
 6.1 绪论 ·· 119
 6.2 文献综述与理论分析 ··· 120
  6.2.1 国外研究现状 ·· 120
  6.2.2 国内研究现状 ·· 121
  6.2.3 金融集聚对城镇化影响机制分析 ···················· 121
  6.2.4 小结 ·· 122
 6.3 金融集聚与城镇化的度量 ······································ 122
  6.3.1 金融集聚度量方法 ·· 122
  6.3.2 城市化水平度量方法 ····································· 123
  6.3.3 浙江城市群金融集聚和城市化水平的度量 ······· 123
  6.3.4 小结 ·· 124
 6.4 空间计量模型构建 ·· 124
  6.4.1 变量选择 ·· 124
  6.4.2 模型设定 ·· 125
  6.4.3 数据来源 ·· 126
  6.4.4 小结 ·· 127

  6.5 实证结果分析 ································· 127
    6.5.1 金融集聚水平测度 ······················ 127
    6.5.2 城市化水平的测度 ······················ 127
    6.5.3 金融集聚空间自相关检验 ················ 127
    6.5.4 空间计量模型的实证分析 ················ 128
    6.5.5 小结 ·································· 129
  6.6 结论与建议 ································· 129
  参考文献 ·· 130

第七章 金融服务业集聚提升城镇化水平吗？
    ——以江苏省苏南与苏北为例 ················ 132
  7.1 绪论 ······································· 132
  7.2 理论分析与假设 ····························· 133
    7.2.1 金融集聚的测算与相关理论研究 ·········· 133
    7.2.2 金融集聚与城镇化关系的研究 ············ 134
    7.2.3 小结 ·································· 136
  7.3 研究方法 ··································· 136
    7.3.1 研究对象与数据来源 ···················· 136
    7.3.2 变量的测算 ···························· 137
    7.3.3 小结 ·································· 139
  7.4 实证分析 ··································· 139
    7.4.1 江苏省的苏南苏北城镇化水平区域差异分析 · 139
    7.4.2 描述性分析 ···························· 140
    7.4.3 回归分析 ······························ 141
    7.4.4 小结 ·································· 142
  7.5 结论与建议 ································· 142
  参考文献 ·· 144

第八章 金融服务业集聚对新型城镇化的影响研究 ····· 146
  8.1 绪论 ······································· 146
  8.2 研究现状与机理分析 ························· 148
    8.2.1 研究现状 ······························ 148

  8.2.2 金融集聚对新型城镇化发展的作用机理 ·········· 150
  8.2.3 研究假设 ·········· 152
  8.2.4 小结 ·········· 153
 8.3 我国金融集聚和新型城镇化水平的测度 ·········· 153
  8.3.1 我国金融集聚水平测度的研究方法 ·········· 153
  8.3.2 我国新型城镇化水平测度的研究方法 ·········· 156
  8.3.3 小结 ·········· 159
 8.4 我国金融集聚对新型城镇化影响的实证研究 ·········· 159
  8.4.1 变量选取与数据来源 ·········· 159
  8.4.2 模型设定 ·········· 160
  8.4.3 实证分析 ·········· 160
  8.4.4 小结 ·········· 163
 8.5 结论与建议 ·········· 163
 参考文献 ·········· 166

第三部分：金融服务业集聚新形态——互联网金融

第九章 我国互联网金融发展模式与路径选择研究 ·········· 170
 9.1 绪论 ·········· 170
 9.2 文献综述 ·········· 171
  9.2.1 互联网金融的内涵综述 ·········· 171
  9.2.2 互联网金融与传统金融 ·········· 172
  9.2.3 互联网金融与创业 ·········· 175
  9.2.4 互联网金融众筹模式 ·········· 180
  9.2.5 小结 ·········· 184
 9.3 我国互联网金融的发展模式研究 ·········· 184
  9.3.1 第三方支付平台模式 ·········· 184
  9.3.2 网贷平台模式 ·········· 188
  9.3.3 众筹融资 ·········· 190
  9.3.4 小结 ·········· 192
 9.4 我国互联网金融的路径选择 ·········· 192
  9.4.1 实现利率市场化的发展路径 ·········· 192

####### 9.4.2 产品往专业化发展的路径 193
####### 9.4.3 平台向多元化发展的路径 193
####### 9.4.4 理财产品个性化的路径 193
####### 9.4.5 小结 194
9.5 结论与建议 194
参考文献 198

第十章 互联网金融对大型商业银行经营效率的影响 203
10.1 绪论 203
10.2 文献综述 204
10.3 实证结果及分析 205
####### 10.3.1 互联网金融指数的构建 205
####### 10.3.2 商业银行经营效率指标的选择 206
####### 10.3.3 基于VAR与脉冲效应的实证分析 208
####### 10.3.4 小结 209
10.4 结论与建议 210
参考文献 210

第十一章 互联网金融对居民消费影响的实证研究 212
11.1 绪论 212
11.2 文献综述 212
####### 11.2.1 国内学者对互联网金融对居民消费影响的研究 212
####### 11.2.2 国外学者对互联网金融对居民消费影响的研究 213
####### 11.2.3 研究方法和思路 213
####### 11.2.4 小结 214
11.3 互联网金融对居民消费影响的机理 214
####### 11.3.1 互联网金融提高居民的消费倾向 214
####### 11.3.2 互联网金融提高居民投资的预期收益 215
####### 11.3.3 互联网金融满足消费者的流动性需求 215
####### 11.3.4 小结 215
11.4 互联网金融对居民消费影响的实证分析 215
####### 11.4.1 互联网金融提高居民的消费倾向效应 215

  11.4.2 互联网金融优化居民消费结构 ················· 217
  11.4.3 小结 ························· 220
 11.5 结论和建议 ························ 220
 参考文献 ····························· 221

附：总参考文献 ··························· 222

后记 ······························· 241

第一章

总　论

1.1　绪言

在现代市场经济中,金融是经济的核心,承担着为现代经济各部门提供资金中介服务的角色,是调节宏观经济的重要杠杆。金融服务业作为资本、知识高度密集的行业,既是现代服务业的重要组成部分,又是我国国民经济中的优势与主导产业,其在现代经济和社会中发挥着重要作用。首先,金融服务业是联系社会经济各部门的纽带与桥梁。金融机构通过为经济社会中的其他产业融通资金,提供金融中介服务,连接各单位、各部门和各行业的生产经营活动,是国家调控、监督、管理国民经济运行的重要手段。其次,金融服务业承担着维持金融体系稳定的重要作用。金融机构通过对金融资源的管理、配置、调节、监督等活动,在全社会范围进行资源的优化配置,通过为经济社会中的其他行业提供金融中介服务等,来为市场各参与主体管理和分散风险提供条件与可能,从而提高金融资源利用的效率与效益,防范金融风险;金融服务业作为维持产业结构均衡发展的生产性服务业,其为国内生产总值的增长提供增加值的贡献。最后,随着我国国际化进程的加快,金融服务业在服务业与国民经济中将会占据更为重要的战略地位,发挥愈加突出的重要作用。

从理论上讲,现有文献主要是从金融服务业集聚动因、集聚程度、集聚效应等方面来研究金融服务业集聚问题,鲜有从金融服务业集聚作为现代金融产业基本组织形式的视角出发,对这一新型产业组织的网络结构及其组织各节点间的网络联系进行研究与分析;也鲜有从产业集聚视角出发来研究金融服务业集聚效率,考察其生产率变动情况及其推动与阻碍其产业效率增长的因素;目前理论界虽对金融服务业集聚效应做了较多定性分析与描述,但专门从产业结构升级视角出发对金融服务集聚效应的定性与定量研究则显得较为薄弱。由于长三角金融服务业集聚程度与辐射范围位列全国前列,金融服务业在区域乃至国民经济中正日益占据重要地位和产业结构转型与升级的研究背景下,国内众多学者对与长三角金融集聚现象进行了最早研究与探索。管驰明、徐爱华通过对长三角 15 个城市金融服务业集聚程度进行研究,验证了长三角地区存在金融集聚态势,且这种集聚态势存在明显上升的趋势和潜力[1];丁艺、李树丞等通过对我国 31 个省(自治区、直辖市)(不包括港澳台)的金融集聚程度进行评价研究,发现上海、浙江、江苏分别位列金融集聚程度综合评价列表的第一、四、五位[2],同样在一定程度上说明了长三角地区金融服务业集聚程度与发展水平位列全国前列。由此可知,与其他经济区域相比,无论是在经济发展水平还是金融服务业集聚发展程度方面,长三角地区均走在了全国的前列,其金融服务业已呈现出较为明显的集聚态势。长三角地区金融服务业的集聚发展不仅对本地区经济、金融的发展具有积极的促进与推动作用,还对周边地区与其他区域金融服务业的集聚发展具有重要的先导示范作用及其参考价值,甚至对整个国民经济的稳步发展均具有重要的影响作用。因此,从对金融服务业集聚研究发展到研究其他区域的相关问题。

一个地区金融服务业集聚程度、金融服务业生产率增长情况不仅直接关系到本地区金融服务业与经济的健康发展,还对其周边乃至全国范围内经济、金融的健康、稳步发展产生重大的影响。在我国产业结构转型与升级的宏观背景下,金融服务业发展面临的一个重要问题是实现有限金融资源的优化配置,从而在促进金融服务业自身效率增长与产业成长的同时,为我国产业结构优化升级与国民经济的稳定增长提供动力源泉。此外,由于效率在不同的时段与地区均具有不同的表现形式,因此对金融服务业集聚效率的研究必须置于特定的时间与地点下,其研究结论才会有现实意义。首先,可为相关部门总结全国金融服务业发展及演变规律、深入了解城市间金融服务业联系情况,从而推动区域金融一体化与协调发展提供理论依据与现实材料;其次,可为政府及金融服务机构针对制约金融服务业生产率增长的不利因素制定相应政策,并采取有针对性的措施有效提高金融服务产业效率水平提供理论依据与现实材料,从而进一步发挥金融服务业集聚的产业结构升级效应,推动金融服务业的集聚化与良性发展,进而带动产业结构的转型升级与经济的可持续发展。

1.2 相关概念界定

1.2.1 金融服务业内涵及外延界定

金融服务的概念涉及金融和服务两方面内容,但由于目前国内学术界对金融和服务认识上的分歧,使得理论界对金融和服务这两个范畴的界定至今仍未形成一个被普遍接受的权威观点,因此,虽然金融服务从属于服务这一大类,是服务的一种表现形式,但对于什么是金融服务,截至目前,理论界还未形成一个统一的、确切的定义。金融服务内涵的模糊与外延的不同界定影响了金融服务业范畴的界定。

1) 相关法律法规与统计口径中对金融服务业范畴的说明

1987年由美国制定的标准产业分类体系中,金融服务业被归为"金融、保险、房地产"一类;1999年在美国通过的《金融服务现代化法》中,其将"房地产"从金融服务业中分离出来,将金融服务业的范畴重新界定为:银行、保险公司、证券公司、经纪人、储蓄协会、住宅贷款协会及其中介服务。由世界贸易组织(WTO)制定的服务贸易总协定(GATS),其在第二十九条附件中有关金融的部分对金融服务做出了界定:金融服务是指由一成员方的金融服务提供者所提供的任何有关金融方面的服务,并在此基础上将金融服务的范围划分为保险及与保险有关的服务,银行及其他金融服务。何德旭对由WTO给出的对金融服务具体业务的划分做了一个适当归纳,认为金融服务主要包括六大类内容:①信贷服务;②保险服务;③证券服务;④交易服务;⑤资产管理服务;⑥信息和咨询服务[3]。联合国统计署也对"金融及相关服务"这一统计口径做出了说明,其将非强制性的保险、养老基金服务和再保险服务;投资银行服务;金融中介服务(包括存贷业务、中央银行服务、银行中介业务服务);房地产、租借、租赁等服务,以及为以上各项服务提供服务的种种金融中介服务均列为"金融及相关服务"这一统计范畴之中。2011年中国国家统计局制定并开始执行的《国民经济行业分类》(GB/T 4754—2011)中,金融服务业被界定为"金融业"这个一级分类产业,其具体包括货币金融服务、资本市场服务、保险业和其他金融业这四个大类。

2) 学术界对金融服务业内涵的不同认识

英国学者亚瑟·梅丹从营销管理的角度给出了其对金融服务内涵的理解,其认为金融服务是金融机构运用货币交易手段,融通有价物品,向金融活动参与者和顾客提供的共同受益、获得满足的一种服务活动[4]。黄少军则通过将金融服务业与其他非金融服务产业相比,所表现出的显著特征来给出其对金融服务业这一概念的理解与认识,其认为与其他产业相比,金融服务业具有以下三个方面的显著特征:①金融服务业的实物资本投入较少,其所提供的服务数量难以用一个合适的物理单位来衡量,其服务价格也就得不到准确定义;②现代金融服务提供越来越多与信息生产、传递和使用相关的功能,而不仅仅承担资金融通中介这一传统金融服务功能;③金融服务业已由传统的劳动密集型产业逐渐转变为知识密集与人力资本密集产业,信息资源的多寡和人力资本的密集度已成为决定现代金融服务的核心竞争力[5]。何德旭、王朝阳认为,作为一个为生产和生活提供服务的产业,金融服务业实际上是一个描述性的总体概念,而不是经济统计中的产业门类;且其认为从总体上看,金融服务业由银行、保险、证券等行业构成[6]。姚战琪则从金融服务业所承担的职能出发,指出在经济发展中,金融服务业主要扮演着三种角色:①作为维持产业结构均衡发展的服务性产业;②为其他产业融通资金;③维持金融体系稳定[7]。并于次年,指出了金融服务业较其他服务产业所表现出的特殊性,即金融机构在提供资金媒介服务时,通常不是直接收取服务费用,而是以间接方式(即资金贷款利率高于存款利率)取得服务收入[8]。陈维礼、郑珍远则从金融服务业的行业特性与作用出发,认为金融服务业是经营和提供金融保险商品的特殊企业,其具有垄断性、指标性、高风险性、高负债经营性和效益依赖性等特点[9]。相比较上述学者对金融服务业内涵的不同理解与范畴的不同分类而言,吴竞给出了较为完整的金融服务业定义,其从主体、产品、经营媒介、构成要素、产业性质等多个方面对金融服务业的内涵与外延做出了较为全面、准确的界定,其认为金融服务业是由金融机构、金融工具、金融商品、金融市场、金融制度等构成的开放性系统[10]。

本研究认为金融服务业是以融通货币资金为其主要职能,通过向金融活动参与者与顾客提供金融商品与服务,以取得服务收入来促进自身发展的同时,维系产业结构均衡发展并为经济增长做出贡献的一种服务性产业,且随着金融活动的日益复杂化与信息化,金融人力资本的密集程度与金融信息资源的多寡程度将成为决定金融服务业核心竞争力的关键因素。需要指出的是,为使前后统计口径的一致与便于进行统计分析,本研究将金融服务业看作是构成国民经济产业结构中的一种服务性产业,并将其划分为银行业、保险业、证券业和其他金融业这四大类。

1.2.2 金融服务业集聚内涵及外延界定

Porter在《论国家的竞争优势》中给出了产业集聚的定义,其认为产业集聚是指一组在地理上接近的、具有相互联系的企业及其相关机构。这些企业和机构同处于某一特定的产业领域,由于供给与需求的共同性与互补性而集聚在一起。然而,由Porter所定义的产业集聚中的企业主要是指制造型企业,相比传统制造业而言,金融产业集聚则包括了更多的含义[11]。Kindleberger于1974年率先给出了金融集聚的概念,其通过研究发现,一些金融参与者在进行交易时倾向于向某一区域集中,且这种倾向性会随着整个产业的不断发展而表现得愈发明显,当集中交易地区逐渐形成一定规模并发展到一定程度时,就产生了外部规模经济效应,从而吸引大量投资者进入该区域,最终引发大量金融企业的空间集聚[12]。

黄解宇、杨再斌认为金融集聚既可以定义为一个过程,也可以定义为一个状态或结果[13]。滕春强则将金融服务业集聚看作是具有行业互动性、社会接近性与空间地理接近性的金融机构及其相关辅助产业,通过金融资源与地域条件组合、协调、融合的时空动态变化并达到一定规模与集聚程度后的一种介于金融企业与金融市场组织的中间网络组织[14]。冯晓春则根据金融集聚的深化程度,将金融集聚分为三步:第一步是金融资源的集聚,包括资金资源、人力资源、客户资源、技术资源等资源的综合;第二步是金融产业的集聚,是在第一步的基础上又有了会计机构、专业评级机构、律师事务所等和金融相关的服务业的集聚;最后一步就是金融集聚,即前两步的有机结合所形成的巨大金融产业链[15]。汪潇、姚辉则从静态、动态与承担功能这三个方面给出了金融集聚的内涵,其认为金融集聚在静态上表现为一定规模与密度的金融机构、产品、制度等在一定地域空间的有机组合;在动态上可看作是金融运动的地域选择、金融效率的空间调整;在承担功能上表现为金融中心所在城市通过金融扩散将资源配置到周边较为落后的地区,同时实现资金、人才、信息、技术与观念的共享[16]。

综合以上学者对金融集聚的定义,本研究认为金融服务业集聚从动态角度看就是金融服务资源与金融服务产业,包括与金融服务活动相关的辅助产业与配套产业,在一定地域空间集中发展并成长为金融地域密集系统而获得金融产业效率的空间调整与提高的变化过程;从静态角度看就是指经过上述过程达到一定规模与密集程度后,金融机构、金融辅助机构、金融工具、金融产品、金融人才、金融信息、金融市场、金融制度、金融文化等金融资源在某地域高度集中、有机结合的现象与状态。需要指出的是,本研究所研究的金融服务业集聚是将金融服务业作为构成国民经济产业结构的一种服务性产业,基于产业集聚视角,来对金融服务业集聚网络结构、效率及产业结构升级效应进行研究与分析。

1.2.3 小结

本节通过对不同领域以及相关学术研究成果的梳理与总结,对金融服务业内涵及外延界定、金融服务业集聚内涵及外延界定进行了阐述,并提出本研究对这两个概念的界定。

1.3 金融服务业集聚文献综述

1.3.1 集聚动因文献综述

自20世纪90年代以来,金融集聚以其特有的集聚优势所带来的金融服务业产出效率与核心竞争力的提高吸引了国内外学者对金融服务业集聚问题的广泛关注,引发了大量有关金融集聚的理论分析与实证研究。国内外学者基于不同的理论基础与研究切入点,采用不同的研究方法对金融服务业集聚这一问题展开了研究与探讨,且研究的重点主要集中于金融服务业集聚动因与集聚效应这两大方面,因此,本章也从上述这两个方面对有关金融服务业集聚的国内外文献做一番梳理与总结。

1)基于产业集聚理论的研究

在研究金融服务业集聚动因时,有很大一部分国内外学者以Marshall、Porter等的产业集聚理论为基础,探讨金融服务业集聚的原因与动力因素,他们认为外部规模经济、集聚经济与交易成本是引发金融服务业集聚的主要原因[17-19]。

Kindleberger基于比较经济史这一视角对金融服务业集聚动因进行了研究,其认为金融在空间上的集聚所形成的外部规模经济是促使金融服务业集聚的力量源泉;并进一步指出这种外部规模经济具有自我强化机制,如果某一金融集聚区域已形成规模经济,那么它又会吸引更多金融机构与其他产业选择进入该区域,从而又会进一步增强该区域的吸引力及其所形成的外部规模经济[12]。Park通过对国际银行集聚发展态势与国际金融中心形成的推动因素进行理论与实证分析的基础上发现,集聚经济与规模经济是国际银行集聚发展与国际金融中心形成的主要原因;其中外部规模经济通过吸引更多金融机构集中于某一地区或国家且规模不断增大时就促成了生产与消费群体在空间上的集中,表现为行业内银行间的协作与信息共享及其金融机构间的基础设施共享、交易成本的降低、消费者与生产者间便利的信息沟通等[20]。Authur通过建立路径依赖模型分析了外部规模经济引起金融集聚的路径与过程,其认为因外部规模经济所带来的规模收益递增效应会使得在存在外部规模经济区内的银行所提供的金融业务相比在不存在规模经济区内的其他银行所提供的同类金融业务而言更具吸引力,从而构成了对该银行在区域空间上的"锁定",即一旦一个新金融机构选择进入该区域,则其在规模效益递增的诱使下将很难再迁出该区域[21]。Taylor在研究伦敦金融服务业集群发展时发现,推动伦敦金融服务业集群的动力主要来自以下三个方面：一是熟练的劳动力市场；二是因地理位置接近而形成的密切人际关系；三是消费者、服务提供者与供应商三者间的良好沟通关系；并进一步指出，熟练的劳动力市场是影响伦敦金融服务业集群持续发展最重要的因素之一[22]。

国内学者孟庆民、杨开忠指出了金融集聚的本质，即它是规模经济、范围经济及其外部规模经济合力作用的过程，其中规模经济促成金融资源产业集聚点的产生；范围经济进一步促成产业集聚区的形成；外部规模经济则吸引集聚区外的金融机构不断进入，因此，产业核心区的形成是上述三者合力协作的结果[23]。黄运成、杨再斌在对不同国际金融中心建设模式进行比较分析的基础上，总结出了国际金融中心的主要特点，即其建设均以产业经济发展为前提，金融集聚是在其他产业经济快速发展的推动下进行的[24]。吴竞认为金融集聚相伴产业集聚而产生，产业集聚为金融成长提供了承载空间；金融服务业的高流动性及其成长是金融服务业集聚的本质；此外，空间集聚及其不对称信息与默示信息也可在一定程度上促进金融服务业的集聚[10]。孙国茂、范跃进认为，金融中心的形成可以划分为自然形成和政府引导两种模式，金融中心的形成主要依赖金融发展水平、资源禀赋和经济基础、区位优势和专业人才等条件[25]。Anton Kocheturov等人以网络分析法为基础，针对美国、瑞士的金融市场进行实证分析，结果发现，社会在非金融危机时期，其产业集聚的结构改变显著性差，但在金融危机发生过程中，金融集聚现象则相对稳定甚至没有任何改变[26]。孙志红和王亚青认为金融集聚加快了资本流动速度，增加了产业结构调整的成效，同时对经济增长也具有明显的正向溢出作用[27]。

2）基于信息流理论的研究

近年来，金融地理学家们也从多个方面对金融集聚问题展开了探讨，其中金融地理学中的信息流理论主要从"信息外在性""信息不对称""信息腹地"等方面对金融集聚的内在动因进行了研究与分析。

Porteous指出，"信息腹地""不对称信息""信息外在性""路径依赖"及"国际依附性"是推动金融中心发展的内在支撑力；同时，它们也是决定金融中心兴衰的关键因素[28]。此外，Porteous还探讨了物理距离与信息不对称之间的关系，其认为物理距离越远，信息不对称性就越大，致使金融交易的风险也就越大，从而从另一个侧面阐述了信息不对称性对金融集聚的内在推动作用[29]。Gehrig则认为信息不对称与信息外部性不仅是塑造信息腹地和关系金融中心建设的关键因素，同时也是引起地区经济差异化发展与重塑国际经济结构的重要影响因素；并在此基础上根据对信息的不同敏感度对金融交易活动进行了分类，其认为对信息更为敏感的金融交易趋向于向交流充分、信息集中的中心地区集中,从而形成金融中心,而对信息敏感度差却对监管成本更为敏感的金融交易活动则更倾向于向郊区分散,且这种倾向随着交易限制的放宽与网络信息技术的进步而变得更为明显[30-31]。Porters基于信息地理学的视角对股权资本跨界流动的影响因素进行了研究,发现交易距离、交易效率与市场规模是决定股权资本跨界交易流动的主要决定因素;其中信息不对称又是引起资本市场分割的最主要原因,而交易成本对市场分割的影响不大[32]。Zhao和Smith在合作探讨中国金融集聚形成与演化机制时,也得出了与Gehrig相似的结论,肯定了信息外部性与信息不对称在塑造信息腹地、决定金融中心、影响地区等级与全球层次中的重要作用;并进一步指出,信息的不对称性使得接近信息源成为金融机构获得竞争优势的内在需求,且这种需求在互联网时代下变得更为迫切与强烈[33]。Zhao又将金融信息分为标准化信息与非标准化信息,并指出由于非标准化信息是当地化的由非大众媒体传递的信息,因此要准确把握其内容与真正价值就必须准确了解这类信息的背景,这就对金融集聚提出了客观要求;此外,非标准化信息往往还是不对称信息,这就要求金融机构必须接近信息源方能获取,因此金融服务业的集聚发展摆脱不了地理空间差异这一约束[34]。Bossone认为金融集聚主要归因于信息外溢,信息提供商(金融中介)的加入使得投资者与通过银行借贷经营的企业家间的了解与信任得到了增进,信息交流也变得更为充分,从而信息提供商在提供投资信息而获得利润的同时也促进了投资的增长与整个产业价值链条利润的提升;此外,对于支付手段复杂且具有高信息敏感度的证券市场与金融衍生工具而言,更需要券商和投资者在地理位置上的接近,以便其及时并准确掌握更多有价值的信息[35]。

国内学者梁颖指出,高增值信息服务是金融服务业的一大特性,这一特性使得金融机构在选址时必须进驻信息中心地,因为信息本身在传递时存在损耗,且非标准信息在传递时可能存在误差,从而大大降低了金融机构选址的随意性[36]。林善浪、王健通过考察金融活动内部运作的方式,对金融商品从生产设计到公开发行,以不同阶段、不同参与者的互动过程,解释了金融服务业集聚的机理,其指出信息溢出可以使证券市场参与者集结在一起,可以使区内金融服务业从信息量倍增中受惠[37]。

3) 基于区位选择理论的研究

在激烈的产业竞争环境中,金融服务业只选择在某一特定地区集聚,其主要原因在于这些地区具有吸引金融服务业集聚的独特空间区位优势,这些优势影响着金融机构的选址决策;因此,金融机构选址作为影响金融集聚的重要因素之一,引起了国内外学者的关注。

Choi 在理论上分析了国际主要银行业中心的形成原因,指出影响银行跨国分支机构选址决策的主要因素可归结为:当地金融市场规模、直接投资规模、地区间贸易流量及其在空间距离与地理文化上的差异;然而他对这些因素在影响银行选址决策时的相对重要性缺乏实证研究[38]。Davis 又通过对金融服务业领域的调研发现,不同层次的金融机构均倾向于向大都会区域集聚,因为在该区域可以拥有专业的人才并与相关领域企业建立联系,从而因更加接近交易市场而大大降低交易成本,并通过技术外溢及其知识、信息、经验的共享而产生技术创新[39]。Porteous 从距离对银行贷款监督成本影响的视角出发研究了银行区位模型,发现在不考虑价格竞争因素的条件下,若市场潜力在空间分布上是不均匀的,则银行将会选择在市场潜力大的区域集中[40]。Martin 通过对不同金融机构的区位选择特征进行研究后发现,具有不同经营性质与特点的金融机构在区位分布特征上也会呈现出差异性,具体表现为:银行在空间区位上的分布相对比较分散;而外汇交易与证券机构则相对更倾向于在空间上集中[41]。Clark 的分析与研究结论也证实了金融体系地理接近的重要性,其认为金融系统对空间地理的依赖性是不会随着信息、通信技术的迅猛发展而降低的,因为金融机构因面对面交流所产生的信息外溢是电子通信技术所不能取代的;并指出金融系统的这种地理依赖性在市场信息的地理差异较为明显的情况下将表现得更显著[42]。

国内学者潘英丽在研究金融机构选址问题时也采用了企业区位选择理论,其认为金融集聚所带来的诸如融资成本与风险的降低、市场流动性的提高等外部性是金融中心形成的催化因素;此外,良好的基础设施、监督环境及其稳定的政治环境也是影响金融机构选址决策的重要因素[43]。殷兴山在对金融服务业集聚本身特性进行分析的基础上,指出区位的市场需求引导金融服务业集聚;金融服务业本身的高流动性加速了金融集聚;而规模经济则促使金融服务业集聚[44]。任英华、徐玲等通过构建金融集聚影响因素空间计量模型,探究了影响我国 28 个省域金融服务业集聚的宏观影响因素,其指出区域创新、经济基础对金融集聚的促进作用显著;对外开放在期初对金融集聚有显著的正效应,但这种作用随着时间的推移正逐渐减弱;人力资本对金融集聚促进作用的发挥则需要一个消化和吸收的过程[45]。车欣薇等认为,地理因素导致的机会成本、规模效应、金融业份额和默示信息是金融集聚发生的原因[46]。张浩然研究发现信息基础设施和人力资本都有助于金融集聚,但由于市场化条件和经济发展阶段不同,东部地区的金融服务业出现了向经济发展较好、信息基础设施完善的区域定位的态势,而在中西部地区,金融业主要在区域行政中心集聚[47]。

1.3.2 集聚效应文献综述

1) 基于产业集聚视角的研究

产业集聚代表人物 Porter 指出,产业集聚所形成的竞争优势来自产业集聚对集聚企业生产率与持续创新能力的提高及其进入风险的降低,具体表现为产业集聚区内专业劳动力市场的形成、相关技术与竞争信息传播的快捷性、金融企业间建立信息和协调机制的便利性、企业与雇员间培训与搜寻等交易成本的减少及其因竞争压力对企业创新向心力的激发等[48]。一部分国内外学者正是基于产业集聚的视角来探讨金融服务业集聚所产生的一系列集聚效应。

Audrestch 和 Feldman 从供给角度出发指出了金融集聚所带来的一系列优势,包括集聚区内的专业劳动力市场有利于金融机构利用与开发人力资源;所拥有的诸如铁路、公路和航空等公共交通基础设施有利于金融机构的管理与运转;所形成的信息外部性可以为新进入金融参与者提供集聚区内金融机构已有的成功经营管理经验;所产生的知识溢出效应有利于金融集聚区内知识经验的共享和技术创新能力的提高[49]。Naresh 和 Gary 则从需求与供给两个角度分析了金融集聚效应,其认为从需求角度看,金融集聚区可以提高该区域内金融机构的声誉,并能够降低客户与金融机构间的信息不对称,从而有利于金融机构对客户关系的长期维护;从供给角度看,金融集聚区可为金融机构提供专业化的劳动力及其他金融机构的支持性服务[50]。Pandilt 等则运用产业集聚动态研究方法,对英国三大金融服务业集聚区,即大伦敦金融集聚区、南苏格兰金融集聚区与西北金融集聚区进行了比较分析发现,金融集聚效应会影响金融机构的成长与新进入者的数量;且在同一金融集聚区的不同金融机构间存在关联性[51-52]。萨森认为金融集聚效应可分为收益与成本两方面,其中收益方面表现为金融机构间因业务的相互运作与介绍而产生的专业化;成本方面则表现为需要储备大量技术劳动力及其对专业商务配套服务与获取高质量信息的需求;并进一步指出,无论是对金融服务业自身发展而言还是对区域经济增长而言,金融产业集聚发展均是利大于弊的[53]。

国内学者潘英丽指出金融中心存在两种效应:一是外部规模经济效应,其能提高市场流动性、节约周转资金余额、降低投资风险与融资成本;二是集聚效益,其通过为各金融参与者间的近距离沟通与交流创造可能与有利条件而促进交易效率的提高[54]。连建辉、孙焕民等也指出,金融服务集聚为集聚区内的金融机构带来的竞争优势主要体现在生产经营效率的提高、区域金融创新的激发及其金融风险的降低等方面[55]。黄解宇、杨再斌则认为,与其他非金融集聚区相比,金融集聚区内拥有更多的技术人才、技术诀窍和技术信息,创新资源丰富,因而拥有更快的技术创新速度[13]。刘红、叶耀明认为金融集聚作为产业集聚的一种形式,通过和当地服务业、制造业的互动拓展了金融产业的市场广度;通过金融企业之间的竞争合作关系增加了金融产业的市场深度,其中金融企业间的竞争通过降低客户金融服务对象的成本、激励金融创新,凭借市场选择提高金融业效率来降低交易费用;而金融企业间的合作关系通过资源共享效应、区位金融品牌效应及其金融机构间的协同效用来降低交易费用,从而对区域金融服务产业产生积极的集聚效应,促进地区金融服务业的良性发展[56]。郝文泽也认为集聚区内的金融机构可利用集聚所产生的群体效应,集中广告宣传力度,打造区位品牌,从而有利于其迅速打开市场并赢得超额利润[57]。李正辉和蒋赟以2003—2009年的省际面板数据为样本,采用区位熵法测算金融集聚程度,并对其影响因素进行分析,得出信息不对称、规模经济和政府政策都对金融集聚具有显著影响[58]。王弓和叶蜀君认为金融集聚可带动各类生产要素在空间上实现集聚,由此产生强大的外部溢出效应[59]。张贵平将金融行业细化为银行、保险和证券行业,结合金融效率构建静态综合评价指标体系,研究分析上海市的金融集聚水平[60]。邹海荣等实证分析了长三角地区城市金融集聚同经济发展的协调程度,以此为基础对此种空间溢出效应促进地区经济增长的作用做了论证[61]。李秋敏指出,金融集聚可通过集聚效应与辐射效应的发挥促进经济发展,现阶段,我国金融集聚水平在不同地区之间有明显不同,东部强于中部强于西部[62]。

2）基于信息流、不对称信息视角的研究

随着互联网时代的到来及其信息通信技术的迅猛发展,金融服务活动也变得日益信息化、电子化,因此,一部分学者开始从信息流与信息不对称视角来探讨金融服务业集聚效应,认为金融集聚所产生的信息外部性可使得在金融集聚区内的金融机构产生信息套利活动,因贴近信息源而获得超额利润。

Thrift通过分析信息科技与金融集聚形成间的相互作用关系阐述了金融集聚所产生的信息溢出效应与网络技术创新效应[63]。Naresh和Gary等认为,金融服务业在空间上的集中所产生的各层次金融机构在地理上的接近有利于降低金融机构与其客户间因不对称信息而产生的道德风险与逆向选择的程度[64]。Clark和Wojcik通过对德国资本市场的研究分析发现,金融集聚能够通过降低信息不对称而提高资本市场的有效性[65]。之后,Clark又指出,集聚区内的金融机构与当地社区网络间的联系因金融集聚而变得日益紧密,且这种网络联系所产生的信息溢出效应将使得集聚区内的金融机构更易及时、准确掌握金融信息与市场动向,从而在提高市场交易效率的同时大大降低交易风险与交易成本[66]。

我国学者王力和黄育华认为金融服务业集聚能够凭借金融机构间因相互联系所产生的信息溢出效应而有效降低单个金融机构搜寻信息、完成交易的成本,并有效拓展市场范围[67]。黄佳军和蒋海则基于信息经济学的理论基础研究金融集聚效应,其认为一方面金融主体对信息平均认知水平的提高以及信息抽象和编码系统能力的提升扩大了金融信息中"知识部分"的比例,但金融信息的大量集聚又会扩大"噪音信息"的比例,因而信息不完全未能消除,系统性金融风险始终存在;另一方面,金融认知水平的普遍提高、金融主体间认知差距的减小以及信息的传播和扩散效率的提高都有利于降低信息不对称程度,减少金融市场中的逆向选择和道德风险,有利于防范金融风险[68]。樊向前和范从来从金融地理学的信息分析角度出发,将引起金融集聚的金融信息流分为规制信息流、经济信息流和创新信息流,并认为正是由这些信息流整合而成的信息源头促进了金融集聚[69]。

3)基于实体经济视角的研究

金融部门对实体经济部门的作用,实质上表现为对产业部门资本的配置效应,即金融部门对产业结构的影响是通过在不同产业部门间动态配置资本来实现的。因此,一些学者基于实体经济视角来研究金融集聚效应,认为金融服务业集聚在促进自身发展的同时,还完成了其对资源高效配置的职能,从而促进了产业结构的调整升级与区域经济的可持续增长。

King等采用四个反映金融中介服务质量的指标来测度金融服务业集聚发展水平,其通过对1960—1989年间80个国家数据的回归分析发现,金融中介功能与规模的集聚发展在促进经济系统中资本形成的同时还对经济的长期增长起到了积极的推动作用[70]。

国内学者主要采用定性与定量相结合的方法对金融集聚与产业结构升级及其区域经济增长关系进行研究。在定性研究方面,刘军、黄解宇等从金融集聚效应、金融扩散效应与金融功能这三大方面阐述金融集聚影响实体经济的机制。其中,金融集聚效应通过外部规模经济效益、网络效益、创新效益、加速技术进步效益、自我强化机制效益影响经济增长;金融扩散效应通过"涓流效应"和"极化效应"促进经济活动;金融功能通过金融的风险管理功能、信息揭示功能、公司治理功能、储蓄集聚功能和便利交换功能影响和促进经济增长[71]。丁艺、李林等结合金融服务业本身的特性,系统研究了金融集聚对区域经济增长的作用途径,其认为金融集聚是通过外部规模经济效益、技术创新、金融外溢效应、提高金融资源使用效率和自我强化机制效益等途径来对实体经济产生影响的[72]。

黎平海、王雪定性分析了金融集聚促进产业结构升级的内在机理,其认为金融集聚主要通过以下五个途径来作用于产业结构升级的:一是缓解产业结构升级中的资金约束;二是提高产业结构升级中的资源配置效率;三是推动产业结构的技术升级;四是促进主导产业和新兴产业的整合与产业集聚;五是在产业结构升级中发挥风险防范和补偿功能[73]。

在定量研究方面,陈文锋、平瑛以金融产业区位熵作为金融服务业集聚指标,运用协整检验与格兰杰因果关系检验对上海市 1999—2006 年间金融服务业集聚度与经济增长的内在关系进行了研究,发现金融集聚与经济增长间存在长期协整关系,且金融产业集聚是经济增长的格兰杰原因[74]。刘红采用 LS 模型对金融集聚与区域经济的增长效应与辐射效应进行了实证研究,发现金融集聚会对本地区经济产生增长效应,具体包括"需求关联效应"和"资本溢出效应",从而使得金融集聚区可获得较以前更高的经济增长率;同时,金融集聚会对周边地区经济产生辐射效应,具体包括福利补偿效应与涓流效应[75]。王雪运用多元回归模型和 Granger 因果检验法对广东省金融集聚与产业结构升级关系进行了实证检验,发现金融集聚通过其特有的经济效应,拓宽了投融资渠道,提高了资金供给水平和配置效率,推动了广东产业结构的优化和升级[76]。孙社云选取我国金融集聚程度最明显的长三角地区作为研究样本,采用单位根检验、协整检验以及格兰杰因果关系检验分析深入研究了金融集聚与区域经济发展的相互关系[77]。Ansart 和 Monvoisin 认为外部融资需求与企业的研发强度和生产率的增长速度密切相关,因此只有金融业发达地区才能打造适合高技术企业发展的金融环境,契合此类企业的资金需求,从而推动产业结构升级[78]。汪浩瀚、潘源认为金融发展可以凭借其特有的资源配置、信用催化、风险揭示等功能,促进一国或者某个地区的产业结构升级进程[79]。谢婷婷、潘宇发现金融集聚和产业结构升级对于现阶段我国经济发展有着显著的正向促进作用,对于邻近区域具有较强的辐射作用[80]。郑威和陆远权认为地方金融发展通过影响资金的流量结构和存量结构推动产业结构升级[81]。吴炎芳实证分析了金融集聚对区域经济增长的影响,结果表明,三大城市群的经济发展水平在各自内部存在空间自相关性,区域经济发展存在空间集聚和空间溢出特性;金融集聚对区域经济增长起到显著的促进作用[82]。

4) 基于金融集聚负面效应的研究

在国内外大量学者研究金融服务业集聚产生的积极效应的同时,一部分学者将目光转向金融服务业集聚效应的另一面,对金融集聚可能产生的负面影响展开了分析与探讨。

　　Economides 和 Siow 基于市场流动性与市场进入成本的替代关系对金融集聚所产生的负面效应进行了阐述,其认为某一投资者在考虑是否进入金融集聚区时,其会对进入金融集聚区后因高市场流动性所产生的收益与因支付高市场进入费而产生的额外成本进行权衡,若其认为成本大于收益,则他会选择停留在流动性相对较差的金融市场[83]。Pandietal 运用成长模型对金融服务业内部不同部门的影响进行了回归分析,发现金融集聚区内的银行、非银行金融中介、非寿险等三个金融部门对本部门具有较强的正集聚效应,从而促进了本部门金融机构的成长;然而它们对集聚区内的其他部门则具有较强的负集聚效应,从而制约了其他金融机构的发展[84]。Taylor 通过对伦敦金融服务业集聚的实证研究发现,伦敦金融集聚区内的高商务成本和低质量的交通是金融集聚所带来的负面影响,其减弱了伦敦金融集聚区的吸引力,其中高商务成本是影响集聚区内的金融公司考虑重新选择商务活动区位的重要因素[85]。Naresh 和 Gary 基于集聚生命周期理论,认为金融服务业集聚是一个动态发展过程,因金融集聚所产生的积极效果不会无限期地持续存在,其存在一个临界值,当超过这个临界值时,集聚的积极效果就会消失,集聚区内金融参与者的进入与成长速度会因过度集聚引发的要素拥挤与竞争激烈化而降低,最终导致集聚的衰弱[86]。

　　我国学者潘英丽也指出,金融机构在空间上的集聚可能会引发集聚的负面效应,且这种集聚不经济主要表现为:因金融服务业集聚所带来的信息成本的增加;昂贵的办公楼租金及其因市场供给能力过剩所导致的金融机构间的过度竞争和平均利润率的下滑[87]。徐全勇在分析英国金融服务业集群的动力机制与因素的基础上也指出,良性反馈机制是产业集聚形成与发展的关键,但集聚区内的良性反馈不是无限发展下去的,当集聚规模达到特定饱和点后,过于拥挤或过度竞争将减少厂商的进入,从而抑制集群区内企业数量的增长[88]。方祥则将金融服务业集聚可能产生的负面效应归纳为以下四点:一是将引发对经济资源的争夺;二是可能会制约城市的可持续发展;三是发展本身所带来的机会成本(包括探索成本、商务成本等);四是金融集聚可能存在安全隐患[89]。李健旋、赵林度表明金融集聚显著促进了城市生产率的增长,但同时也显著扩大了城乡收入差距,即当前我国确实存在生产率增长和城乡收入差距之间的权衡问题[90]。王淑英等进行实证研究,结果表明,金融集聚能够正向调节创新资源流动与本地区创新知识产出的关系,但对创新资源流动与邻近地区创新知识产出的关系具有消极作用[91]。

1.3.3 小结

本节通过梳理与总结国内外学者的相关文献,首先从基于产业集聚理论、基于信息流理论、基于区位选择理论三个方面,对金融服务业集聚动因的研究进行总结与评述。而后从基于产业集聚视角,基于信息流、不对称信息视角,基于实体经济视角,基于金融集聚负面效应四个方面,对金融服务业集聚效应的研究进行总结与评述,旨在为后文提供一定的理论基础。

参考文献

[1] 管驰明,徐爱华.基于面板数据的长三角金融业集聚动态研究[J].商业研究,2010(7):22-25.

[2] 丁艺,李树丞,李林.中国金融集聚程度评价分析[J].软科学,2009,23(6):9-13.

[3] 何德旭,王朝阳.金融服务业若干理论与现实问题分析[J].上海金融,2003(12):4-7.

[4] [英]亚瑟·梅丹.金融服务营销学[M].北京:中国金融出版社,2000.

[5] 黄少军.服务业与经济增长[M].北京:经济科学出版社,2000.

[6] 何德旭,王朝阳."十一五"期间中国金融服务业的发展思路和相关措施[J].经济社会体制比较,2005(4):111-116.

[7] 姚战琪.金融服务业产业关联度的比较研究[J].产业经济研究,2005(5):35-42.

[8] 姚战琪.金融部门FDI和金融服务贸易的理论与实证分析[J].财贸经济,2006(10):10-15.

[9] 陈维礼,郑珍远.福建省金融服务业的投入产出分析[J].统计与信息论坛,2007(6):64-70.

[10] 吴竞.金融服务业集聚的动因研究[D].上海:上海社会科学院,2010.

[11] Porter M. The Competitive Advantage of Nations[M]. New York:Free Press,1990:261-270.

[12] Kindleberger C P. The Formation of Financial Centers:A Study of Comparative Economic History[M]. Princeton:Princeton University Press,1974:58-70.

[13] 黄解宇,杨再斌.金融集聚论[M].北京:中国社会科学出版社,2006.

[14] 滕春强.金融企业集群发展动因研究[J].金融教学与研究,2006(5):23-24+54.

[15] 冯晓春.金融集聚问题研究:论北京金融集聚发展[D].北京:首都经济贸易大学,2010.

[16] 汪潇,姚辉.城市总部经济发展能力与金融集聚实证研究[J].经济理论与经济管理,2011(5):60-66.

[17] Marshall A. Principles of Economies[M]. London:Macmillan Press,1920:234-238.

[18] Porter M. The Competitive Advantage of Nations[M]. New York:Free Press,1990:261-

270.

[19] Porter M. Competitive Strategy: Techniques for Analyzing Industries and Competitors[M]. New York: Free Press, 1998: 102 - 150.

[20] Park Y S. International Banking and Financial Centers[M]. Boston: Kluwer Acadamic Publishers, 1989: 532 - 569.

[21] Authur W B. Increasing Returns and Path Dependence in the Economy[M]. Mchigan: Michigan University Press, 1994: 116 - 131

[22] Taylor. Financial Services Clustering[J]. Journal of Financial Economic, 2003(9): 336 - 340.

[23] 孟庆民,杨开忠. 一体化条件下的空间经济集聚[J]. 人文地理, 2001(6): 7 - 11.

[24] 黄运成,杨再斌. 关于上海建设国际金融中心的基本设想[J]. 管理世界, 2003(11): 103 - 110.

[25] 孙国茂,范跃进. 金融中心的本质、功能与路径选择[J]. 管理世界, 2013(11): 1 - 13.

[26] Anton Kocheturov, Mikhail Batsyn, Panos M Pardalos. Dynamics of cluster structures in a financial market network, Physica[J]: Statistical Mechanics and Its Applications. Physa, 2014, 413: 523 - 533.

[27] 孙志红,王亚青. 金融集聚对区域经济增长的空间溢出效应研究——基于西北五省数据[J]. 审计与经济研究, 2017, 32(2): 108 - 118.

[28] Porteous D J. The Geography of Finance: Spatial Dimensions of Intermediary Behaviour [M]. Avebury: Aldershot, 1995: 378 - 390.

[29] Porteous D J. The Development of Financial Centres: Location, Information Externalities and Path Dependence[J]. In Martin R. (ed.) Money and the Space Economy, Chichester. Wiley, 1999: 95 - 114.

[30] Gehrig T. Cities and the Geography of Financial Centers[J]. University of Freiburg and CEPR, 1998(3): 18 - 20.

[31] Gehrig T. Cities and the Geography of Financial Centers[M]. Thiss J, Hunoteds J-M. The Economics of Cities. Cambridge: Cambridge University Press, 2000: 23 - 30.

[32] Porter M. Clusters & the New Economics of Competition[J]. Harvard Business Review, 2000(11): 54 - 63.

[33] Zhao X B, Smith C J. China's WTO Accession and Its Impact on Spatial Restructuring of Financial Centers in Mainland China and Hong Kong[J]. World Development, 2002(8): 42 - 48.

[34] Zhao X B. Spatial Restructuring of Financial Centers in Mainland China and Hong Kong: Geography of Finance Perspective[J]. Urban Affairs Review, 2003, 8(4): 535 - 571.

[35] Bossone B. Financial Infrastructure, Group Interests and Capital Accumulation[J]. Journal of Banking and Finance, 2003(5): 18 - 23.

[36] 梁颖. 金融产业集聚的宏观动因[J]. 经济学研究,2006(11):56-61.

[37] 林善浪,王健. 基于行动者网络理论的金融服务业集聚的研究[J]. 金融理论与时实践,2009(10):16-19.

[38] Choi S R. Banks and the World's Major Banking Centers[J]. Weltwirtschaftliches Archiv,1986,122(Ⅰ):48-64.

[39] Davis E P. International Financial Centers:An Industrial Analysis[N]. London Bank of England Discussion Paper,1990(51):51-58.

[40] Porteous D J. The Geography of Finance:Spatial Dimensions of Intermediary Behaviour[M]. Avebury:Aldershot,1995:391-395.

[41] Martin. Money and the space economy[M]. London:John Wiley & Sons,1999:267-337.

[42] Clark G L. London in the European Financial Services Industry[J]. Journal of Economic Geography,2002(2):34-39.

[43] 潘英丽. 论金融中心形成的微观基础:金融机构的空间集聚[J]. 上海财经大学学报,2003(1):50-54.

[44] 殷兴山. 金融服务业发展研究:以宁波市为例[D]. 南京:南京农业大学,2008.

[45] 任英华,徐玲,游万海. 金融集聚影响因素空间计量模型及其应用[J]. 数量经济技术经济研究,2010(5):104-115.

[46] 车欣薇,部慧,梁小珍,等. 一个金融集聚动因的理论模型[J]. 管理科学学报,2012,15(3):16-29.

[47] 张浩然. 中国城市金融集聚的演进趋势与影响因素:区域异质性视角[J]. 广东财经大学学报,2016,31(3):56-63.

[48] 付双双. 关于国外金融产业集聚的研究述评[J]. 太原城市职业技术学院学报,2008(7):35.

[49] Audrestch D,Feldman M. R&D Spillovers and the Geography of Innovation and Production[J]. American Economic Review,1996,86(3):630-640.

[50] Naresh,Gary. The Dynamics of Industrial Clustering in British Financial services[J]. The Service Industries Journal,2001(6):56-64.

[51] Naresh R Pandilt,Gary A S Cook,Peter G M Swann. The Dynamics of Industrial Clustering in British Financial Services[J]. The Service Industries Journal,2001,21(4):33-61.

[52] Pandilt N R, Gary. A Comparison of Clustering Dynamics in the British Broad[J]. International Journal of the Economics of Business,2002(2):195-224.

[53] 丝奇雅·萨森. 全球城市:纽约、伦敦、东京[M]. 上海:上海社会科学院出版社,2005:156-166.

[54] 潘英丽. 论金融中心形成的微观基础:金融机构的空间集聚[J]. 上海财经大学学报,2003(1):55-57.

[55] 连建辉,孙焕民,钟惠波. 金融企业集群:经济性质、效率边界与竞争优势[J]. 金融研究,

2005(6):72-80.

[56] 刘红,叶耀明.交易费用视角下的金融集聚效应[J].金融理论与实践,2007(12):11-13.

[57] 郝文泽.金融集聚产业研究[D].天津:天津财经大学,2008.

[58] 李正辉,蒋赞.基于省域面板数据模型的金融集聚影响因素研究[J].财经理论与实践,2012,33(4):12-16.

[59] 王弓,叶蜀君.金融集聚对新型城镇化影响的理论与实证研究[J].管理世界,2016(1):174-175.

[60] 张贵平.上海市金融集聚水平的测度[J].时代金融,2018(12):56-57.

[61] 邹海荣,王亦男,吴国强.长三角城市金融资源集聚与经济发展协调度研究[J].江西社会科学,2018,38(3):80-86.

[62] 李秋敏.金融集聚的经济增长效益及时空分异特征研究:基于省级面板数据的空间计量分析[J].工业技术经济,2020,39(8):101-106.

[63] Thrift N. On the Social and Cultural Determinants of International Financial Centers: the Case of the City of London. In Cambridge, Thrift and Martin eds. Money, Power and Space. Oxford, Basil Blackwell, 1994:327-355.

[64] Naresh R Pandilt, Gary A S Cook, G M Peter Swann. The Dynamics of Industrial Clustering in British Financial Services[J]. The Service Industries Journal, 2001, 21(4):33-61.

[65] Clark G L, Wojcik D. Path Dependence and Financial Markets[J]. The Economic Geography of the German Model, 2003:1997-2003.

[66] Clark G L. Money Flows Like Mercury: The Geography of Global Finance[J]. Geography Annual, 2005, 87(12):99-112.

[67] 王力,黄育华.建设金融中心的机遇与战略[J].农村金融研究,2004(11):4-8.

[68] 黄佳军,蒋海.金融集聚、信息缺陷与金融风险形成机制分析[J].理论研究,2010(11):31-35.

[69] 樊向前,范从来.城市金融竞争力影响因素和评估体系研究:基于金融地理学的信息视角[J].江苏社会科学,2016(2):37-46.

[70] King, Robert G, Levine, Ross. Financial Intermediation and Economic Development in Financial Intermediation in The Construction of Europe[J]. London: Centre for Economic Policy Research, 1993(5):156-89.

[71] 刘军,黄解宇,曹利军.金融集聚影响实体经济机制研究[J].管理世界,2007(4):152-153.

[72] 丁艺,李林,李斌.金融集聚与区域经济增长关系研究[J].统计与决策,2009(6):131-134.

[73] 黎平海,王雪.基于金融集聚视角的产业结构升级研究:以广东省为例[J].广东金融学院学报,2009,24(6):51-58.

[74] 陈文锋,平瑛.上海金融产业集聚与经济增长的关系[J].统计与决策,2008(20):93-95.

[75] 刘红.金融集聚对区域经济的增长效应和辐射效应研究[J].上海金融,2008(6):14-19.

[76] 王雪.基于金融集聚视角的广东省产业结构升级研究[D].广州:暨南大学,2010.

[77] 孙社云. 金融集聚与区域经济发展关系的实证研究[D]. 太原:山西财经大学,2011.

[78] Sandrine Ansart, Virginie Monvoisin. The new monetary and financial initiatives: Finance regaining its position as servant of the economy[J]. Research in International Business and Finance,2017(39):199-207.

[79] 汪浩瀚,潘源. 金融发展对产业升级影响的非线性效应:基于京津冀和长三角地区城市群的比较分析[J]. 经济地理,2018,38(9):59-66.

[80] 谢婷婷,潘宇. 金融集聚、产业结构升级与中国经济增长[J]. 经济经纬,2018(4).

[81] 郑威,陆远权. 中国金融供给的空间结构与产业结构升级:基于地方金融发展与区域金融中心建设视角的研究[J]. 国际金融研究,2019(2):13-22.

[82] 吴炎芳. 金融集聚对区域经济增长的空间溢出效应研究:基于空间计量模型的三大城市群对比分析[J]. 经济问题,2020(8):61-69.

[83] Economides N, A Siow. The Division of Markets Is Limited by the Extent of Liquidity (Spatial Competition with Externalities)[J]. American Economic Review,1988(15):108-121.

[84] Pandietel N R. The Dynamic of Industrial Clustering in British Financial Services[J]. The Service Industrial Journal,2001(4):43-51.

[85] Taylor. Financial Services Clustering[J]. Journal of Financial Economic,2003(9):341-342.

[86] Naresh, Gary. The Benefits of Industrial Clustering: Insights from the Financial services industry at three locations[J]. Journal of Financial Services Marketing,2003(3):21-25.

[87] 潘英丽. 论国际金融中心形成与发展的成功经验[J]. 上海投资,2003(10):30-36.

[88] 徐全勇. 英国金融服务业集群发展对上海金融中心建设的启示[J]. 上海金融,2004(12):42-44.

[89] 方祥. 金融产业集聚对区域经济增长的影响研究[D]. 湘潭:湘潭大学,2010.

[90] 李健旋,赵林度. 金融集聚、生产率增长与城乡收入差距的实证分析:基于动态空间面板模型[J]. 中国管理科学,2018,26(12):34-43.

[91] 王淑英,王洁玉,寇晶晶. 创新资源流动对区域创新绩效的影响研究:空间视角下金融集聚调节作用的实证检验[J]. 科技管理研究,2020,40(3):57-64.

第一部分
金融服务业集聚与经济增长

第二章

金融服务业集聚对区域经济增长空间溢出效应

2.1 绪论

2019年9月,由亚洲金融合作协会发布的《全球产业金融观察报告(2019)》指出,发达的资本市场对于新兴产业集群的发展至关重要。此外,"十三五"规划将金融发展作为经济结构调整与转型升级的加速器,因此金融集聚有助于提高资本配置效率,对促进产业资本的聚集具有重要作用。各省市诸如上海、天津等地,相继提出打造各具特色的金融中心,加快打造金融服务基地和建设金融集群地带的速度,优化和升级金融业结构,希望通过金融服务业发展促进区域实际经济增长。2019年上半年金融业对北京、上海、广东的经济增长贡献率分别约为21.6%、40%、11.8%。

在金融发展促进经济增长的浪潮中,明确金融服务业集聚与区际经济增长之间的关系,具有重要的现实意义。随着研究的深入,学者发现,金融资源在区域间的流动问题,已经成为我国金融发展和经济增长的重要影响因素,在金融地理学的研究中意义重大。金融服务业集聚不仅对当地的经济发展具有重要意义,也会对周边省市的经济产生影响。胡东婉和宋玉祥表明金融服务业集聚对区域经济增长具有正向溢出作用[1],但是郑志丹发现我国的都市圈存在不同程度的"马太效应"①[2],因此金融服务业集聚对区域经济增长是否产生正向溢出效应尚无定论。

本章使用中国30个省(自治区、直辖市)2008—2017年的面板数据,结合地理距离权重矩阵,运用空间计量经济模型,对金融服务业集聚对区域经济增长的影响及作用机制进行实证分析。结果表明我国各地区金融发展存在显著的正相关性,

---

① "马太效应"这里指中心城市的人均GDP显著高于其周边区域,并远高于全国平均水平。

金融服务业表现出集聚的特征,而且此结果稳健。从全国范围来看,银行业、证券业和保险业均能有效促进区域经济的增长,各省域银行业和证券业对周边地区产生显著的正向溢出,而保险业的溢出效应为负。同时,金融服务业集聚的溢出效应还具有异质性,东部地带和西部地带的证券业对周边地区的经济发展具有辐射作用,中部地带的银行业能明显拉动邻近省域的经济增长。机制分析显示,金融服务业集聚可以通过提高储蓄动员能力来促进区域经济增长。

本章的研究意义在于:(1)将金融服务业细分为银行业、证券业和保险业,分别探究其对区域经济的直接效应和溢出效应;(2)通过实证分析,有力地支持了金融服务业集聚通过增强储蓄集聚能力促进区域经济发展的作用机制;(3)本研究在胡东婉和宋玉祥的研究基础上[1],添加生产要素作为控制变量,同时在使用杜宾模型之前严格进行 LM 检验、LR 检验、Wald 检验,加强了空间计量模型使用的规范性;(4)在现有的区域发展空间趋势基础上,从金融服务业集聚的角度出发,提出促进我国大城市经济增长和发展的政策建议。

2.2 文献综述

2.2.1 金融服务业集聚与经济增长

金融服务业集聚,是一种金融中介机构、金融监管部门、金融公司和其他具有总部职能的机构集中在特定区域的现象,也是金融一体化的必然结果[3]。自 20 世纪 70 年代以来,金融服务业的集聚越来越受到国内外学者的关注,包括金融服务业集聚的形成、效应、金融中心的功能和作用等,而其对经济增长的影响研究更为深入。

国外学者 Goldsmith 首次通过实证发现金融发展与经济增长存在同步性[4];King 等通过计算发现了金融服务业集聚与经济增长之间的正相关关系,同时对其影响经济增长的机制进行论证[5]。Apergis 等选取发达国家及发展中国家和地区 25 年的相关数据构建了动态面板模型,证明了金融业的发展促进了国家经济水平的上升,效果在发展中国家更为明显[6]。Levine 指出金融发展和经济增长存在双向影响,经济水平可以决定金融服务的种类[7]。总体来看,发达国家关于金融服务业集聚与经济增长的研究起步较早,且较为成熟。Halpin 认为金融市场为科技研发提供大量投资,为工业革命提供了良好的资本基础,金融服务业集聚为英国经济繁荣创造了条件[8]。Liang 指出金融集聚与区域经济增长的关系不是简单的线性函数关系,而且还混杂着"双阈值效应"①[9]。

国内学者王朝阳和何德旭通过研究英国金融服务集群,发现金融服务业集聚不仅是企业创新之源,而且极大地推动了城市的经济发展[10]。国内学者苏李等在协整与误差校正模型的帮助下,对金融服务业集聚与经济增长之间关系进行格兰杰检验,发现东部地带和全国范围的金融服务业与经济增长有着显著的相互促进关系[11]。唐松基于2001—2012年的数据,采用空间计量模型进行了实证分析,研究表明:中西部地区金融资源对地方经济增长的促进作用逐渐增强,东部地区逐渐减弱[12]。张同功和孙一君提出金融资源的集聚能够为经济增长提供生产要素与活力,产生规模经济、外溢与竞争,以及创新等效应,从而促进经济增长与发展[13]。近年来,学者对于金融服务业集聚的集聚效应与扩散效应研究较为深入,尤其重视金融服务业集聚对周边省域的溢出作用。

2.2.2 金融服务业集聚对区域经济增长的影响机制

金融服务业集聚的竞争力来源于集聚效益,它一般经由创新效益、外部规模经济效益、网络效益和自我强化机制效益等对经济发展产生影响[14]。潘辉等利用来自全国10年间31个省(市、自治区、直辖市)(不包括港澳台)的面板数据,采用区位熵的研究方法来衡量我国三大区域的金融集聚水平,最后得出结论:金融服务业集聚显著带动了经济增长,而且东部地区金融服务业集聚的经济效应远远大于中西部区域[15]。赵晓霞指出,金融服务业集聚能够促使大城市产生规模经济和金融网络效应等,使集聚区的金融机构获得递增收益[16]。张帆的实证结果证明金融服务业的集聚效应具有明显的区域特征,经济繁荣地区的金融集聚效应显著,经济落后地区的总体金融集聚效应虽然不明显,但逐年增加[17]。

此外,金融服务业集聚还将通过溢出效应影响经济增长。该研究分支起源于金融地理学,新经济地理学派重要人物Krugman,他与Paul建立了产业集聚与经济增长的模型[18]。全球金融化趋势的加强,使金融服务业集聚与经济增长的空间关系受到学者们的关注。Bernard和Jones使用空间相关系数来分析美国区域之间的相关性,并认为区域之间存在溢出效应[19]。Richard等利用LS模型也得出相似结论,金融服务业的集聚不仅促进了该区域的经济增长,而且还促进了周边其他

---

① "双阈值效应"即当金融集聚水平较低时,金融集聚的增加会抑制经济增长;当金融集聚水平处于中等水平时,金融集聚水平的提高能够有效促进经济增长;而当金融集聚水平较高时,金融集聚水平的提高会对经济增长产生不利影响。

第二章 金融服务业集聚对区域经济增长空间溢出效应

地区的经济增长,这种溢出效应取决于空间关系的依赖性[20]。Bai等分析了中国10年内各省际区域的经济增长的空间分布和空间溢出效应,认为劳动力、资本和市场发展等因素推动区域经济发展[21]。Qing基于经济增长与战略性新兴产业集聚的显著空间自相关,利用省级面板数据展开实证研究,发现集聚对本省经济增长的弹性较弱,对邻省经济增长的弹性较低[22]。

国内学者对金融服务业集聚与经济增长的空间关系研究起步较晚,一些学者指出,金融服务业集聚对经济增长存在正向溢出作用,即"涓流效应"。李林等通过莫兰指数确定中国金融集聚的空间相关性,并建立了空间计量经济模型来衡量金融集聚对经济增长的空间溢出效应,发现银行业仍然是空间溢出的最显著因素[23]。任英华和李彬运用因子分析法和威尔逊最大熵原理,实证结果表明,珠江三角洲的金融服务业已经形成了一个相互辐射的网络格局[24]。胡东婉和宋玉祥发现金融服务业集聚对区域经济增长产生正向溢出作用,其中银行业的溢出效应最明显,而证券业和保险业的空间溢出作用较弱[1]。但是也有一些学者认为,金融服务业集聚会导致周边区域的资本、资源向中心城市汇聚,有可能产生"极化效应"。陆军和徐杰等人通过考察京津冀都市圈金融集聚现状,并利用区位熵、格兰杰检验等方法进行实证研究,发现北京金融服务业的吸附效应大于辐射效应,加剧了该都市圈经济发展的不平衡[25]。伍丹丹等基于山东省各市2007—2016年的面板数据,构建SDM固定效应模型,研究发现:保险业的发展可以促进当地城市的实体经济发展,可是溢出效应是负向的[26]。

近年来,不少研究从产业结构这一视角,探究金融服务业集聚对区域经济增长的影响。周晓艳等借助资本配置效率模型,得出信贷市场并不能起到推动产业转型升级的作用,而滞后的金融发展给产业结构转型带来了障碍[27]。于斌斌指出金融集聚可以通过促进产业结构升级实现区域经济增长,研究发现:金融服务业集聚对于产业结构升级的直接效应和溢出效应受产业发展阶段和地区规模的限制[28]。谢婷婷和潘宇的研究结果证明:金融集聚和产业结构的联动,有利于区域经济增长并且溢出作用明显[29]。

另外,金融集聚还可能通过金融功能影响经济增长。刘军等提出,信息揭示功能、风险管理功能、储蓄集聚功能、公司治理功能是金融服务业集聚影响经济增长的路径[14]。潘卫红指出,区域金融服务业集聚通过两种方式引导区域经济增长:信息传递和区域内储蓄动员[30]。

2.2.3 小结

本节经过对相关研究文献的梳理,从金融服务业集聚与经济增长的关系及其影响机制两方面进行了文献评述,可以看出金融服务业集聚与区域经济增长的关系具有极大的研究价值,为后面的实证研究提供了一定的参考。

2.3 模型设定与变量选取

金融服务业集聚促进区域经济增长的机理在于:一方面,金融服务业集聚的自我强化机制将进一步吸引该地区的各类企业、金融保险机构和证券中介机构集聚,形成越来越明显的经济效益;另一方面,由于邻近的地理位置,资本要素在各区域之间自由流动,集聚区将产生空间溢出效应。通过金融服务业集聚的溢出效应,人才、投资、补贴和其他资源被传播到周边地区,因而带动了周边省域的经济发展。同时,金融服务业的集聚还将通过提高区域内的投资动员能力来促进区域经济发展。

首先,本章节通过探索性空间数据分析方法(Exploratory Spatial Data Analysis,ESDA)探究中国省域金融服务业的空间自相关规律。在空间相关性检验通过的情况下,构建空间计量模型,并对空间计量模型的使用进行 LM 检验、Wald 检验以及 LR 检验,判断空间杜宾模型是否适用,同时进行豪斯曼检验和效应检验,由此决定具体采用何种效应。其次,选取最合适的模型进行实证研究,以揭示省际区域金融服务业集聚与经济增长的直接影响和溢出效应。接着,对全国范围及东部、中部、西部地带进行研究与对比,检验金融服务业集聚对区域经济的影响是否存在异质性。然后,对金融服务业集聚通过提高区域内的储蓄集聚能力来促进区域经济发展的影响机制进行实证检验。最后,更换表示银行业的核心变量,进行稳健性检验,来检验模型的可靠性。

2.3.1 空间相关性检验

探索性空间数据分析通常用于验证空间数据是否存在自相关,而空间自相关则显示某一要素或产业在不同地理位置的空间集聚特征,体现研究对象在空间分布中存在的集聚程度[31]。本章利用全局 Moran's I 指数衡量中国省际区域金融服务业发展的全局空间自相关系数,局部 Moran 指数和莫兰散点图则用于直观地展示局部空间自相关性。

一般情况下,空间相关性检验是进行空间计量分析的前提与准备工作,如果区域间的经济现象之间具有相关性,再考虑运用具体的空间计量模型进行研究。检验空间相关性的方法一般有两种,分别是 Moran's I 指数和 Geary's C,分别由 Moran 和 Geary 在 1950 年和 1954 年提出,更为常用的是 Moran's I 指数方法。Moran's I 大于 0 表示正自相关,也就是说高值与高值相邻或者低值与低值相邻,Moran's I 小于 0 则表示负自相关,即高值与低值相邻。

计算 Moran's I 指数之前需要构造空间权重矩阵 w_{ij},构造方法如式(2-1):

$$w_{ij} = \frac{1}{d_{ij}} \tag{2-1}$$

式中,d_{ij} 是我国各省际间根据经纬度计算的地理直线距离。

全局 Moran's I 的计算公式如式(2-2):

$$I = \frac{\sum_{i=1}^{n}\sum_{j=1}^{n} w_{ij}(x_i - \bar{x})(x_j - \bar{x})}{S^2 \sum_{i=1}^{n}\sum_{j=1}^{n} w_{ij}} \tag{2-2}$$

式中,x_i 是区域 i 的属性值,如保费收入和贷款余额等;w_{ij} 是空间权重矩阵,分别代表地区 i 和地区 j 的空间自相关关系,$S^2 = \frac{\sum_{i=1}^{n}(x_i - \bar{x})^2}{n}$ 为样本方差。

局部 Moran's I 指数可以用来考察区域 i 附近的空间集聚情况,如式(2-3):

$$I_i = \frac{(x_i - \bar{x})^2}{S^2} \sum_{j=1}^{n} x_{ij}(x_j - \bar{x}) \tag{2-3}$$

Moran's I 指数和 Geary's C 的共同缺点在于无法分辨"热点"和"冷点"区域,高值与高值的集聚区域为"热点"区域,而低值与低值的集聚区域则是"冷点"区域,但是莫兰散点图便较好地解决了这个问题。

2.3.2 模型设定

常见的空间计量模型有三种。其中,空间自回归模型(Spatial Autoregression,SAR)和空间误差模型(Spatial Error Model,SEM)最早是由 Anselin 提出的[32]。其模型设定分别为:

$$y_{it} = \alpha + \beta X_{it} + \rho W y_{it} + \varepsilon_{it} \tag{2-4}$$

式中,W 是权重矩阵;y_{it} 是被解释变量;X_{it} 是解释变量;α 是截距项;ρ 是自回归系数;β 是解释变量的系数;ε_{it} 为残差。

$$y_{it} = \alpha + \beta X_{it} + \varepsilon_{it}, \varepsilon_{it} = \lambda W \varphi_{it} + u_{it} \tag{2-5}$$

式中,ε_{it} 为复合后的残差;φ_{it} 和 u_{it} 独立同分布且不相关;λ 为自相关系数。

Pace 和 LeSage 在 Anselin 模型的基础上进一步提出了空间杜宾模型(Spatial Durbin Model,SDM)[33]:

$$y_{it} = \alpha + \rho W y_{it} + \beta X_{it} + \theta W X_{it} + \varepsilon_{it} \tag{2-6}$$

式中,θ 为空间滞后解释变量 WX_{it} 的系数,代表本区域解释变量对相邻区域被解释变量的影响。

SAR 模型反映了本地区被解释变量的变化对邻近省域的溢出作用,SEM 模型则刻画了随机误差冲击对本地区的影响,而 SDM 模型则同时考察了上述两种效应。

2.3.3 变量选取与数据来源

本章主要的研究内容为金融服务业集聚与区域经济增长之间的空间关系,因此被解释变量为中国各省(市、自治区)的地区生产总值(西藏自治区除外),核心解释变量选择代表金融产业发展情况的指标。

针对中国分行业经营的金融格局,本章将金融业细分为银行业、证券业和保险业,借鉴郑志丹[2]、吴茂国和陈影[34]的研究,本章的解释变量为 2008—2017 年银行业金融机构各项贷款余额(bank)、境内上市公司数量(stock)和保险业保费收入(insure)。控制变量为人均受教育程度(edu)、中央对于地方的资金支持(subsidy)和外商直接投资(FDI)。上述变量经过对数处理后,加入模型。

进行机制分析时,为了研究金融集聚是否能通过储蓄集聚功能来影响区域经济增长,本章将社会融资(social financing)作为中介变量,并分别将核心解释变量及其与社会融资的对数的乘积作为解释变量,将 lngdp 作为被解释变量,并添加上述控制变量。在稳健性检验时,使用 2010—2017 年的样本数据,并且用银行业金融机构各项存款余额的对数(lndeposit),替换 lnbank 作为衡量银行业集聚的指标加入模型,以验证模型的可靠性。

数据来源于 2008—2018 年《中国金融年鉴》《中国财政年鉴》《中国科技年鉴》《中国统计年鉴》和中国人民银行官网,变量的具体说明见表 2-1,变量的描述性统计表见表 2-2。

第二章 金融服务业集聚对区域经济增长空间溢出效应

表 2-1 变量解释表

变量	变量解释
bank	银行业金融机构各项贷款(余额)
deposit	银行业金融机构各项存款(余额)
stock	境内上市公司数量
insure	全部保费收入
edu	各地区人口平均受教育程度
FDI	规模以上工业企业外商资本金
subsidy	中央补助
social financing	地区社会融资规模增量
LSCJ	$\ln bank \times \ln(social\ financing)$
SSCJ	$\ln stock \times \ln(social\ financing)$
ISCJ	$\ln insure \times \ln(social\ financing)$

资料来源：本研究计算整理。

表 2-2 描述性统计表

变量	均值	标准差	最小值	最大值
gdp	19 648.17	16 242.88	1 018.62	89 705.23
bank	23 631.02	21 017.34	1 033.9	126 000
deposit	33 622.43	32 072.79	1 389.58	195 000
stock	82.113	91.005	10	571
insure	646.937	615.967	14.11	4 304.6
subsidy	1 498.03	829.106	215.721	4 343.81
FDI	700.109	1 179.773	4.01	6 121.57
edu	8.9	0.944	6.764	12.665
social financing	4 333.628	3 632.613	220.3	22 091.26
LSCJ	78.723	15.017	37.447	117.477
SSCJ	32.592	10.394	12.422	63.493
ISCJ	49.379	12.532	14.28	83.699

资料来源：本研究计算整理。

在空间计量模型中，式(2-7)是由自变量的空间滞后项来反映变量的空间相关性，以考察金融服务业集聚与经济增长关系的空间自回归模型；当空间相关性经由被模型自变量忽略的变量传递时，可以假设空间相关性通过误差过程产生，式(2-8)是检验金融服务业集聚与经济增长的空间误差回归模型;为检验金融服务业集聚对周边地区的溢出效应,引入金融服务业集聚的空间变量,分别用 $\ln W\_bank_{it}$、$\ln W\_stock_{it}$、$\ln W\_insure_{it}$ 和 $\ln W\_x_{it}$ 表示银行业、证券业、保险业和控制变量的空间变量[23]。空间杜宾模型表达式为式(2-9):

$$\ln gdp_{it} = \alpha + \beta_1 \ln bank_{it} + \beta_2 \ln stock_{it} + \beta_3 \ln insure_{it} + \bar{\omega} x_{it} + \rho W \ln gdp_{it} + \varepsilon_{it} \quad (2-7)$$

$$\ln gdp_{it} = \alpha + \beta_1 \ln bank_{it} + \beta_2 \ln stock_{it} + \beta_3 \ln insure_{it} + \bar{\omega} x_{it} + \lambda \ln W\_\mu_{it} + \varepsilon_{it} \quad (2-8)$$

$$\ln gdp_{it} = \alpha + \beta_1 \ln bank_{it} + \beta_2 stock_{it} + \beta_3 \ln insure_{it} + \bar{\omega} x_{it} +$$
$$\phi_1 \ln W\_bank_{it} + \phi_2 \ln W\_stock_{it} + \phi_3 \ln W\_insure_{it} +$$
$$\bar{\omega} \ln W\_x_{it} + \rho W \ln gdp_{it} + \lambda \ln W\_\mu_{it} + \varepsilon_{it} \quad (2-9)$$

式中,i 表示地区;t 代表年度;x_{it} 表示控制变量。当 $\lambda = \theta = 0$ 时,式(2-9)退化为 SAR 模型;而当 $\rho = \theta = 0$ 时,式(2-9)退化为 SEM 模型。

2.3.4 小结

本节介绍了所使用空间计量模型的基本设定,为研究金融服务业集聚与区域经济增长之间的空间关系,选取被解释变量为中国各省(市、自治区、直辖市)的地区生产总值(西藏自治区除外),核心解释变量选择代表金融产业发展情况的指标。解释变量为 2008—2017 年银行业金融机构各项贷款余额(bank)、境内上市公司数量(stock)和保险业保费收入(insure)。控制变量为人均受教育程度(edu)、中央对于地方的资金支持(subsidy)和外商直接投资(FDI)。进行机制分析时,将社会融资(social financing)作为中介变量;在稳健性检验时,用银行业金融机构各项存款余额的对数(lndeposit),替换 lnbank 作为衡量银行业集聚的指标加入模型,以验证模型的可靠性。数据来源于 2008—2018 年《中国金融年鉴》《中国财政年鉴》《中国科技年鉴》《中国统计年鉴》和中国人民银行官网。

2.4 实证结果

2.4.1 全局空间自相关检验

根据表 2-3,金融服务业集聚的 Moran's I 指数为正,均通过 1% 水平的显著性检验。这表明我国金融发展存在明显的空间相关性,省际金融服务业的发展呈现出空间集聚现象。从 2008 年到 2017 年的 Moran's I 指数变化看,证券业集聚的空间相关性有所增强,这与近年来我国证券业的不断发展以及改革力度加大密切相关,从2012年《深圳证券交易所创业板股票上市规则》的出台、退市制度的完善[①],到2019年《关于为设立科创板并试点注册制改革提供司法保障的若干意见》的下达、实施促进上市公司质量提高行动计划[②],证券业市场流动性提升,中小微企业融资难、融资贵的问题得到了有效解决[35]。银行业和保险业的Moran'I有一定程度的下降,说明两者均趋于均衡发展。

表2-3 2013—2017年金融服务业集聚 Moran's I 指数

年份	银行业			证券业			保险业		
	I	z	p-value*	I	z	p-value*	I	z	p-value*
2008	0.093	3.525	0.000	0.088	3.085	0.002	0.075	3.085	0.002
2009	0.093	3.524	0.000	0.092	2.852	0.004	0.067	2.852	0.004
2010	0.097	3.628	0.000	0.095	2.929	0.003	0.070	2.929	0.003
2011	0.094	3.572	0.000	0.099	2.935	0.003	0.070	2.935	0.003
2013	0.089	3.431	0.001	0.098	2.845	0.004	0.067	2.845	0.004
2013	0.089	3.431	0.001	0.098	2.845	0.004	0.067	2.845	0.004
2014	0.084	3.302	0.001	0.097	2.872	0.004	0.068	2.872	0.004
2015	0.083	3.260	0.001	0.095	2.920	0.003	0.069	2.920	0.003
2016	0.084	3.307	0.001	0.095	2.931	0.003	0.070	2.931	0.003
2017	0.086	3.362	0.001	0.099	2.932	0.003	0.070	2.932	0.003

资料来源:本研究计算整理。

2.4.2 局域空间相关性检验

为了进一步了解各地区隶属金融服务业集聚的"热点"区域还是"冷点"区域,可以进行局部空间相关性检验。莫兰散点图(Moran'I指数散点图)可将各地区的金融服务业划分为四种集聚模式,来表现一个地区与其周边省域的空间相关性:倘若落在第一象限,说明金融服务业集聚水平高的地区被高集聚水平的其他地区所包围(H-H);倘若落在第二象限,说明金融服务业集聚水平低的地区被高集聚水平的其他地区所包围(L-H);倘若落在第三象限,说明金融服务业集聚水平低的地区被低集聚水平的其他地区所包围(L-L);倘若落在第四象限,说明金融服务业集聚

---

① 2012年深交所发布《深圳证券交易所创业板股票上市规则》,标志着创业板退市制度正式出台,其中规定创业板公司退市后统一移到代办股份转让系统挂牌。

② 为进一步提高上市公司质量,中国证监会制定的《推动提高上市公司质量行动计划》(简称"行动计划")已于2019年在系统内下发。

水平高的地区被低集聚水平的其他地区所包围(H-L)[23]。第二象限(L-H)和第四象限(H-L)属于非典型区域,落在这两个象限的地区金融服务业集聚特征不明显。

为了分析我国金融服务业集聚空间相关性的变化,本研究制作了2008年与2017年中国金融服务业集聚的莫兰散点图。从图2-1到图2-6,可以清晰地看出中国金融服务业集聚具有空间相关性。2017年,全国70%的省域的银行业显示出正向空间相关性,其中36.7%表现为"高-高"集聚,比2008年高出3.3%;从2008年到2017年,在证券业表现出"高-高"集聚的省份增加了6.7%;2017年全国73.3%的省际区域的保险业显示出正向空间相关性,其中33.3%位于"高-高"集聚区域。

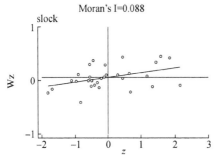

图2-1　2008年证券业集聚的莫兰散点图

资料来源:中国金融年鉴。

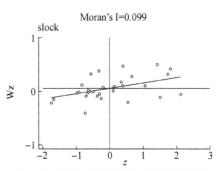

图2-2　2017年证券业集聚的莫兰散点图

资料来源:中国金融年鉴。

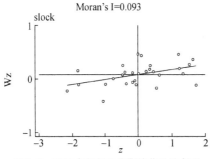

图2-3　2008年银行业集聚的莫兰散点图

资料来源:中国金融年鉴。

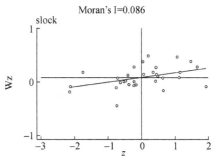

图2-4　2017年银行业集聚的莫兰散点图

资料来源:中国金融年鉴。

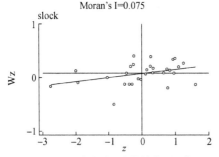

图2-5　2008年保险业集聚的莫兰散点图

资料来源:中国金融年鉴。

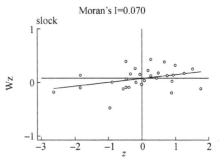

图2-6　2017年保险业集聚的莫兰散点图

资料来源:中国金融年鉴。

表 2-4 分别描述了 2017 年证券业、银行业、保险业集聚各省际区域的空间相关模式。从分析结果可以得出，金融服务业集聚区主要位于长三角区域、环渤海区域和珠三角区域，但也存在一些非典型地区，比如北京，在 2017 年的莫兰散点图中，证券业和保险业都表现为"高-低"集聚，说明北京作为我国的金融中心，集聚效应较强，而对其周边内蒙古、天津等省份的溢出作用比较小；广东省的银行业、证券业和保险业都表现为"H-L"，这表明广东虽然是中国南方金融服务业集聚程度最高的省份之一，有深圳这样的金融中心，但对周边省份广西、江西的辐射作用比较小，泛珠江三角洲区域的金融服务业发展差异较大。相比北京所在的环渤海地区，广东所处的珠三角地区的金融服务业发展更加不均衡，原因在于北京作为首都，禀赋资源优势对人才和金融机构具有强大的吸引力，并且北京在政策引领与资金的落实方面显然更具有优势[36]；而广东金融产业和资本市场发展较慢，要发挥正向溢出效应、缩短地区差异还需要一定时间[37]。

表 2-4 2017 年省际区域金融集聚的空间相关模式

省份	银行业	证券业	保险业	省份	银行业	证券业	保险业
北京	H-H	H-L	H-L	河南	H-H	H-H	H-H
天津	H-H	L-H	L-H	湖北	H-H	H-H	H-H
河北	H-H	L-H	L-H	湖南	H-H	H-H	H-H
山西	L-H	L-L	L-H	广东	H-L	H-L	H-L
内蒙古	L-L	L-L	L-L	广西	L-L	L-L	L-L
辽宁	H-L	L-L	L-L	海南	L-H	L-H	L-H
吉林	L-L	L-L	L-H	重庆	L-L	L-L	L-L
黑龙江	L-L	L-L	H-L	四川	H-H	H-H	H-H
上海	H-H	H-H	H-H	贵州	L-L	L-L	L-L
江苏	H-H	H-H	H-H	云南	L-L	L-L	L-L
浙江	H-H	H-H	H-H	陕西	L-L	L-L	L-L
安徽	H-H	H-H	H-H	甘肃	L-L	L-L	L-L
福建	H-H	H-H	H-H	青海	L-L	L-L	L-L
江西	L-H	L-H	L-H	宁夏	L-L	L-L	L-L
山东	H-H	H-H	H-H	新疆	L-L	L-L	L-L

资料来源：本研究计算整理。

2.4.3 空间计量模型

上述分析结果表明,中国各个地区的金融服务业集聚存在正向空间自相关性。因此,可以根据相应的判定标准选择合适的空间计量模型,以探究金融服务业聚集对中国区域经济增长的影响。

由于空间效应的存在,如果对上述三种模型依旧采用普通最小二乘法进行估计,会导致系数估计值无效。根据 Anselin 和 Florax 的建议,本研究利用极大似然法(ML)对空间计量经济模型的参数进行估计[38]。

1) SEM 和 SAR 模型

SEM 模型主要探究本省域金融服务业集聚、扰动误差项对自身经济增长的影响;SAR 模型则侧重关注金融服务业集聚和周边地区经济增长对本省域经济增长的影响。

首先对空间误差模型(SEM)和空间自回归模型(SAR)进行估计,估计结果如下。

根据表 2-5,豪斯曼检验结果表明应选择随机效应模型。从估计结果来看,银行业、证券业和保险业在 1% 的显著性水平下对本省域经济增长均存在积极作用,并且扰动误差项对本省域的经济发展也有显著的促进作用。

表 2-5　不同交互效应下 SEM 模型的 ML 估计结果

被解释变量	(1) 随机效应	(2) 时期固定效应	(3) 空间固定效应	(4) 双固定效应
Main				
银行业	0.240***	0.214***	0.243***	0.205***
	(0.048 5)	(0.054 8)	(0.052 1)	(0.054 1)
证券业	0.133***	−0.047 2*	0.084 8**	0.073 7*
	(0.034 2)	(0.027 1)	(0.037 5)	(0.038 3)
保险业	0.278***	0.370***	0.217***	0.203***
	(0.051 0)	(0.051 6)	(0.047 6)	(0.051 6)
中央补助	0.115**	0.386***	0.075 9	0.048 6
	(0.047 4)	(0.035 0)	(0.052 3)	(0.053 1)
外商直接投资	0.068 4***	0.221***	0.052 5***	0.056 4***
	(0.016 5)	(0.014 8)	(0.016 1)	(0.016 3)
人均受教育程度	0.409**	−0.208	0.586***	0.550***
	(0.184)	(0.140)	(0.177)	(0.180)

续表 2-5

被解释变量	(1) 随机效应	(2) 时期固定效应	(3) 空间固定效应	(4) 双固定效应
Spatial				
λ	0.844***	−0.308	0.869***	0.632***
	(0.042 5)	(0.273)	(0.040 3)	(0.107)
Sigma2_e	0.003 24***	0.020 1***	0.002 80***	0.002 81***
	(0.000 291)	(0.001 65)	(0.000 235)	(0.000 233)
R^2	0.928	0.964	0.913	0.907
Log-likelyhood	343.234 2	159.938 2	441.793 4	450.762 2
豪斯曼检验		−17.02		

注：括号内为标准误，***、** 与 * 分别表示在1%、5%与10%显著性水平下显著。
资料来源：本研究计算整理。

根据表 2-6，豪斯曼检验结果表明应选择随机效应模型。从估计结果来看，银行业与证券业在1%的显著性水平下有效地推动了本省域的经济增长，保险业的效应为正但是不显著。同时，邻近省域的经济增长对本地区的经济水平也有显著的促进作用。

表 2-6 不同交互效应下 SAR 模型的 ML 估计结果

被解释变量	(1) 随机效应	(2) 时期固定效应	(3) 空间固定效应	(4) 双固定效应
Main				
银行业	0.171***	0.262***	0.262***	0.207***
	(0.051 4)	(0.053 0)	(0.053 0)	(0.053 6)
证券业	0.102***	−0.051 7*	−0.051 7*	0.098 1***
	(0.038 4)	(0.026 8)	(0.026 8)	(0.036 8)
保险业	0.023 0	0.340***	0.340***	0.189***
	(0.031 0)	(0.048 5)	(0.048 5)	(0.052 5)
中央补助	0.074 6*	0.397***	0.397***	0.045 0
	(0.044 7)	(0.033 9)	(0.033 9)	(0.054 1)
外商直接投资	0.088 8***	0.208***	0.208***	0.058 4***
	(0.018 1)	(0.016 4)	(0.016 4)	(0.016 4)
人均受教育程度	0.527***	−0.235*	−0.235*	0.538***
	(0.158)	(0.139)	(0.139)	(0.182)

续表 2-6

被解释变量	(1) 随机效应	(2) 时期固定效应	(3) 空间固定效应	(4) 双固定效应
Spatial				
ρ	0.486***	0.125*	0.125*	0.642***
	(0.068 3)	(0.063 9)	(0.063 9)	(0.099 2)
Sigma2_e	0.003 55***	0.019 7***	0.019 7***	0.002 76***
	(0.000 316)	(0.001 59)	(0.001 59)	(0.000 229)
R^2	0.811	0.950	0.950	0.945
Log-likelyhood	321.698 8	160.811 3	436.792 7	453.360 7
Hausman 检验		−3.47		

注：括号内为标准误，***、**与*分别表示在1%、5%与10%显著性水平下显著。
资料来源：本研究计算整理。

2) SDM 模型

根据 Anselin 提出的判别标准，倘若 LMlag 比 LMerror 更加显著，并且 R-LMlag 比 R-LMerror 更加显著，则选择 SAR 模型，否则选择 SEM 模型[39]。表 2-7 显示两个检验量都在1%水平上显著，因此 SAR 与 SEM 均适用。

同时，因为 LM 检验并没有考虑到 SDM 模型的适用性，可以利用 Wald 检验和 LR 检验判断 SDM 模型是否可以简化为 SAR 模型或 SEM 模型。表 2-8 显示，SAR 模型和 SEM 模型的 Wald 值和 LR 值，都通过了1%显著性检验，拒绝了原假设，可见 SDM 模型不能简化。

利用 ML 估计不同交互效应下的空间杜宾模型，具体结果见表 2-9。空间计量模型的实证结果中，Log-likelyhood 值的大小体现了拟合效果的好坏。由表 2-9 可知，时期空间双固定效应下杜宾模型的 Log-likelyhood 值最高，并且其离散度 Sigma2 结果也很不错，Hausman 检验和效应检验的结果也表明应该选择时期空间双固定效应。同时，时期空间双固定杜宾模型的 Log-likelyhood 值为 473.999 4，高于随机效应下空间误差模型的 343.234 2 和空间滞后模型的 321.698 8；与随机效应下的空间误差模型和空间滞后模型相比，时期空间双固定杜宾模型的 R^2 为 0.946 7，有了明显的提高，再次证实了本研究中时期空间双固定杜宾模型的优越性。

基于时期空间双固定杜宾模型的估计结果，金融服务业、外商直接投资、人均受教育程度和中央补助对本地区的经济增加均存在显著的促进作用；在金融服务业中，银行业对于本省域经济的促进效果最明显。同时，在1%的显著性水平下，银行业与证券业对周边城市的经济增长产生促进作用，而本省域的保险业会阻碍周边地区的经济发展。外商直接投资对周边地区的经济发展产生积极影响。另外,根据 ρ 可知,相邻省域经济增长的空间溢出效应显著为正,这表明中国经济增长水平存在明显的正向空间相关性,验证了前文空间自回归模型的结论。

表2-7 LM检验结果

检验	统计量	自由度	p
空间误差:			
莫兰指数检验	182.298	1	0.000
LM 检验	29.77	1	0.000
稳健的 LM 检验	28.966	1	0.000
空间自回归:			
LM 检验	7.746	1	0.005
稳健的 LM 检验	6.943	1	0.008

资料来源:本研究计算整理。

表2-8 Wald 和 LR 检验结果

检验	时间空间双固定 SDM 模型
Wald_spatial_lag	61.17***
LR_spatial_lag	41.28***
Wald_spatial_error	31.84***
LR_spatial_error	46.47***

注:括号内为标准误,*** 表示在1%显著性水平下显著。
资料来源:本研究计算整理。

表2-9 不同交互效应下 SDM 模型的估计结果

被解释变量	(1) 随机效应	(2) 时期固定效应	(3) 空间固定效应	(4) 双固定效应
Main				
银行业	0.201***	0.242***	0.178***	0.190***
	(0.050 6)	(0.050 0)	(0.052 5)	(0.053 4)
证券业	0.101***	0.032 0	0.054 8	0.060 0*
	(0.034 4)	(0.030 7)	(0.036 7)	(0.036 5)
保险业	0.275***	0.366***	0.207***	0.145***
	(0.049 3)	(0.045 6)	(0.048 8)	(0.053 1)

续表 2-9

被解释变量	(1) 随机效应	(2) 时期固定效应	(3) 空间固定效应	(4) 双固定效应
中央补助	0.151***	0.364***	0.0788	0.0842
	(0.0519)	(0.0319)	(0.0504)	(0.0544)
外商直接投资	0.0689***	0.155***	0.0708***	0.0643***
	(0.0160)	(0.0176)	(0.0159)	(0.0159)
人均受教育程度	0.431**	−0.311**	0.620***	0.731***
	(0.183)	(0.145)	(0.172)	(0.182)
Wx				
银行业	−0.153	−1.970***	−0.125	0.751**
	(0.130)	(0.414)	(0.125)	(0.326)
证券业	0.513***	0.520***	0.666***	1.030***
	(0.143)	(0.175)	(0.148)	(0.204)
保险业	−0.325***	1.733***	−0.267***	−0.865***
	(0.0809)	(0.399)	(0.0779)	(0.333)
中央补助	−0.241**	−0.441*	−0.228**	−0.118
	(0.116)	(0.258)	(0.111)	(0.391)
外商直接投资	0.273***	−0.118	0.363***	0.369***
	(0.0984)	(0.109)	(0.102)	(0.128)
人均受教育程度	−0.0525	0.751	−0.198	1.355
	(0.296)	(1.080)	(0.280)	(1.262)
Spatial				
ρ	0.522***	−0.144	0.479***	0.526***
	(0.104)	(0.229)	(0.111)	(0.130)
sigma2_e	0.00296***	0.0151***	0.00258***	0.00243***
	(0.000265)	(0.00116)	(0.000212)	(0.000200)
R^2	0.906	0.890	0.9729	0.9467
Log-likelyhood	361.9315	192.5696	465.9990	473.9994
LR 时期固定	16.00*			
LR 空间固定	562.86***			
Hausman 检验	87.87***			

注：括号内为标准误，***、** 与 * 分别表示在 1%、5% 与 10% 显著性水平下显著。
资料来源：本研究计算整理。

2.4.4 异质性检验

从前面区域集聚的分析结果来看，相同的金融集聚在不同的地区会有不同的效果，因此本研究假设金融集聚对经济发展的影响也具有异质性。在本部分，将分东部、中部、西部三大地带阐明结论的异质性①。

表2-10显示，从全国范围来看，银行业、证券业、保险业的直接效应均为正并且显著，这说明金融服务业的快速发展对于该地区的经济增长均产生明显的积极作用。在金融服务业中，银行业集聚对于区际经济增长的直接贡献最大，系数为0.235，这表明在其他条件保持不变的情况下，银行业贷款每增加1%，该地区的GDP将比之前提高0.235%；保险业与证券业对经济增长的直接效应相对较低，这与我国金融机构中银行业占据主导地位的现实非常吻合②[40]。至于金融服务业集聚的溢出效应，在5%的显著性水平下，银行业集聚对区域经济发展产生正向溢出作用，效应大小为1.819，这说明当银行资金在本地消化不了，就会通过信贷业务流向周边地区，促进周边地区的发展，这与周凯和刘帅的研究结论相一致[41]；而随着证券业的改革和新三板市场的繁荣，证券业发展迅速，通过外部规模效益对周边地区产生正向溢出，这与胡东婉和宋玉祥的实证结果相同[1]。保险业暂时无法对周边省域的经济增长产生正向溢出效应，这可能是由于处于发展初期，金融资源倾向于往保险业更为发达的地区聚集，从而导致其他地区资源流失进而抑制其经济发展，这也印证了伍丹丹等的观点[26]。

对于东部地带，银行业在1%的显著性水平下促进了本地区经济的发展，同时，证券业在1%的显著性水平下对本省域及邻近地区的经济均产生积极作用。东部地带集中了全国金融业最为发达的城市，诸如北京、上海、广东等，汇集众多上市公司和银行业金融机构，因此银行业与证券业对东部城市经济增长的重要性不言而喻[42]。保险业对经济增长的直接影响尚不明显，但在空间上明显抑制了周边区域的经济增长。中央补助对于东部地区的直接效应与间接效应均为负，表明在经济水平普遍较高的东部地带，中央补助并没有提升经济的"效率"。另外，人均受教育

---

① 根据国家统计局的分类，东部地带包含河北省、北京市、天津市、辽宁省、山东省、江苏省、上海市、浙江省、福建省、广东省、海南省；中部地带包含山西省、河南省、安徽省、湖北省、江西省、湖南省、黑龙江省、吉林省；西部地带包含陕西省、四川省、云南省、贵州省、广西壮族自治区、甘肃省、青海省、宁夏回族自治区、新疆维吾尔自治区、内蒙古自治区、重庆市（西藏自治区除外）。
② 2017年我国银行业金融机构总资产达到252万亿元，证券业总资产规模为6.14万亿元，保险业总资产规模为17.22万亿元。

程度和外商直接投资对本地区和邻近省域的经济增长作用不大。

对于中部地带,银行业对于区域经济的直接效应和间接效应均显著为正向的,体现出通过贷款这种融资方式对拉动经济的重要作用。与东部地区不同的是,中部地带的证券业在5%的显著性水平下对经济增长不存在明显的影响。由于GDP竞争等因素,地方政府将干预银行等金融机构,从而导致金融机构对当地政府所侧重的产业和企业提供金融支持,阻碍金融业发挥产业甄别能力,也不利于企业的市场化[43]。而保险业对于本地区及邻近地区的经济增长有一定程度的阻碍作用,说明中部地带的保险业结构并不合理,这印证了吴茂国和陈影的实证结果[34]。人均受教育程度和中央补助在5%的显著性水平下促进了该区域的经济增长,这体现了两者对于中部地带经济增长的重大意义。

对于西部地带,银行业在5%的显著性水平下对本地区的经济发展具有直接贡献,但是却阻碍了周边地区的经济增长,表现出银行业贷款的"吸附效应"。证券业不仅促进本省域的经济增长,也带动了周边省域的经济发展。而保险业对本地区的经济增长有一定的拉动作用,却不存在显著的溢出效应。外商直接投资在1%的显著性水平下极大地提升了本省域的经济水平,说明西部地带仍然属于"投资型经济"。人均受教育程度的直接效应不显著,但是却存在显著的空间负向溢出,这表明西部地带人才流失严重。

表2-10　时期空间双固定效应下SDM模型空间效应分解表

	全国	东部地带	中部地带	西部地带
直接效应				
银行业	0.235***	0.467***	0.823***	0.148**
	(0.062 2)	(0.093 5)	(0.107)	(0.074 6)
证券业	0.114***	0.332***	−0.106	0.306**
	(0.044 2)	(0.053 2)	(0.075 5)	(0.132)
保险业	0.109*	0.096 4	−0.198**	0.241*
	(0.065 0)	(0.078 2)	(0.081 9)	(0.123)
中央补助	0.076 6	−0.080 3	0.438**	0.025 5
	(0.064 6)	(0.075 5)	(0.172)	(0.080 7)
外商直接投资	0.085 1***	0.061 7*	0.032 5	0.056 2***
	(0.022 4)	(0.032 5)	(0.027 0)	(0.018 9)
人均受教育程度	0.845***	0.349	0.525**	0.002 89
	(0.238)	(0.356)	(0.242)	(0.271)

续表 2-10

	全国	东部地带	中部地带	西部地带
间接效应				
银行业	1.819**	0.101	2.213***	−1.506***
	(0.835)	(0.148)	(0.371)	(0.324)
证券业	2.305***	0.505***	−0.375*	2.768***
	(0.829)	(0.162)	(0.223)	(0.678)
保险业	−1.680*	−0.217**	−0.995***	−0.412
	(0.959)	(0.0984)	(0.214)	(0.475)
中央补助	−0.191	−0.444***	0.606	0.453
	(0.938)	(0.150)	(0.484)	(0.346)
外商直接投资	0.867**	0.140	−0.0276	0.137
	(0.430)	(0.125)	(0.0740)	(0.0962)
人均受教育程度	4.154	0.667	1.540*	−2.619**
	(3.873)	(0.503)	(0.848)	(1.289)
总效应				
银行业	2.054**	0.568***	3.036***	−1.358***
	(0.867)	(0.141)	(0.421)	(0.348)
证券业	2.419***	0.837***	−0.480*	3.074***
	(0.856)	(0.176)	(0.250)	(0.770)
保险业	−1.571	−0.121	−1.193***	−0.171
	(1.003)	(0.0743)	(0.246)	(0.562)
中央补助	−0.114	−0.524***	1.044*	0.479
	(0.980)	(0.147)	(0.535)	(0.392)
外商直接投资	0.953**	0.202	0.00486	0.193*
	(0.447)	(0.133)	(0.0799)	(0.107)
人均受教育程度	4.999	1.016**	2.065**	−2.616*
	(4.043)	(0.430)	(0.975)	(1.456)
R^2	0.9467	0.7890	0.9594	0.8663

注：括号内为标准误，***、**与*分别表示在1%、5%与10%显著性水平下显著。
资料来源：本研究计算整理。

2.4.5 机制分析

本小节主要研究金融服务业集聚通过区域内储蓄集聚能力和投资动员能力对区域经济水平的影响机制,其内在机理为:在区域金融体系下,集中各类投资者的资金可以提高资本使用效率,提高金融质量,进而促进区域经济发展[30]。因此,将社会融资作为中介变量。为了区分银行业、证券业和保险业通过社会融资对经济增长的作用机制,分别将社会融资的对数($lnsocial\,financing$)与 $lnbank$、$lnstock$、$lninsure$ 的乘积(即 $LSCJ$、$SSCJ$、$ISCJ$)加入方程。从表 2-11 可以看出,$LSCJ$、$SSCJ$、$ISCJ$ 均在 5% 的显著性水平下对经济增长有明显的促进作用,同时,外商直接投资的系数在 1% 的显著性水平下为正,这也印证了罗文波等的结论[44]。因此,在银行业、证券业、保险业等融资渠道的共同作用下,可以发现金融服务业集聚对区域经济的促进作用更加明显;进而说明金融服务业集聚可以通过区域内的投资动员能力和储蓄集聚能力来影响区域经济。

表 2-11 金融服务业通过社会融资对经济增长的直接效应

银行业		证券业		保险业	
银行业	0.161***	证券业	−0.007 26	保险业	0.110**
	(0.057 8)		(0.056 2)		(0.052 5)
中央补助	0.093 7*	中央补助	0.273***	中央补助	0.143***
	(0.054 0)		(0.051 1)		(0.047 8)
外商直接投资	0.045 5***	外商直接投资	0.093 7***	外商直接投资	0.056 3***
	(0.016 4)		(0.017 4)		(0.015 9)
人均受教育程度	0.669***	人均受教育程度	0.491***	人均受教育程度	0.713***
	(0.180)		(0.191)		(0.179)
银行业乘以社会融资的对数	0.003 57**	证券业乘以社会融资的对数	0.008 39**	保险业乘以社会融资的对数	0.008 49***
	(0.001 65)		(0.004 21)		(0.002 31)

注:括号内为标准误,***、** 与 * 分别表示在 1%、5% 与 10% 显著性水平下显著。
资料来源:本研究计算整理。

2.4.6 稳健性检验

为了检验模型的可靠性和上述结论的稳定性,用文献中更为常见的银行业金融机构存款余额的对数($lndeposit$)替代 $lnbank$ 来衡量银行业集聚程度,样本的地理区间不变,进行稳健性检验。从表 2-12 稳健性检验结果可以看出,全国范围内银行业、证券业和保险业对于本地区的经济增长均产生显著正向影响,银行业对周边地区的经济增长有一定的促进作用,证券业显著促进邻近省域的经济增长而保险业抑制邻近省域的经济发展,这与上文实证结果基本一致,稳定性检验通过。

表2-12 稳健性检验结果

变量	直接效应	间接效应	总效应
银行业存款	0.445***	0.386	0.831***
	(0.061 1)	(0.258)	(0.259)
证券业	0.155***	1.125**	1.280**
	(0.048 5)	(0.542)	(0.555)
保险业	0.193***	−0.647***	−0.453**
	(0.048 8)	(0.205)	(0.201)
中央补助	0.181***	−0.381	−0.200
	(0.055 4)	(0.359)	(0.361)
外商直接投资	0.047 2***	0.186	0.233
	(0.016 1)	(0.186)	(0.192)
人均受教育程度	0.039 3	−0.342	−0.303
	(0.193)	(1.094)	(1.126)

注:括号内为标准误,***、**与*分别表示在1%、5%与10%显著性水平下显著。

2.4.7 小结

本节通过探索性空间数据分析方法(ESDA)探究中国省域金融服务业的空间自相关规律,得出中国各个地区的金融服务业集聚存在正向空间自相关性。在空间相关性检验通过的情况下,构建空间计量模型。根据 SEM 模型的估计结果,银行业、证券业和保险业在1%的显著性水平下对本省域经济增长均存在积极作用,并且扰动误差项对本省域的经济发展也有显著的促进作用;根据 SAR 模型的估计结果,银行业与证券业有效地推动了本省域的经济增长,保险业的效应为正但不显著。同时,邻近省域的经济增长对本地区的经济水平也有显著的促进作用。基于时期空间双固定杜宾模型的估计结果,金融服务业、外商直接投资、人均受教育程度和中央补助对本地区的经济增长均存在显著促进作用。在金融服务业中,银行业对于本省域经济的促进效果最明显;同时,银行业与证券业对周边城市的经济增长产生促进作用,而本省域的保险业会阻碍周边地区的经济发展,外商直接投资对周边地区的经济发展产生积极影响。

接下来,对全国范围及东部、中部、西部地带进行研究与对比,发现金融服务业集聚对区域经济的影响存在一定的异质性。经过影响机制分析,可以发现在银行业、证券业、保险业等融资渠道的共同作用下,金融服务业集聚对区域经济的促进作用更加明显,进而说明金融服务业集聚可以通过区域内的投资动员能力和储蓄集聚能力来影响区域经济。最后,更换表示银行业的核心变量,通过稳健性检验。

2.5　结论与建议

本章利用全国2008—2017年30个省份的面板数据,在地理距离权重的空间关联模式下,通过ESDA检验了中国金融服务业集聚的空间相关性,并且选用合适的空间计量模型,探究了以银行业、证券业、保险业为主体的金融服务业集聚对中国区域经济增长的直接影响、溢出效应及影响机制,证明了金融服务业集聚对于区域经济增长影响的异质性,主要结论如下:

第一,中国金融服务业集聚存在明显的空间自相关特征。从2017年省际区域金融服务业集聚的空间相关模式表可以看出,当今中国的金融服务业形成了以浙江、上海、江苏为中心的"高-高"集聚区,以云南、新疆、青海为主的"低-低"集聚区和以广东为中心的"高-低"集聚区,其集聚模式呈阶梯状分布,东部地带金融服务业发展良好,西部地带金融服务业发展较为缓慢。

第二,金融服务业集聚的直接效应和空间溢出效应具有显著的区域异质性。从全国范围来看,银行业、证券业和保险业能够有效促进集聚地本身的经济增长;同时,银行业和证券业对邻近省域的经济发展具有显著的正向溢出效应,不仅为周边地区的企业的生产经营活动提供贷款,而且产生城市间的技术外溢、知识交流[45]。从分区域来看,金融服务业集聚对东部地带和西部地带的经济产生不同程度的正向直接效应;东部地带和西部地带的证券业集聚具有显著的正向溢出效应,中部地带的银行业集聚能有效促进周边地区的经济增长。全国范围及东中西地带的保险业的空间溢出效应均为负,表明我国的保险业还未发展成熟,因此难以产生惠及邻近省域的经济发展的"涓流效应"。

第三,金融服务业集聚可以通过区域内的储蓄集聚能力来影响区域经济。集聚储蓄创建的各种投资工具,例如股票、债券、保险等,通过不同途径为达到有效规模的公司提供融资,以提高资产流动性。集聚储蓄通过增加风险分散性、流动性并约束公司规模,可以促进资源配置和提高资本使用效率。

根据上述实证结论,本章提出以下与金融发展相关的政策建议:

(1) 促进核心城市银行业的正向溢出,支持银行业机构跨区域合作。在河南、安徽所在的中部地带,银行业对集聚地本身和周边地区的经济均产生积极影响。在这些地区,政府应该妥善利用银行业集聚的正向溢出效应,比如为银行业的跨区域发展提供政策支持,打破传统的行政区划障碍,清除地方保护主义,协同信息基础设施的建设,并为银行业集聚过程中的溢出效应创造良好条件。

(2) 优化保险业结构,营造健康的保险市场环境。实证结果显示,我国各个地区的保险业均表现出不同程度的负向溢出效应,说明和保险业相关的金融资源非均衡配置和发展模式严重阻碍了区域金融一体化的进程,保险业的空间布局亟待优化。在促进我国区域保险业健康发展的过程中,有必要明确各个地区的定位,加强保险业发展的协调性。积极实施有关税收、贷款的优惠政策,吸引更多保险公司在欠发达地区设立保险业分支机构。另外,"松绑"要素市场,加速知识、信息和技术等要素的跨区域流动,也十分必要[46]。

(3) 完善证券市场体系,促进金融发展。新三板及科创板的出现,在证券业具有里程碑的意义,众多中小企业、科技企业得以成长,但是目前我国的证券业仍尚未到达成熟阶段。除了扩大证券市场规模、增加投资品种外,政府应该鼓励证券市场对东部金融集聚水平高的地区(如长江经济带)进行直接融资,发挥风险投资对区域经济的金融支持作用,协同促进区域经济的发展[47]。

(4) 制定多层次金融中心战略,因地制宜发挥金融服务业集聚优势。中国应根据各省域的实际情况,在发挥各地的比较优势的基础上,建设功能不同、相互竞争、功能互补的多层次金融中心[48]。金融中心城市发挥集聚作用的同时,要避免一家独大,努力发挥区域金融服务业集聚的辐射能力。例如,建立区域综合金融信息服务系统,使经济欠发达、金融资源匮乏的区域可以借助该服务系统,从经济发达、金融服务业集中的区域获得有效的金融信息,从而实现各区域金融联动发展。

参考文献

[1] 胡东婉,宋玉祥. 金融集聚对区域经济增长的溢出效应研究[J]. 中南财经政法大学学报, 2017(4):30-34.

[2] 郑志丹. 京津冀协同发展背景下金融聚集的溢出效应:基于长三角、珠三角空间面板的对比分析[J]. 经济管理,2016,38(3):33-44.

[3] 张艳平. 区域金融服务业集聚与工业集聚协调发展水平评估[J]. 统计与决策,2014(5):143-145.

[4] Michele S M, Goldsmith R. Financial Structure and Development[J]. Revue économique, 1970,21(3):491-492.

[5] King R G, Levine R. Finance and growth:Schumpeter might be right [J]. Quarterly Journal of Economics,1993,108(3):717-737.

[6] Apergis N, Filippidis I, Economidou C. Financial Deepening and Economic Growth Linkages: A Panel Data Analysis[J]. Review of World Economics,2007,143(1):179-198.

[7] Demirgu Kunt A. Levine R. Finance, Financial Sector Policies, and Long-run Growth[R]. Social Science Electronic Publishing,2010.

[8] Halpin E O. A political and economic history of the Jews of Afghanistan[J]. Journal of Modern Jewish Studies,2017,16(3):515-516.

[9] Liang J. Study on Regional Differences between Financial Agglomeration and Economic Growth:4th International Conference on Education Technology, Management and Humanities Science,Taiyuan,PEOPLES R CHINA,2018[C].

[10] 王朝阳,何德旭.英国金融服务业的集群式发展:经验及启示[J].世界经济,2008(3):89-95.

[11] 苏李,臧日宏,闫逢柱.中国金融服务业与经济增长的 Granger 分析:基于地理集聚视角[J].东北大学学报(社会科学版),2010,12(1):23-28.

[12] 唐松.中国金融资源配置与区域经济增长差异:基于东、中、西部空间溢出效应的实证研究[J].中国软科学,2014(8):100-110.

[13] 张同功,孙一君.金融集聚与区域经济增长:基于副省级城市的比较研究[J].宏观经济研究,2018(1):82-93.

[14] 刘军,黄解宇,曹利军.金融集聚影响实体经济机制研究[J].管理世界,2007(4):152-153.

[15] 潘辉,冉光和,张冰,等.金融集聚与实体经济增长关系的区域差异研究[J].经济问题探索,2013(5):102-107.

[16] 赵晓霞.金融集聚视角下的中国大城市经济增长方式探究[J].管理世界,2014(5):174-175.

[17] 张帆.中国金融产业集聚效应及其时空演变[J].科研管理,2016,37(S1):417-425.

[18] Krugman, Paul. Increasing Returns and Economic Geography [J]. JOURNAL OF POLITICAL ECONOMY,1991,99(3):483-499.

[19] Bernard A B, Jones C I. Productivity and convergence across U. S. States and industries[J]. Empirical Economics,1996,21(1):113-135.

[20] Richard R, Philippe M, Gianmarco O. Global Income Divergence, Trade, and Industrialization: The Geography of Growth Take-Offs[J]. Journal of Economic Growth,2001,6(1):5-37.

[21] Bai C E, Hong M, Pan W. Spatial spillover and regional economic growth in China[J]. China

Economic Review,2012,23(4):982-990.

[22] Qing Z Y. Strategic Emerging Industries Agglomeration, Spatial Spillover and Economic Growth Based on Chinese provincial panel data[J]. AGRO FOOD INDUSTRY HI-TECH, 2017,28(3):3020-3022.

[23] 李林,丁艺,刘志华.金融集聚对区域经济增长溢出作用的空间计量分析[J].金融研究, 2011(5):113-123.

[24] 任英华,李彬.金融集聚竞争力评价模型及其应用:基于珠三角经济圈的实证研究[J].湖南大学学报(自然科学版),2013,40(8):119-124.

[25] 陆军,徐杰.金融集聚与区域经济增长的实证分析:以京津冀地区为例[J].学术交流,2014 (2):107-113.

[26] 伍丹丹,张东玲,陈景帅.保险业发展对实体经济增长的空间溢出效应:基于山东省2007—2016的经验数据分析[J].青岛大学学报(自然科学版),2018,31(4):116-122.

[27] 周晓艳,高萌,贺文慧.金融发展、产业结构和地区资本配置效率[J].中央财经大学学报, 2015(5):38.

[28] 于斌斌.金融集聚促进了产业结构升级吗:空间溢出的视角:基于中国城市动态空间面板模型的分析[J].国际金融研究,2017(2):12-23.

[29] 谢婷婷,潘宇.金融集聚、产业结构升级与中国经济增长[J].经济经纬,2018,35(4):92-99.

[30] 潘卫红.金融集聚对区域经济增长的路径引导模型构建与政策启示[J].统计与决策,2015 (20):172-175.

[31] 刘瑞娟,王建伟,黄泽滨.基于ESDA的"新丝绸之路经济带"物流竞争力空间格局演化及溢出效应研究[J].统计与信息论坛,2017,32(6):106-112.

[32] Anselin L. Spatial econometrics:methods and models[M]. Boston:Kluwer Academic,1988.

[33] LeSage J,Pace R K. Introduction to Spatial Econometrics[M]. Taylor and Francis,2009.

[34] 吴茂国,陈影.金融集聚对我国区域经济增长的空间溢出效应研究[J].上海金融,2018 (11):72-81.

[35] 贺强.资本市场热点问题探讨[J].价格理论与实践,2019(3):8-11.

[36] 郭红玉,王力,黄晓薇.北京金融产业发展的比较优势、风险及建议:基于与沪津深渝金融业政策比较视角[J].北京社会科学,2013(3):121-127.

[37] 罗莉萍,徐文俊.关于广东科技、产业、金融融合创新发展的思考[J].科技管理研究,2016, 36(19):81-85.

[38] Luc Anselin, Raymond J G M Florax. New Directions in Spatial Econometrics[M]. Springer, Berlin,Heidelberg:1995.

[39] Anselin L. Some robust approaches to testing and estimation in spatial econometrics[J]. 1990,20(2):141-163.

[40] 张芳,李龙.中国银行业市场结构衡量指标及分析[J].宏观经济研究,2012(10):77-83.

[41] 周凯,刘帅.金融资源集聚能否促进经济增长:基于中国31个省份规模以上工业企业数据的实证检验[J].宏观经济研究,2013(11):46-53.

[42] 罗白璐,赵少平,蒋满霖."一带一路"沿线省域金融发展差异的实证研究[J].经济地理,2019,39(9):48-55.

[43] 何恩良,刘文.金融资本、地方政府干预与产业结构:基于中部地区的实证分析[J].经济问题,2011(5):37-40.

[44] 罗文波,吴洁,王璐.股票市场发展、不同渠道融资与经济增长:溢出或挤出?[J].经济管理,2011(4):136-143.

[45] 李红,王彦晓.金融集聚、空间溢出与城市经济增长:基于中国286个城市空间面板杜宾模型的经验研究[J].国际金融研究,2014(2):89-96.

[46] 卓志,孟祥艳.保险业空间集聚的动因及效应:九大城市群视角[J].财经科学,2019(4):80-93.

[47] 黄德春,徐慎晖.新常态下长江经济带的金融集聚对经济增长的影响研究:基于市级面板数据的空间计量分析[J].经济问题探索,2016(10):160-167.

[48] Dai Z M,Luo Y."Chang Jiu Dual-Core integration" financial agglomeration effect measure and policy design:2015 12th International Conference on Service Systems and Service Management(ICSSSM)[C],2015.

第三章

金融服务业集聚对产业结构升级的影响研究

——以江苏省为例

3.1 绪论

近三十年来,中国的经济发展取得了很大的成果,现已跻身世界第二大经济体。产业结构与经济增长的关系一直是学术界的一个重要课题。而产业结构的变迁又离不开各种因素的推动,其中,金融服务业的集聚是不可忽视的重要角色。例如,孙晶、李涵硕指出,一定的外部环境和客观条件能够促进产业结构的变化和升级,特别是金融需求和金融结构[1]。

依靠经济全球化的发展、金融体系的迅速拓展和金融工具的不断创新,金融已经逐渐成为现代经济高速发展的核心元素之一。特别是随着金融产业的集聚,已经在世界各地形成了各大金融中心,如早期的阿姆斯特丹、伦敦、纽约,到近现代的香港、新加坡、东京等地。随着中国经济的腾飞,区域性金融服务业的集聚对区域性经济增长的贡献也逐渐显露,不少地区提出建设金融中心的目标。国内城市中,上海和北京早已发展成为金融集聚程度较高的城市。

中国区域经济发展最好的区域中,长三角地区是表现很亮眼的一个,而江苏是长三角地区的核心省份之一。江苏总产值位列全国第二,并且江苏三次产业的产业结构类型已逐步实现由"二、三、一"向"三、二、一"转变。随着金融业的飞速发展、资金配置效率的提高,也导致了对于建设金融服务业集聚区的要求。本章拟在研究江苏省金融服务业集聚水平与产业结构升级之间的关系。

1) 研究目的

本章的目的是对金融集聚和产业结构升级国内外理论进行梳理,利用实证分析探究江苏省金融服务业集聚对于产业结构的影响,对江苏省产业结构升级和金融改革提供一定的理论内容,同时,为江苏省以后的产业结构变迁和升级工作提供理论支持和依据。

2) 研究意义

(1) 理论意义:金融业在现代经济中发挥着核心作用,而金融服务业集聚是产业集聚的基本组织形式之一,其优化资金配置、促进产业结构调整的作用是经济增长与发展的重要基石。从金融服务业集聚角度出发,研究其与江苏省产业结构升级之间的关系,具有重要的理论意义。

(2) 实践意义:有了理论的指导,本章利用江苏省2008—2016年的数据,进行实证研究,对于研究江苏省金融集聚水平的特征、对江苏省经济发展的影响以及今后如何实施更好的金融改革提供依据,有其实践意义。

本研究采用的理论研究法是通过对国内外有关金融集聚、产业结构有关的文献,进行分析总结,找出不足;实证研究法是通过构建理论模型,利用2008—2016年的数据,具体分析江苏省金融集聚度水平和江苏省各市的金融集聚度水平,并纳入控制变量如外商直接投资、技术创新、人力资本等进行时间序列分析,探究金融服务业集聚度对江苏省产业结构升级的影响。

3.2 相关理论与文献综述

3.2.1 相关概念界定

1) 区位熵

区位熵是一个很重要的指标,主要用来表示某一区域的某一产业的专业化程度或者某一生产要素的区域分布情况。

在本研究中,区位熵用来反映金融服务业的专业化程度,以区位熵来代表江苏省金融服务业的集聚水平。

2) 金融集聚

金融集聚是一种金融服务业的空间结构,表现为在一国具有总部功能的金融机构如金融监管部门、金融企业集中在某一特定地域,形成规模效应、外部经济。金融服务业集聚本质上是产业集聚的一种组织形式,主要包括银行、保险、证券三大金融服务行业。

3) 产业结构升级

经济学家对于产业有不同的划分方式,不同产业内部的行业结构和这些结构相互之间的相关和比例关系就是产业结构。随着经济的发展，工业化水平的不断提高，生产部门的数量及其复杂程度也在增加。按照我国的《国民经济行业分类》划分法，本研究将我国产业划分为三大产业。

产业结构升级，就意味着第一产业的比重呈现不断下降的趋势，第二、三产业的比重则不断上升。

各种因素导致产业结构的演变与经济发展的趋势是对应的，而产业结构升级，指的是国家的经济增长方式从初期的劳动密集型增长向资本密集型、知识密集型增长方式转变。

3.2.2 理论分析

1）产业集群理论

产业集群是产生集聚经济的表现形式，是相互有关联的产业在某一空间集聚而成的。已有经济学理论证明了产业集聚可以出现规模经济、外部经济，能够为产业获取优势。产业集聚作为一种经济现象是在市场力量的作用下自然出现的，如信息技术公司和相关制造商，美国的相关组织聚集在硅谷。

经济学家对产业集聚现象及产业集聚区发生的机制的研究有相当长的历史，形成了多种产业集聚理论。最早由英国的新古典经济学家马歇尔提出产业集聚之所以产生是由于外部经济和规模经济的存在。后来韦伯认为在同一地域集聚的相关联的企业，由于生产要素的机制，越可能获得"外部经济"的优势。胡佛引入了地方化经济与城市化经济的概念，并强调了二者的区别。其后的一些经济学家提出增长极理论，他们从不同的角度探究产业集聚与经济增长两者间的相互关系。增长极理论和产业集群理论密不可分，从世界性的区域经济数据来看，很多地区的产业结构演变、调整得益于产业集群，集群带来的规模效应、外部经济效应会强化这一区域的经济活动并带来辐射效应，实现地区的经济增长。美国的经济学家迈克尔·波特在1990年出版了《国家的竞争优势》，书中他提出了通过对多个国家的产业集聚现象进行研究，从中发现产业集聚能够带来企业竞争优势和创新能力，最终提出了产业群这一新概念。

后来的新经济地理学派的代表人物保罗·克鲁格曼则主要从经济地理的角度来研究，认为贸易成本影响企业的区位选择，强调外部经济与供求关系相联系，而不是纯粹的技术溢出效应。

2）金融发展理论

金融集聚理论在学术界还没有统一定论，而金融发展理论则有着深远的研究体系。

熊彼特关于金融企业与创新之间的研究,开创了金融自由化文献的先河,他认为国家的经济增长离不开金融体系,认为这两者有直接的因果关系。

戈德史密斯则从金融结构的角度研究金融体系,他认为各国的金融体系在不同方面,随着经济发展的不同阶段,有对应的不同的结构性特征,并且有一定的规律。

后期则演变为金融深化理论,其中以麦金农和肖的研究结果最富有影响力。他们通过观察发展中国家金融抑制的现象和对于这一现状的起源,认为是政府的抑制政策产生了这一影响,并提出了相应的政策建议。

在此基础上,后来出现了"麦金农-肖"学派关于"内生金融增长理论"关于金融自由化的更深入的研究。

3) 产业结构演变规律理论

(1) 配第-克拉克定理

英国经济学家配第首次注意到产业结构演变规律。他通过研究提出了配第定理,即:不同产业具有不同的附加价值,具体表现在工业比农业高,服务业比工业高。

1994年,英国经济学家在配第的基础上发现了三次产业间的劳动力转移现象,印证了配第定理,这一成果被称为"配第-克拉克定理"。

(2) 库兹涅茨的人均收入影响论

库兹涅茨在配第-克拉克定理的基础上,提出了"人均收入影响论",即:由于人均收入的变动,产业结构也会随之发生变动。

(3) 霍夫曼定理

19世纪30年代,德国经济学家霍夫曼提出了著名的霍夫曼定理:在工业化进程中,消费资料工业的净产值和资本资料工业的净产值之比是不断下降的。

(4) 钱纳里的"标准产业结构"理论

19世纪60年代,"标准产业结构"理论由美国经济学家钱纳里提出,这一理论规范了前人所述的产业结构变动的规律。他认为经济增长是由产业结构向更好的一个层次变迁推动的。

3.2.3 文献综述

通过对现有文献的阅读与整理,发现与本课题研究相关的文献,大体上是从金融服务业集聚的产生原因、产业结构升级的产生原因及影响、金融服务业集聚与产业结构的相互关系与实证检验这三方面进行研究。

1) 金融集聚动因理论

关于产生金融服务业集聚的原因,黄解宇从金融产业的特点和空间经济学及相关的视角两个角度,借由对国际金融中心形成的微观理论基础的调查,研究了产生金融服务业集聚的内在原因[2]。黄永兴等通过实证研究,发现广义基础设施和经济规模都是金融集聚形成的因素[3]。车欣薇等认为产业集聚是金融集聚产生的原因,她进一步指出,产业集聚的程度与金融集聚的支撑力成同比例增长[4]。李静等通过各省的面板数据模型,研究发现金融集聚的首要和次要因素是地区经济发展程度和政府推动[5]。

2) 产业结构升级的原因

姜泽华、白艳指出产业结构升级的原因有社会需求、科技进步、制度安排和资源禀赋[6]。杜传忠、郭树龙也认同产业结构升级的动因是复杂多样的,通过实证研究了30个省市的面板数据,得出结论:在可能的影响因素中,我国的产业结构升级会受到资本投入、需求和外商直接投资的推动,而其他因素比如技术水平、进出口贸易的影响不明显[7]。梁树广则是先对产业结构升级的各影响因素进行机制梳理,接着进行实证检验,结论显示:交通基础设施、技术创新、外商直接投资、固定资产投资和人力资本这几个影响因素可以对我国的产业结构升级产生影响[8]。张翠菊、张宗益通过1997—2012年的省际面板数据也得出了类似的结论,其中还提及了另外的影响因素:能源投资、居民消费和城市化也对产业结构升级做出了正向的贡献[9]。

3) 金融服务业集聚与产业结构的关系理论

有关金融服务业集聚与产业结构的关系的理论研究中,Levine和King从产业结构优化的动力角度,探讨了金融发展的状况,指出金融机构的集聚、中介机构的发展和市场的完善都是其原因[10]。Krugman等的新经济地理学,从地理学和空间角度考察了金融集聚与产业结构升级之间的关系[11]。国内关于金融集聚的研究开展得较晚,最早可追溯至刘世锦提出金融发展应该允许金融改革更好地为行业的升级和发展服务[12]。贺劲松明确了金融发展的内生性,指出金融应支持产业结构升级,并对其面临的挑战进行了相应的措施分析[13]。

近年来国内对于金融集聚效应的实证研究逐渐增多,孙晶、李涵硕通过实证研究,发现金融集聚对我国产业结构升级有明显的正向推动影响,且这种影响随着时间的推移呈现出越来越大的趋势,同时还发现金融行业中的银行业对产业结构的升级起到了最为显著的影响[1]。郭露、丁峰首先构建了长三角地区产业结构与金融集聚的指标体系,接着发现长三角各市经济发展的成果导致了长三角地区的产业结构的升级,但长三角各市的地区差异较大;同时还发现,长三角地区的金融集聚水平不够先进,且地区间差异逐渐增大[14]。宋俊生和宋华解释了金融集聚对产业结构升级起正向作用的内在机理,使用因子分析法和回归模型进行研究,实证结果显示金融集聚对安徽省的产业结构的优化升级具有显著的推动作用[15]。张丹、田配艳实证研究了湖南省金融发展对产业结构升级的影响力,得出的结论是湖南省的金融发展与产业结构之间保持着长期的均衡关系,但是金融集聚对产业结构升级的影响有限,并不显著[16]。孙继国实证研究了山东省产业结构升级与金融发展的相互关系,同时利用面板数据模型实证研究了山东省17地市产业结构与金融支持的关系。实证结果显示,山东省产业结构升级的原因中,金融发展水平做出了很大一部分贡献。各市之间的地区差异性较大,在金融发展与经济发展水平上均不平衡,各市发挥的支持作用的差异也较大[17]。于斌斌指出经济增长是由产业结构升级推动的,而产业结构升级是金融集聚的结果。但同时他也通过实证研究,认为这种影响是有限的,金融集聚对产业结构升级的推动作用会受到产业发展阶段和城市规模的限制[18]。

4）文献评述

从对前人的文献梳理工作来看,大体上是从金融服务业集聚的产生原因、产业结构升级的产生原因及影响、金融服务业集聚与产业结构的相互关系与实证检验这三方面进行研究。产业结构升级的影响因素众多,金融作为世界经济的核心之一,金融服务业集聚作为产业集群的一种组织形式,对于产业结构升级的作用不可忽视。

目前国内外文献对于金融服务业集聚与产业结构升级的影响研究较少,对于省级区域的金融集聚与产业结构升级的关系缺少足够的实证研究,尤其国内的金融服务业集聚区最早出现在北京、上海,对于其他省份的研究更是不足。本研究将在前人文献的基础上,运用时间序列模型研究江苏省金融服务业集聚与产业结构升级之间的关系。

3.2.4 小结

本节首先对区位熵、金融集聚、产业结构升级的概念进行理清,接着对相关理论进行分析,最后对与选题有关的文献综述进行整理和评述,旨在为后面的实证研究建立一个理论性的框架。

3.3 江苏省金融集聚区位熵分析

3.3.1 测度方法

孙晶、李涵硕[1]在测算中国金融聚集程度时,采用了区位熵的测度方法。施卫东、高雅[19]也运用了同样的方法,因此本研究也同样沿用此方法。

区位熵是一个很重要的指标,它可以体现出某一区域要素的空间分布情况、某一产业部门的专业化程度,以及某一区域在高层次区域的地位和作用。区位熵主要用来表示某一区域的某一产业的专业化程度。

在本研究中,区位熵用来反映金融服务业的专业化程度,以区位熵来代表江苏省金融服务业的集聚水平。其公式为:

$$LQ_{ij} = \frac{q_{ij}/q_j}{q_i/q}, \quad 其中 \ q_j = \sum_i q_{ij}, q_i = \sum_j q_{ij}, q = \sum_i \sum_j q_{ij} \quad (3-1)$$

式中,LQ_{ij}是j地区的i产业的全国区位熵;q_{ij}为j地区的i产业的相关指标(例如产值、就业人数等);q_j为j地区所有产业的相关指标;q_i指在全国范围内i产业的相关指标;q为全国所有产业的相关指标。计算江苏省区位熵时,本研究采用金融业从业人员数来计算。

LQ_{ij}的值越高,地区产业集聚水平就越高,一般来说:当$LQ_{ij}>1$时,我们认为j地区的i产业的区域经济在全国来说具有优势;当$LQ_{ij}<1$时,我们认为j地区的i产业的区域经济在全国来说具有劣势。区位熵方法简便易行,可在一定程度上反映出地区层面的产业集聚水平。

3.3.2 样本与数据来源

本研究将计算2008—2016年江苏省金融服务业的区位熵指数。其中需要的数据分别是各市金融服务业从业人员数、各市地区就业人数和历年江苏省就业人数、历年江苏省金融服务业就业人数、全国金融服务业从业人员及其全国就业人数,以上数据均来自2008—2016年的《中国城市统计年鉴》《江苏省统计年鉴》和国家统计局。

3.3.3 数据计算结果

首先,根据式(3-1)计算江苏省金融服务业集聚的区位熵,具体结果如

表3-1所示。

表3-1 2008—2016年江苏省金融服务业区位熵

年份	2008	2009	2010	2011	2012	2013	2014	2015	2016
区位熵	0.4821	0.4755	0.4579	0.4599	0.4482	0.4628	0.4773	0.4701	0.4670

注：原始数据来源于2008—2016年的《江苏省统计年鉴》《中国统计年鉴》。

由表中结果可知，江苏省2008—2016年的区位熵均小于1，在全国区域经济中，金融服务业集聚水平处于劣势。其中，在2008年区位熵数值达到顶峰，之后便逐年下降，可能的原因是2008年之后的金融危机导致了金融服务业的衰退，区位熵数值从2012年之后便逐步上升。江苏省的整体区位熵均不高，可能的原因是江苏省各市的金融服务水平、经济发展状况均有一定的差异性。

因此，本研究进一步测算了江苏省各市的金融服务业的集聚水平，测算结果如表3-2所示。

表3-2 2008—2016年江苏各市金融服务业区位熵

地区\年份	2008	2009	2010	2011	2012	2013	2014	2015	2016
南京	0.9412	0.8116	0.8366	0.9145	0.8913	0.7208	0.8075	0.6753	1.0848
无锡	0.8142	0.80005	0.7811	0.7865	0.6365	0.5792	0.5425	0.5201	0.8471
徐州	0.5043	0.5493	0.5099	0.4783	0.4953	0.4164	0.3936	0.3975	0.4935
常州	0.7232	0.6802	0.6872	0.8049	0.8285	0.5637	0.5980	0.5928	0.9452
苏州	0.7267	0.7279	0.6497	0.6844	0.6170	0.6582	0.6297	0.5557	0.8860
南通	0.7267	0.74643	0.7267	0.7093	0.7423	0.4521	0.5123	0.5589	0.8342
连云港	0.6772	0.6419	0.5804	0.5638	0.6891	0.6455	0.6482	0.7345	0.8429
淮安	0.6054	0.5590	0.5598	0.4717	0.5892	0.5025	0.5111	0.5337	0.6828
盐城	0.9038	1.0146	0.7660	0.7185	0.5737	0.4235	0.4245	0.4505	0.5820
扬州	0.4369	0.4289	0.4036	0.4565	0.5460	0.4411	0.4356	0.3921	0.5935
镇江	1.13538	1.0386	0.9334	0.8401	0.8339	0.6387	0.5665	0.5702	0.1895
泰州	0.9965	0.6761	0.5992	0.5264	0.5182	0.4443	0.4299	0.4346	0.6187
宿迁	0.2634	0.2767	0.2461	0.2544	0.3140	0.1911	0.1468	0.1438	0.1895
全国	0.0110	0.0118	0.0123	0.0137	0.0137	0.0139	0.0146	0.0156	0.0171

注：原始数据来源于2008—2016年的《江苏省统计年鉴》《中国统计年鉴》。

由表格中测算结果可知，江苏省各市的金融服务业集聚水平有很大的差异性，其中有的城市金融集聚水平较高，例如南京市、连云港市、无锡市、常州市、苏州市、有的城市金融集聚水平较低,如宿迁市、扬州市、徐州市、淮安市。同时,又因为时间不一致,不同城市的金融集聚水平也发生了变化,比如南京市虽整体集聚水平较高,但是其在2008年达到顶峰,随后呈现波动状态,无锡市于2008年集聚水平达到顶峰,随后一直呈现下降态势。总体上来看,所有的城市金融服务业集聚水平均在2008年后有所下降,但是所有城市的区位熵均高于同期全国平均水平。

在表3-2的基础上,本研究将每年区位熵排名前五的城市进行了重新排序,结果如表3-3所示。

表3-3　2008—2016年江苏省金融服务业集聚水平排名前五的城市

排序\年份	2008	2009	2010	2011	2012	2013	2014	2015	2016
1	镇江	镇江	镇江	南京	南京	南京	南京	连云港	南京
2	泰州	盐城	南京	镇江	镇江	苏州	连云港	南京	常州
3	南京	南京	无锡	常州	常州	连云港	苏州	常州	苏州
4	盐城	无锡	盐城	无锡	南通	镇江	常州	镇江	无锡
5	无锡	南通	南通	盐城	连云港	无锡	镇江	南通	连云港

注:原始数据来源于2008—2016年的《江苏省统计年鉴》《中国统计年鉴》。

由表3-3可知,每年金融服务业集聚水平最高的前五名城市都不同,但基本集中在南京市、镇江市、连云港市、南通市、苏州市、无锡市、盐城市,它们均有上榜但不连续。其中,南京市位列第一名的次数最多,是因为南京作为江苏省的省会城市,在人才布局、政策支持、经济发展状况的支撑下,金融市场体系相较其他城市来说更为完善,聚集了多家证券、期货、保险公司,保证了其在江苏省内的金融集聚水平最高的城市地位。

3.3.4　小结

这一部分运用区位熵指数代表江苏省金融服务业集聚水平,数据来源为2008—2016年的《江苏省统计年鉴》《中国统计年鉴》《中国城市统计年鉴》。经过测算,发现江苏省2008—2016年的区位熵均小于1,在全国区域经济中,金融服务业集聚水平处于劣势。其中,在2008年区位熵数值达到顶峰,之后便逐年下降,可能的原因是2008年之后的金融危机导致了金融服务业的衰退,区位熵数值从2012年之后便逐步上升。江苏省的整体区位熵均不高,可能的原因是江苏省各市的金融服务水平、经济发展状况均有一定的差异性。

基于此,本研究又测算了江苏省各市的区位熵,结果发现江苏省各市的金融服务业集聚水平有很大的差异性,其中有的城市金融集聚水平较高,有的城市金融集聚水平较低。同时,又因为时间不一致,不同城市的金融集聚水平也发生了变化,比如南京市虽整体集聚水平较高,但是其在 2008 年达到顶峰,随后呈现波动状态,无锡市于 2008 年集聚水平达到顶峰,随后一直呈现下降态势。总体上来看,所有的城市金融服务业集聚水平均在 2008 年后有所下降,但是所有城市的区位熵均高于同期全国平均水平。

3.4 江苏省金融服务业集聚水平影响产业结构升级的实证检验

3.4.1 变量选择与数据来源

1）因变量产业结构升级指数

产业结构升级(ISU_{ij})是指经济增长方式的转变与经济发展模式的转轨。结合施卫东和高雅[19]、杨琳[20]、曾国平和王燕飞[21]、罗超平等[22]的做法,本研究采用第二产业与第三产业增加值之和与当年 GDP 的比值作为产业结构升级(ISU_{ij})的指标。

2）解释变量

解释变量方面,江苏省金融集聚度区位熵(LQ_{ij})为主要的解释变量。除了这一主要的解释变量之外,根据产业结构升级的现有研究,本研究还将增加关于产业结构升级的一系列指标作为控制变量,分别是外商直接投资(FDI)、技术创新(TEC)、人力资本(HR)、外贸规模(TR)。

（1）外商直接投资(FDI)

已有很多学者认为外商直接投资能够促进一国的产业结构升级,傅强等认为外商直接投资能够促进我国产业结构升级,同时提高各个产业的素质[23]。江小涓也得出类似的观点,肯定了 FDI 在 GDP 增长、技术进步和产业结构升级等方面能够对中国经济增长做出正向影响[24]。唐艳对于外商直接投资对产业结构变迁的影响做了实证检验,结果显示外商直接投资对产业结构优化有正向影响[25]。本研究使用外商直接投资额与当年 GDP 的比值来表示外商直接投资指标。

（2）技术创新(TEC)

黄茂兴、李军军从技术选择的角度构建模型,通过实证检验,发现技术选择可

第三章 金融服务业集聚对产业结构升级的影响研究——以江苏省为例

以与资本深化一同对产业结构优化做出贡献[26]。付宏构建了技术创新对于产业结构高级化的影响机理,经过实证研究认为创新投入对产业结构高级化起到了显著的积极作用[27]。本研究遵循梁树广[8]的做法,用江苏省授权专利数表示技术创新。

（3）人力资本（HR）

人力资本与经济增长的关系历来是学术界的一个重点,张国强等在关于人力资本与产业结构优化的相互关系方面进行了实证研究,研究结论显示人力资本可以对我国的产业结构升级做出正向贡献[28]。黄文正[29]、李平等[30]均得出了类似的结论。本研究遵循黄文正衡量人力资本的方法,用高等学校在校学生数作为人力资本（HR）指标。

（4）外贸规模（TR）

古典自由贸易理论和新古典自由贸易理论均认为,国内产业结构可以通过国际贸易来进行良性循环发展。武晓霞利用省域数据研究了省域产业结构的影响因素,发现外贸规模、个人消费需求、人力资本、外商直接投资和技术水平均对产业结构升级有推动作用[31]。本研究遵循武晓霞[31]对于外贸规模指标的衡量,用进出口总额与GDP的比重来表示。

3）数据来源

产业结构升级指数（ISU_{ij}）——江苏省第二、三产业增加值之和与当年GDP的比值,原始数据来源于国家统计局2008—2016年的江苏省年度数据。

江苏省金融服务业集聚度（LQ_i）——江苏省金融服务业区位熵,原始数据来源于2008—2016年的《江苏省统计年鉴》《中国统计年鉴》《中国城市统计年鉴》。

外商直接投资（FDI）——外商直接投资额与当年GDP的比值,考虑到外商直接投资额的单位是百万美元,与当年GDP单位不一致,故根据历年美元兑人民币利率将其换算成一致单位,历年美元兑人民币利率数值来自国研网统计数据库,外商直接投资额与当年GDP原始数据来自国家统计局2008—2016年的江苏省年度数据。

技术创新（TEC）——江苏省授权专利数,原始数据来自国家统计局2008—2015年的江苏省年度数据。

人力资本（HR）——高等学校在校学生数,原始数据来自国家统计局2008—2015年的江苏省年度数据。

外贸规模（TR）——进出口总额与当期GDP的比值,考虑到数值单位不一致,同样根据国研网统计数据库的理念美元兑人民币利率换算成一致单位,原始数据来自国家统计局 2008—2015 年的江苏省年度数据。

3.4.2 模型设定

产业结构升级的影响因素很多,本节主要研究江苏省金融服务业集聚水平对产业结构升级的影响,因此核心解释变量为江苏省金融服务业集聚度,用金融业区位熵(LQ_{ij})表示,除此之外,还加入四个控制变量,即外商直接投资(FDI)、技术创新(TEC)、人力资本(HR)、外贸规模(TR),因变量为江苏省第二、三产业增加值之和与当年 GDP 的比值代表的产业结构升级指数(ISU_t)。

根据上述分析,构建如下回归模型:

$$ISU_t = \alpha_0 + \alpha_1 LQ_t + \beta_i Control_{it} + \mu_t \qquad (3-2)$$

式中,ISU_t 代表的是产业结构水平;LQ_t 代表的是江苏省金融服务业集聚水平;$Control_{it}$ 代表的是影响产业结构升级的控制变量,包括外商直接投资、人力资本、技术创新、外贸规模;μ_t 代表回归残差值。

首先对各个变量进行简单的描述性统计,具体内容见表 3-4。

表 3-4 各变量的描述性统计

变量	均值	标准差	最小值	最大值
ISU	0.939 575	0.004 915 5	0.932 215 1	0.947 315 3
LQ	0.466 789 3	0.010 723 1	0.448 265 5	0.482 167 2
FDI	1.297 864	0.153 608 1	1.020 446	1.475 479
TEC	17 417	13 187.1	3 508	40 952
HR	167.228 9	4.888 211	157.26	174.58
TR	0.640 400 6	0.152 65	0.437 133 3	0.924 223 8

3.4.3 变量的单位根检验

首先对时间序列进行单位根的平稳性检验。本研究对所有变量取对数处理,采用增广的迪基-富勒(ADF)方法。采用 ADF 单位根检验法对 ISU、LQ、FDI、TEC、HR 进行序列平稳性检验,检验结果如表 3-5。

检验结果表明,在 10% 的显著性水平下,原始序列都是非平稳的,经过三阶差分处理后为平稳序列,说明 $\ln ISU$、$\ln LQ$、$\ln FDI$、$\ln TEC$、$\ln HR$ 是二阶单整序列。

表 3-5 变量的单位根检验(ADF)结果

变量	$Z(t)$	结论
lnISU	0.855 4	不平稳
lnLQ	0.245 8	不平稳
lnFDI	0.102 4	不平稳
lnTEC	0.992 0	不平稳
lnHR	0.300 8	不平稳
lnTR	0.430 5	不平稳
DlnISU1	0.038 1	平稳
DlnLQ1	0.186 3	不平稳
DlnFDI1	0.990 9	不平稳
DlnTEC1	0.161 1	不平稳
DlnHR1	0.000 0	平稳
DlnTR1	0.000 0	平稳
DlnISU2	0.072 1	平稳
DlnLQ2	0.004 9	平稳
DlnFDI2	0.004 5	平稳
DlnTEC2	0.019 6	平稳
DlnHR2	0.000 0	平稳
DlnTR2	0.000 0	平稳

注：根据 STATA 12.0 计算结果整理，Dxxx 表示差分次数。

3.4.4 约翰逊协整检验

由表 3-5 检验结果可知产业结构升级的优化水平与金融服务业区位熵、外商直接投资、人力资本、技术创新、外贸规模是二阶单整的，本研究采用约翰逊协整检验来确定模型中的各变量之间是否存在协整关系。检验结果如表 3-6 所示。

表 3-6 约翰逊协整检验结果

协整关系最多个数	参数	最大特征值	临界值(5%)
0	6	42.460 7	14.07
1	17	6.256 1	3.76
2	26	3.406 7	3.76

结果显示，最大特征值统计量显示协整关系的个数为 2，说明各变量间存在长

期协整关系。

3.4.5 向量误差修正模型

根据变量 $\ln ISU, \ln LQ, \ln FDI, \ln TEC, \ln HR, \ln TR$，拟合 VEC 模型，结果如表 3-7 所示。

表 3-7　VEC 模型拟合结果(1)

方程	参数	p
D_lnisu	2	0.018 3
D_lnlq	2	0.298 5
D_lnfdi	2	0.037 5
D_lntr	2	0.064 9
D_lntec	2	0.000 0
D_lnhr	2	0.069 5

由表中结果可以看到 D_lnisu,D_lnfdi,D_lntr,D_lntec,D_lnhr 在 10% 的显著性水平下都是联合显著的，而 D_lq 不显著。

表 3-8　协整方程协助性检验(2)

方程	参数	p
_ce2	2	0.001 0

表 3-9　误差修正模型的调整参数

变量	短期系数	p	方程	调整参数	p
lnlq	0.454 378 8	0.003	D_lnlq	−1.832 52	0.013
lnfdi	−0.072 870 4	0.215	D_lnfdi	−1.378 328	0.575
lntr	0.140 262 6	0.014	D_lntr	4.484 753	0.348
lntec	0.003 414	0.755	D_lntec	12.667 89	0.034
lnhr	1.351 736	0.001	D_lnhr	−0.409 054 9	0.525

由表 3-8、3-9 中结果可知，协整方程是显著的，表示误差修正模型总体是显著的，方程 D_fdi,D_lntr,D_lnhr 不显著，其余几个方程中，当 lnisu、lnlq 过高，偏离长期均衡值时，会缓慢朝着长期均衡值下调；当 lntec 过低，偏离长期均衡值时，会快速朝着长期均衡值上调。

3.4.6 回归结果

为了测算区位熵及其他控制变量对产业结构升级指数的影响程度,通过建立多元线性回归模型来测算。

采用 OLS 估计方法,我们可以得到如表 3-10 所示的回归结果。

表 3-10 回归结果

变量	系数	T 统计量	p 值
$\ln lq$	0.092 077 2	7.17	0.002
$\ln fdi$	0.001 761	1.26	0.297
$\ln tec$	0.004 996	1.10	0.032
$\ln hr$	0.226 193	1.24	0.074
$\ln tr$	0.023 9643	0.87	0.059
常数项	−1.186 597	−1.33	0.001
R^2	0.902 7	F 统计量	5.57
修正后的 R^2	0.988 0	Prob>F	0.009

由表 3-10 的结果可知,方程 $R^2=0.902\ 7$,修正后的 $R^2=0.988\ 0$,说明方程拟合度良好,模型比较合理,江苏省金融服务业集聚对产业结构升级具有解释意义。变量 $\ln lq$,$\ln tec$,$\ln hr$ 和 $\ln tr$ 通过了 10% 的显著水平。

(1) 金融服务业集聚度影响分析。从表 3-10 我们可以知道,江苏省金融服务业集聚度较显著,这表明江苏省金融服务业集聚水平对于江苏省产业结构升级有明显的促进作用。

(2) FDI 影响分析。由回归结果表明,FDI 的 T 统计值不显著,这或许能说明外商直接投资对于产业结构升级没有直接的影响作用,这样的结果可能存在多方原因,其中一个原因可能是外商投资的产业方向并不能直接对江苏省的产业结构升级产生正向的影响,另外可能的原因是有些外商投资不包括技术投资,限制了其对于产业结构升级的影响效应。

(3) TEC 影响分析。技术水平与产业结构升级之间的关系已经被众多学者证明,本研究中技术创新的 T 统计值显著,表明了技术创新对于产业结构升级的确有着正向促进作用。

(4) HR 影响分析。人力资本存量承载着知识、技能、经验,是产业结构升级和经济增长不可忽视的力量。本研究的回归结果也证实了这一点。江苏一直是全国教育强省,凭借着出色的高校、灵活的政策、良好的经济发展吸引着大量人才。

(5) *TR* 影响分析。回归结果显示,外贸规模影响显著,每增加 1%,产业结构升级就提高 0.047 831%。由于我国具有劳动力成本低的比较优势,在国际贸易上不断增加顺差,成为世界贸易大国,使进出口规模持续扩大,对产业结构升级做出了贡献。

3.4.7 小结

本研究主要运用格兰杰因果检验、单位根检验、协整分析、回归分析实证检验了江苏省金融服务业集聚对产业结构升级的影响,由实证结果得出以下结论:

由格兰杰因果检验,我们发现产业结构升级与区位熵存在因果分析。

单位根检验的结果显示,*ISU*,*LQ*,*FDI*,*TEC*,*HR* 是三阶单整序列。

通过协整检验,我们认为 *ISU*,*LQ*,*FDI*,*TEC*,*HR* 和 *TR* 序列具有协整关系。当金融集聚度增加 1% 时,产业结构优化率 0.165 031 5%。

通过对协整方程中其他控制变量的分析,我们发现:

(1) 金融服务业集聚度影响分析。从表 3-10 我们可以知道,江苏省金融服务业集聚度较显著,这表明江苏省金融服务业集聚水平对于江苏省产业结构升级有明显的促进作用。

(2) *FDI* 影响分析。由回归结果表明,*FDI* 的 T 统计值不显著,这或许能说明外商直接投资对于产业结构升级没有直接的影响作用,这样的结果可能存在多方原因,其中一个原因可能是外商投资的产业方向并不能直接对江苏省的产业结构升级产生正向的影响,另外可能的原因是有些外商投资不包括技术投资,限制了其对于产业结构升级的影响效应。

(3) *TEC* 影响分析。技术水平与产业结构升级之间的关系已经被众多学者证明,本研究中技术创新的 T 统计值显著,表明了技术创新对于产业结构升级的确有着正向促进作用。

(4) *HR* 影响分析。人力资本存量承载着知识、技能、经验,是产业结构升级和经济增长的不可忽视的力量。本研究的回归结果也证实了这一点。江苏一直是全国教育强省,凭借着出色的高校、灵活的政策、良好的经济发展吸引着大量人才。

(5) *TR* 影响分析。回归结果显示,外贸规模影响显著,每增加 1%,产业结构升级就提高 0.047 831%。由于我国具有劳动力成本低的比较优势,在国际贸易上不断增加顺差,成为世界贸易大国,使进出口规模持续扩大,对产业结构升级做出了贡献。

3.5 结论与建议

本章从金融服务业集聚水平的视角看其对江苏省产业结构升级的影响,在借鉴了学者们已有的研究后,用区位熵构建江苏省的金融服务业集聚水平,并对江苏各市的金融集聚水平排序,发现江苏省2008—2016年的区位熵均小于1,在全国区域经济中,金融服务业集聚水平处于劣势。其中,在2008年区位熵数值达到顶峰,之后便逐年下降,可能的原因是2008年之后的金融危机导致了金融服务业的衰退,区位熵数值从2012年之后便逐步上升。江苏省的整体区位熵均不高,可能的原因是江苏省各市的金融服务水平、经济发展状况均有一定的差异性。

随后测算了江苏省各市的区位熵,发现江苏省各市的金融服务业集聚水平有很大的差异性,其中有的城市金融集聚水平较高,例如南京市、连云港市、无锡市、常州市、苏州市,有的城市金融集聚水平较低,如宿迁市、扬州市、徐州市、淮安市。同时,又因为时间不一致,不同城市的金融集聚水平也发生了变化,比如南京市虽整体集聚水平较高,但是其在2008年达到顶峰,随后呈现波动状态,无锡市于2008年集聚水平达到顶峰,随后一直呈现下降态势。总体上来看,所有的城市金融服务业集聚水平均在2008年后有所下降,但是所有城市的区位熵均高于同期全国平均水平。

随后将每年区位熵排名前五的城市进行了重新排序,发现每年金融服务业集聚水平最高的前五名城市都不同,但基本集中在南京市、镇江市、连云港市、南通市、苏州市、无锡市、盐城市,它们均有上榜但不连续。其中,南京市位列第一名的次数最多,是因为南京作为江苏省的省会城市,在人才布局、政策支持、经济发展状况的支撑下,金融市场体系相较其他城市来说更为完善,聚集了多家证券、期货、保险公司,保证了其在江苏省内的金融集聚水平最高的城市地位。

本研究随后利用单位根检验、协整检验、格兰杰因果检验等方法分析了江苏省金融集聚水平与江苏省产业结构升级之间的关系,实证结果得出江苏省金融服务业集聚水平与产业结构升级之间存在长期均衡关系,但是它们之间的因果关系不明显,可能的原因是因为江苏各地区金融服务业集聚水平差异性过大,只有南京、连云港、镇江等地的金融服务业集聚水平略好,整体上的金融服务业集聚水平还是过低,导致了整体性的结果不突出。从变量上来看,江苏省金融服务业集聚水平、技术创新、人力资本、外贸规模均对江苏省产业结构升级有明显的促进作用,外商直接投资则没有直接的影响作用,这样的结果可能存在多方原因,其中一个原因可能是外商投资的产业方向并不能直接对江苏省的产业结构升级产生正向的影响，另外可能的原因是有些外商投资不包括技术投资，限制了其对于产业结构升级的影响效应。

金融集聚作为产业集聚的一种形式，具有产业集群的一切优势，同时，金融业又是现代经济的核心之一，政府应当大力支持金融服务业发展，为江苏省金融集聚创造良好的环境。

1) 发挥江苏省区位优势，打造区域性金融服务业聚集区

江苏省作为东部发达省份，位于长江经济带，应该把握好地理位置带来的优渥资源和良好机遇，做好对金融服务业的服务工作。江苏省资本市场层次发展得不够多，应当积极建立合理的环境，引导企业积极上市。

金融产业政策要围绕某一个金融功能发挥作用，政府应当扩大企业直接融资的渠道，改革金融市场，使得企业能够获得更多的融资机会，而不仅仅服务于国企。同时应当对于金融服务业的自主创新、技术研发进行政策支持与鼓励，助力本省金融服务业增强核心竞争力的建设。

2) 打造健康的金融生态环境，时刻防控金融风险

为了打造健康良好的金融生态环境，首先，政府应该通过法规、制度建设，简化烦琐累赘的行政审批程序，打造公平、透明的市场环境，打破金融服务业的行业准入壁垒，鼓励企业直接的公平竞争。其次，政府要时刻防范金融风险，做好金融服务业的风险控制，特别是金融产品的创新持续不断，要时刻变动更新差别化的风控战略。

3) 利用区位优势，深化金融合作

江苏毗邻金融中心上海，位于东部沿海，应当认清自身的地域优势，充分发挥上海的辐射带动效应，全面推动江苏省同外省、海外的金融合作，找寻更多的合作模式，如政策性鼓励外资引入、人才补贴、放宽金融管制、强化金融的市场化改革；在省内开展金融试点，打造金融集聚区，积极引进金融人才，为金融机构提供一系列配套服务，如人才培训、服务外包等。为了完善江苏省内地区间金融发展差异，要注意金融资源的空间布局，避免差异再扩大。

参考文献

[1] 孙晶,李涵硕. 金融集聚与产业结构升级：来自2003—2007年省际经济数据的实证分析[J].

第三章 金融服务业集聚对产业结构升级的影响研究——以江苏省为例

经济学家,2012(3):80-86.

[2] 黄解宇.金融集聚的内在动因分析[J].工业技术经济,2011(3):129-136.

[3] 黄永兴,徐鹏,孙彦骊.金融集聚影响因素及其溢出效应:基于长三角的实证分析[J].投资研究,2011(8):111-119.

[4] 车欣薇,部慧,梁小珍,等.一个金融集聚动因的理论模型[J].管理科学学报,2012(3):16-29.

[5] 李静,朱显平,白江.我国地区金融集聚驱动因素的实证分析[J].东北师大学报(哲学社会科学版),2014(5):107-112.

[6] 姜泽华,白艳.产业结构升级的内涵与影响因素分析[J].当代经济研究,2006(10):53-56.

[7] 杜传忠,郭树龙.中国产业结构升级的影响因素分析:兼论后金融危机时代中国产业结构升级的思路[J].广东社会科学,2011(4):60-66.

[8] 梁树广.产业结构升级影响因素作用机理研究[J].商业研究,2014(7):26-33.

[9] 张翠菊,张宗益.中国省域产业结构升级影响因素的空间计量分析[J].统计研究,2015(10):32-37.

[10] King R G,Levine R. Finance and Grouth:Schumpeter Might be Right[J]. The Quarterly Journal of Economice,1993,108(3):717-737.

[11] Fujita M,Krugman P R,Venables A. The spatial economy:Cities,Regions,and International Trade[M]. Cambridge. MA:MIT Press,2001.

[12] 刘世锦.为产业升级和发展创造有利的金融环境[J].上海金融,1996(4):3-4.

[13] 贺劲松.关于金融支持产业结构升级的思考[J].中国市场,2018(5):89-90.

[14] 郭露,丁峰.产业结构、金融集聚与协调发展:长三角地区16个地市1994~2013的实证研究[J].经济体制改革,2015(5):59-65.

[15] 宋俊生,宋华.安徽省金融集聚对产业结构升级的支持作用研究[J].皖西学院学报,2017(3):72-76.

[16] 张丹,田配艳.供给侧背景下金融发展对产业结构升级的影响实证分析:以湖南省为例[J].华北金融,2017(2):15-21.

[17] 孙继国,段黎,张晶.产业结构优化升级与金融发展互动关系的实证研究:以山东省为例[J].青岛大学学报(自然科学版),2017(1):118-123.

[18] 于斌斌.金融集聚促进了产业结构升级吗:空间溢出的视角:基于中国城市动态空间面板模型的分析[J].国际金融研究,2017(2):12-23.

[19] 施卫东,高雅.金融服务业集聚发展对产业结构升级的影响:基于长三角16个中心城市面板数据的实证检验[J].经济与管理研究,2013(3):73-81.

[20] 杨琳,李建伟.金融结构转变与实体经济结构升级(上)[J].财贸经济,2002(2):9-13.

[21] 曾国平,王燕飞.中国金融发展与产业结构变迁[J].财贸经济,2007(8):9-13.

[22] 罗超平,张梓榆,王志章.金融发展与产业结构升级:长期均衡与短期动态关系[J].中国软

科学,2016(5):21-29.

[23] 傅强,周克红.利用外资与我国产业结构调整的相关分析与实证检验[J].世界经济研究,2005(8):64-72.

[24] 江小涓.中国的外资经济对增长、结构升级和竞争力的贡献[J].中国社会科学,2002(6):4-14.

[25] 唐艳.FDI在中国的产业结构升级效应分析与评价[J].财经论丛,2011(1):20-25.

[26] 黄茂兴,李军军.技术选择、产业结构升级与经济增长[J].经济研究,2009(7):143-151.

[27] 付宏,毛蕴诗,宋来胜.创新对产业结构高级化影响的实证研究:基于2000—2011年的省际面板数据[J].中国工业经济,2013(9):56-68.

[28] 张国强,温军,汤向俊.中国人力资本、人力资本结构与产业结构升级[J].中国人口.资源与环境,2011(10):138-146.

[29] 黄文正.人力资本积累与产业结构升级的关系:基于VAR模型的实证分析[J].经济问题探索,2011(3):24-27

[30] 李平,张玉.国际智力回流对中国产业结构升级影响的实证研究[J].科学学与科学技术管理,2012(12):160-166.

[31] 武晓霞.省际产业结构升级的异质性及影响因素:基于1998~2010年28个省区的空间面板计量分析[J].经济经纬,2014(1):90-95.

第四章

金融服务业支持
对区域绿色发展的影响研究

4.1 绪论

现今随着经济全球化趋势的不断深化,我国的经济发展也呈现出迅猛的势态,但伴随着中国经济的惊人发展,我国也出现了资源的快速消耗以及环境污染严重等问题。近几十年来,中国将发展经济增强综合国力放在首位,以工业为主要发展生产力,加快城市化的进程,加大资源开采力度,加大对土地资源的利用等一系列不顾生态平衡的发展手段的长时间大规模运用,使得中国面临着严重的生态挑战。

就目前而言,中国面临着生态环境被破坏、资源的表面利用、生产产能严重过剩等一系列的问题。其中雾霾问题已经成为中国大部分城市具有的标识性难题,中国有一半以上的城市都存在严重的雾霾问题。据相关统计,中国有 14.3% 的国土面积被雾霾长时间笼罩,其中有大约 81 万 km^2 的国土被重度雾霾笼罩,空气中的 $PM_{2.5}$ 的含量不断上升,雾霾和沙尘的双重空气污染使得城市空气指数逐年下降,增加了人类呼吸系统疾病的发病率。$PM_{2.5}$ 成为第一个被世界卫生组织认定的能对人类普遍致癌的大气污染致癌物。长期以工业制造业为经济发展的主要动力,为了满足工业发展需求,对自然资源肆意开采,造成了环境的严重破坏和资源短缺。工业的发展导致工业"三废"的排放量持续上升,其中废水排放导致江河水质被污染,江河里的生物种类骤减,可供使用的水资源量下降;本国生产和国外运送的固体废物数量迅速增加,在中国堆积的电子垃圾和生活垃圾由于数量庞大和回收不合理、处理不到位等原因,造成了部分地区的土地资源重金属污染严重,加剧了中国土地资源短缺的问题,再加上中国传统的农业生产模式,使得农田失去了原有的肥力,既浪费了水资源又破坏了土壤结构。自 2001 年加入世界贸易组织后,中国以低廉的劳动力为优势成为全球的制造中心,中国企业大多都从事着国外企业的外包业务,缺少生产技术以及进行高技术操作的人才,以上的问题都使得中国经济只能依靠高资源消耗,高环境污染以及低资源利用效率的这种粗放型经济增长方式实现增长,而粗放型的增长方式已经不利于经济的持续有效增长,在这种环境下,经济生产方式的转型迫在眉睫。

金融作为经济发展的中坚力量,其重要程度不言而喻。金融市场具有调配金融资源的能力,同时对经济也具有显著的调节能力。而绿色发展必须依靠市场及金融的支持才能实现。党和政府在"十一五"期间指明要解决环境问题,就是要从以行政手段为主的治理方式,转变为行政、科技、经济以及法律统筹协调的方式解决环境问题,为此各地方政府纷纷制定并出台新经济转型政策。环保局、银监会以及央行合力出台对"绿色信贷"的指导意见,对金融机构提出了要求,要求其对环境保护不到位,生产能力不足以及缺乏效率的企业进行筛选并淘汰。2012年,银监会出台《绿色信贷指引》,指导金融机构绿色金融业务的开展以及拓展。

虽然已经确定了金融支持对绿色发展的重要性,但是金融该如何对"绿色发展"项目进行支持,才能起到正向的促进作用;什么样的政策才能激励企业响应国家号召;以什么样的机制,在哪些方面对绿色发展进行支持,支持机制是否有效,都呈现出未知状态。现阶段,我国面临着前所未有的挑战:第一,我国政府职能不合理,法律保障机制不完善,执法力度不够强,政策实施不到位,加上信息的不对称和地方政府保护主义带来的问题,导致市场难以充分发挥调节作用;第二,发展战略制定不完整,政府出台的政策只进行了大方面的指导,但对细节问题没有做具体说明;第三,"绿色发展"项目的资金回报率低且周期较长的问题,使得不少企业望而却步,金融机构也不愿对其进行投资。

"绿色发展"一词始于发达国家,随后才在全球范围内逐渐传开,由于西方发达国家在经历了工业革命之后便逐渐意识到了环境危机,于是在很久以前就开始了对环境的保护行动,环境保护的过程受助于政府的大力支持。与国外相比,"绿色发展"在中国还是一个较为陌生的发展理念,借鉴西方发达国家绿色发展的经验和各界学者的研究成果,学术界普遍认为金融在推动绿色经济发展方面有着极大的影响力,通过对金融市场进行金融资源的配置,可以很好地实现对经济市场的调节。虽然我们可以借鉴西方发达国家的经验,但中国的环境问题与国外相比,污染程度更为严重,除环境外的问题也更加多样化。由于金融增长与绿色发展之间的相互影响关系并不明显,金融只有在经济的某些方面产生影响,才能上升到对绿色发展的支持作用,并且影响作用会因为时间和空间的不同呈现出一定的异质性,因此中国现存的将绿色发展与金融支持相联系进行针对性研究的文章相对较少,故本章希望通过分析金融支持对区域绿色发展的影响,为今后能够更好地进行绿色发展提供参考依据。

现阶段,我国各省份的经济发展状况呈现出明显的分化态势。发达的省份具有 GDP 增长快、金融市场机制较为完善、企业融资渠道多的优势,使得发达省份都具有较强的吸金能力,能够将所拥有的金融资源进行高效的利用;而不发达的省份则存在经济增长速度慢、企业融资困难、资源得不到高效利用的问题,但现阶段各省份都存在生态环境污染严重的问题。综上所述,要考察加强金融支持对绿色发展的效率带来的影响,就需要对多个影响绿色发展的因素进行分析,总结出高效的金融支持方式。因此本研究将重点参考刘健国和王林蔚论文中的模型,在现有的基础上,选取全国各省份 2008—2017 年的统计数据,建立面板模型,选取变量的衡量指标,根据实证结果分析各地区金融支持对区域绿色经济发展带来的影响,重点讨论金融影响区域绿色发展的机理,并提出对策建议。

4.2 概念界定及文献综述

通过上一节对研究背景、研究意义以及方法的阐述,明确了本研究的研究方向及基本思路;对国内外研究文献的梳理和整合,分析金融支持对绿色发展的影响机理。

4.2.1 概念界定

1) 资本支持效应

足够的资金供给是企业进行项目的保障,企业一切的项目活动都需要有资金的支撑,资金是企业项目运转的利益核心,而企业的项目起始资金的主要来源则是依靠金融机构提供的信贷服务来获取资金。银行等金融机构能极大程度地满足企业的资金需求,足够的资金能够让企业项目及时落成,并且进行高效率的项目运作,加快项目的实施和运行,扩大项目运行规模,增加企业经济收益,使得企业有能力偿还贷款,增加企业净收益。企业净资产增加能够加大企业的市场份额,促使企业进行产品以及服务的升级,寻求更高效率的收益路径。足够的资金支持,能够促使企业根据市场需要进行技术创新,从而促使经济增长并且加快绿色发展。

资本支持效应是指金融市场为企业提供充足的项目资金,促使企业进行合理的资金配置,进行规模化的产业生产以及项目启动等一切的企业活动。将金融与绿色发展进行可持续化的结合,由市场进行引导,促使企业根据市场需要进行绿色化转型,进行绿色化相关的企业活动,以达到减轻环境污染,加强环境保护建设的目的。

2）资源配置效应

金融市场的资源配置功能为金融的主要功能,是通过对金融市场金融资金的流动进行宏观的引导,以实现对金融资本高效配置的目的。由于金融资金的流向都存在从低效流向高效的趋势,因此金融资本往往都会被分配到高效率的地方。一方面可以将市场内散落的资金进行整合,再将整合的资金分配到资金需求高的企业,以帮助企业完成发展转型,增加绿色产品和服务的市场份额。另一方面,政府宏观引导市场将资金的配置趋势向发展绿色产业引导,加快这类企业的绿色转型发展。绿色化企业具有超乎想象的收益回报,并且比起传统的污染型企业更具有发展前景,企业也就具有更强的市场占有力和竞争力。而没有足够金融支持的传统污染企业,会因为缺少资金无法继续开展企业发展活动而逐渐被市场淘汰,由此市场便形成了有效的筛选机制,促使传统企业进行绿色化转型,进而形成市场的有效良性循环,提升市场资金配置效率。

资源配置效应是指市场通过对闲散资金进行整合,再对金融资产重新配置,对资金的流向进行引导,将有效的金融资金引导投向高效低耗的绿色化企业,提高市场绿色化企业的竞争力,提高市场整体的资源利用效率。由政府出台相关的政策对金融机构进行引导,促使金融机构有意识地将资金分配到绿色环保企业项目中,降低绿色企业的融资门槛,全面增强社会绿色发展程度。

3）科技金融效应

科技是推进经济增长的强劲动力,而金融支持能够促使企业的绿色技术创新,绿色技术的创新能够推动区域绿色经济的发展。高科技企业通常都存在风险高的问题,以至于高科技企业都存在融资难的问题,而科技产业和金融产品的有机结合能够有效解决这个难题。以新绿色的低耗高效的生产技术代替传统的高耗低效的生产技术,能够减小环境的污染压力和社会的污染治理压力,促使人与自然和谐相处。绿色产品的出现能够减轻环境污染,减少人类因环境污染产生的各种疾病发病率,并且绿色产品的出现能够呼吁人们进行环保,增强环保意识。

科技金融效应是指金融资金的持续支持能够推进绿色科技的创新发展,从而推动社会的绿色发展。绿色科技的出现能够使产品生产过程中减少污染的排放,并且新产品能够极大地取代高耗能产品的市场份额,减轻环境的污染压力,并且绿色产品能够增强消费者的环保意识。由于政府的政策支持,以及金融机构的资金支持,降低了绿色企业的金融融资门槛,提高了企业的市场竞争力。

4)企业监督效应

金融系统能对融资产品的客户企业进行远程监督、市场控制以及治理,能够促进企业提高生产率及绩效,从而达成经济的增长和对生态的保护。一方面,金融系统中的证券市场能够直接满足转型企业的资金需求,并且通过规范定期的财务信息披露,引导更多的投资者更全面地对上市企业进行监督,及时公布上市企业的发展状况,从而吸引更多的投资者进行投资。证券市场的监督作用可以帮助企业管理者有效改善企业的管理方式,提升企业资源利用效率,增加企业的经营收益。另一方面,银行作为金融体系的中心机构,是企业贷款融资的主要金融机构,因此在获取企业的管理信息以及财务信息方面有着绝对的优势,利用获取到的信息对企业进行监督,监督资金的流向、企业的经营状况以及定期审核企业的财务状况,以确保资金被企业有效利用。

4.2.2 文献综述

(1)金融发展相关文献综述。由于早期西方发达国家经济发展迅猛,吸引了学者的广泛关注。研究发现,金融是经济增长的核心,对促进经济增长起到了重要的作用,随后金融学界的学者围绕金融对经济增长的促进作用进行研究,相继从三个不同角度提出了三个主要金融发展理论,分别为 Goldsmith 在 1969 年提出的金融结构理论,McKinnon 和 Shaw 在 1973 年提出的金融抑制理论和 1997 年 Levine 提出的金融功能理论。

金融结构理论对金融发展的过程及规律进行阐述和研究,认为金融结构和规模的不同是各个区域之间存在经济差异的原因。Goldsmith 将各种金融状况分成三类:金融工具、金融机构和金融结构。金融结构则为一个国家拥有的金融机构和金融工具的总和,而金融工具的种类不同和金融机构的性质以及规模可体现该国的金融结构,金融发展的本质和过程造成了金融结构的改变,金融发展与经济发展之间存在着相当明确的关系。通过对国家金融结构的剖析,我们了解到每个国家金融体系的发展水平和发展速率都有差异,但是不同国家的金融结构在金融发展过程中却有着统一固定的变化规律[1]。Goldsmith 在金融差异结果分析的基础上,提出了"戈氏指标",又称金融相关比率。金融相关比率可用来衡量金融发展的程度,反映金融上层机构与经济基础结构在规模上的变化关系,"戈氏指标"越高,说明金融机构间接动员储蓄能力越大,同时金融机构也能更好地发挥作用。他提出以金融工具的供给和对金融机制的保障为理论中心的观点,运用金融规模和结构的差别来解释在经济增长上存在的差异。认为拥有发达金融机构的国家或地区能利用提高储蓄、加大经济投资和提高资本使用率这两种方式刺激经济发展。在金融总量固定的前提下,金融机构和金融工具越发达,市场从金融活动中收获的利益就越大,由此加大了促进经济增长的力度。

金融抑制理论认为由于政府对金融市场的过度干预手段,如控制汇率、调节利率等宏观金融措施,会使得金融价格体系发生扭曲,阻碍金融体系的政策发展,金融体系的发展落后使得金融机制不能充分发挥作用,进一步导致市场运作效率低,最终又妨碍了经济的发展,如此循环往复形成了金融抑制和经济发展滞后的恶性循环。因此适度的政府控制和良好的金融制度能保障金融的正常发展,以达到经济快速增长的目的。McKinnon 在理论中提出"麦氏指标",又称金融深化指标,普遍情况下定义为一个国家广义的货币量与 GDP 的比值,用来进行金融深化程度的衡量[2]。抑制理论认为经济增长是金融发展的背景和基石,而金融发展是实现经济增长的方法和工具,两者之间存在着相互牵制、相互促进的关系。大量学者的研究也证明了这一点,Lu 和 Yao 对我国金融抑制下法律效力对经济增长的影响做出了研究。结论表明,由于我国国有与非国有企业在市场经济中有着不同的地位,当法律效力较低时国有和非国有企业之间会出现资金漏损的情况,从而促进非国有企业发展,反之如果提高法律效力,将可能阻碍经济发展[3]。Zhengfei Lu 等和 Ying Ge、Jiaping Qiu 也通过研究得出结论,我国银行部门对非国有企业采取歧视政策的同时为国有企业提供大量贷款,从而促进了国有企业的发展[4,5]。

金融功能理论是从金融具有的功能角度进行分析,将金融系统的功能分为五类:①风险管理功能。金融市场能够将金融风险进行高效率的管理和配置,将金融交易和风险负担进行有效分离,从而使得企业及家庭能够掌握对风险的主动选择权,选择能够承担的风险,规避不必要承担的风险。②资源有效配置功能。金融体系能够跨越时间和空间进行社会资源的有效配置,提高金融资源的资源配置效率。③企业管理功能。金融系统能够对管理者进行有效监督,从而促使管理者提高管理绩效,提升企业管理水平。④激励储蓄功能。金融体系能解决激励不足的问题,为人们提供多种储蓄投资的途径及平台,加大资金的流动,促进社会生产项目的进一步发展。⑤促进交易功能。金融体系能够在很大程度上减少信息不完全不对称的情况,加强了信息的公开程度,使得交易进行更加快捷,有助于决策者更加充分地把握市场信息,促使交易的达成。金融中介通过以上五种金融功能对经济进行影响[6]。该理论通过对功能进行分类和功能的延伸来解释金融系统怎样依靠市场来发挥作用,以达到刺激经济增长的目的。研究发现,在对金融发展和经济增长的关联研究上,McKinnon 与 Levine 的看法大致相同,都认为金融发展和经济增长二者之间是存在促进关系的。实体经济交易中信息收集和金融市场的交易需求,使得金融中介出现,而金融中介的出现进一步完善了市场结构,促进了实体经济的增长,加大了现有需求并衍生出新的经济需求,加深了金融系统的深化程度。

在此后基于以上的金融发展的相关理论,众多的学者对金融发展进行了更加深入的研究,得出结论:金融能促进经济产业结构的优化调整,进行产业转型升级,但金融资源的流动具有一定的规律性,并受到一些经济因素的影响。有些学者分析认为金融市场能对金融资源进行有效合理配置,市场的发达程度与成长性产业能获得的金融资源成正比,与滞后性产业能获得的金融资源成反比。此外,法律的完善程度能够影响金融的发展水平。还有学者根据金融对经济的促进和产业的调节作用,将产业具体分类到绿色发展产业,并讨论金融发展对绿色发展产业的影响作用。

(2)绿色发展研究文献综述。国外学者多从绿色信贷、绿色保险等金融产品方向研究金融产品对经济绿色发展的重要影响,而我国的相关研究始于20世纪90年代,学者对金融发展的产业调节作用持肯定态度。有学者认为金融中介对经济增长有较强的促进作用,而银行等金融机构的规模和结构将会成为影响金融发展的重要因素。

Monaghan,Marcel Jeucken 等学者从可持续金融、环境金融的视角对绿色信贷展开研究[7-8],而对绿色保险的研究更多集中于探讨作为金融产品的环境责任险的发展模式[9]、具体作用[10]等方面。

黄建欢、吕海龙和王良键发表的研究文献中就对金融支持影响"绿色发展"的机理进行了分析,通过模型论证分析出金融支持可从四个途径影响"绿色发展",分别是资本支持效应、资本配置效应、企业监督效应和绿色金融效应,发现金融发展对生态效率具有明显的集聚态势,企业监督效应对当地的绿色发展的影响最为积极和明显[11]。吕海龙也在另一篇研究论文中对这四个效应做了详细的介绍,并深入研究了四个效应在实际应用中的不同侧重点。大量文献指出绿色技术是绿色发展的核心,金融支持应对绿色技术进行重点支持,从而达到加强绿色发展的目的[12]。以上两篇文献只对四个效应进行了存在性以及重要性的检验,并没有深入研究它们的内在动因和社会发展因素带来的限制,但是结论还是具有一定研究意义的。

为了使绿色发展效果明显,在加大对"绿色发展"金融支持的同时,作为辅助,国家也应制定相关的法律制度,进一步完善理论体系。任佳丽在论文中也对中外情况进行了对比,指出施行"绿色发展"将会导致不少企业进行绿色转型,转型需要大量的资金,而政府对转型企业进行金融资金支持的同时,可以将企业引导向经济的可持续发展,利用金融机构将金融资本进行合理配置,加强市场资源的合理利用率[13]。陈旖旎、张晓丹和丁时杰利用各省 2001—2014 年的面板数据的实证结果证实了这一点,文章认为通过政府扶持后扩大的金融发展规模和科技创新发展,有利于绿色金融的有效发展,此外还提出政府的政策除了要加强资金扶持力度以外还要提高金融资金的使用效率[14]。

张靖艳的研究表明传统农业需要向绿色农业方向发展,而传统农业的改革前提是需要有绿色科技的支持。传统农业的生产模式造成的大量问题都需要靠绿色发展来解决,在文中也肯定了金融支持对绿色产业发展和传统产业转型的正向促进作用[15]。刘建国和王林蔚以西北五省为研究对象,认为金融对区域绿色发展的支持要有针对性,要重点关注金融机构贷款增长率与地区绿色经济发展的增长率两者的合理增长关系[16]。不少研究结果证实绿色贷款是绿色产业项目进行融资的主要途径,金融对绿色产业项目的正向影响作用,主要体现在产业规模和资源使用效率两个方面,企业需要增加融资量用以加大对绿色科技技术的投资,从而促使企业绿色转型。

4.2.3 小结

本节首先对资本支持效应、资源配置效应、科技金融效应和企业监督效应的概念进行阐述,之后从金融发展与绿色发展两方面对国内外研究文献进行梳理、整合与评述,旨在分析金融支持对绿色发展的影响机理。

4.3 金融支持区域绿色发展的现状

4.3.1 金融产品的绿色化发展现状

我国的金融产品自 2006 年开始进行绿色化,到目前为止已有信贷产品、证券产品、保险产品及基金进行了绿色化,绿色产品的变化逐渐多元,金融绿色工具也在绿色金融产品与企业的不断合作中得到了快速发展。

在绿色金融产品中,主要以绿色信贷为主要工具。我国绿色信贷起始于兴业银行,2006 年推出了我国首个绿色信贷产品"节能减排贷款",在 2008 年开始采用"赤道原则",逐渐扩大绿色信贷产品服务。据相关数据显示,兴业银行绿色信贷发展到2016年时,绿色信贷服务占总信贷服务的14%。我国政府为了给绿色信贷提供法律支持,从2012年开始陆续出台了《绿色信贷指引》《关于绿色信贷工作的意见》《绿色信贷统计制度》等支持政策。据相关统计,2017年绿色金融信贷在绿色金融产品中占据主导地位,占比数值超过95%。绿色信贷的余额呈现出逐年上涨的趋势,在短短五年时间里我国各大银行的绿色信贷余额同比上涨了13%左右,绿色信贷产品余额在银行年末贷款余额中占比10%。由于绿色信贷业务的产生能够有效减轻环境污染,促使企业绿色化项目的可持续化发展,因此绿色信贷产品的不良贷款率仅为0.41%,远低于其他金融产品的的同期不良贷款率。

在金融体系中绿色债券市场呈现出持续上涨的趋势,成为绿色金融工具中的最强黑马。绿色债券具有发行程序便利、容易识别、融资成本低以及提供具有时效性的信息的特点。据报告显示,2017年我国绿色债券的发行量同比增加22.7%,占全球绿色债券发行总量的22%,在全球绿色债券发行量仅次于美国,且绿色债券发行主体还在持续增加。由于绿色债券市场的参与主体持续增加,我国的绿色债券的发行形式也呈现出多样化发展。除金融机构以外,非金融机构也开始积极参与发行绿色债券,2017年非金融机构发行的绿色债券额同比增加63.4%。

4.3.2 环境产权市场发展现状

环境污染物的巨大排放量,使环境产权制度应运而生。然而生态系统的自净能力是有限的,在有限的环境容量内应对环境污染物的排放进行限制,例如我国对二氧化碳等温室气体排放进行限制,逐渐演变形成了碳产权,产权以优化资源配置为核心,根据市场需要对碳交易市场不断改进和完善。

自2013年我国碳排放交易市场试点开启后,陆续选取了8个地区作为碳排放交易市场试点,在试点地区开发产生了多种碳金融交易产品,碳交易市场多以公开市场交易和协议转让这两种交易方式为主。发展到2017年,地区试点的一、二级市场成交量同比增长7%左右,并且尝试扩大碳交易市场涉及的行业范围,将电力行业加入碳排放交易市场中,企业数量高达1 700多家,企业排放量占全国总排放量的39%。到2017年,在全球注册的清洁发展机制项目中,我国的清洁项目占比接近50%,从此我国的碳交易市场超越欧洲成为世界最大的碳交易市场。

在各项产权中,排污权占据极为重要的位置。我国2001年开始选择交易试点,推动排污权交易市场的发展,在2007年建立了中国第一个排污权交易中心,此后陆续在多个省建立。由于目前排污权交易市场主要在政府的指导下运行,因此交易受限制较多,交易体系缺陷较大,还有待于进一步完善。环境资源具有不完全受市场配置的特殊性,政府应该逐渐完善对市场的效力,对市场加强治理和监督。不仅是碳市场,我国对其他市场产权也要加强管制和监督,将我国碳产权和其他环境污染排放许可制度进行推广,进一步促进绿色企业与项目的持续发展。

4.3.3 地方政府对金融支持政策

金融业是我国经济增长的中坚力量,因此国家为了经济的平稳发展,坚持倡导金融业和绿色发展产业相融合,推动金融业的绿色化发展。我国在近年来陆续制定并出台了一系列的相关政策,在2016年运用建立绿色金融试点的方式,将江西、贵州等五个地区设立成试点区,在试验区进行各种金融产品的绿色化转型尝试,并将金融绿色产品与当地特色进行了有机结合。对试点地区开展现有绿色金融机制的创新活动,并从中探寻出绿色金融机制转型的新方式,以试点为例对金融支持绿色发展机制进行建设并推广。

扩大金融产业的绿色化能使绿色企业获得金融服务的过程变得简便,而实现这个目标需要企业进行必要的环境信息披露。企业的环境信息对金融市场进行资源配置有着重要的意义,信息的披露程度能够对市场的资源配置起到直接的影响作用,因此企业的信息披露以金融市场的信息披露为动力。我国在不断地加大信息披露程度,制定制度落实经济主体的环保义务,指导经济主体自动进行信息披露。虽然我国在绿色发展过程中有着巨大的突破,但是由于还处于发展初期,现阶段依然存在着诸多的不足,例如:绿色环保项目具有成本高回报率不确定的特点,使得外部投资者不愿对此类项目进行投资,普遍存在搭便车的情况,政府相关政策的法律约束力不强等。

4.3.4 小结

本节从金融产品的绿色化发展现状、环境产权市场发展现状、地方政府对金融支持政策三方面对我国金融支持区域绿色发展的现状进行简要的描述,为实证分析提供现实框架。

4.4 实证分析

4.4.1 绿色发展的测度

(1) 绿色发展测度的基本思路。在这之前,用于绿色发展的测度方法主要分为效率法和指数法。本章主要参考刘建国和王林蔚的研究文献,运用指数法进行绿色发展测度指标的构建,考虑到最后的主成分分析数值可能出现负值,因此采用熵值法对绿色发展指标进行测度。熵值法是常用的赋权法,在指数法中运用较为广泛。

(2)数据来源。选取2008—2017年全国30个省、市、自治区(由于西藏地区的统计数据缺失较多,港澳台统计数据不全,在测算中予以剔除,下文将不再做特殊说明)的面板数据为研究基础,以此对金融支持区域绿色发展的模型进行研究。数据来源于《中国统计年鉴》,全国30个省、市、自治区(以下简称30个省份)的本省统计年鉴及国家统计局数据。

4.4.2 绿色发展测度指标及模型

(1)绿色发展指标构建。根据刘建国和王林蔚的指标构建,将指标要素分为绿色经济增长、绿色生产消费、绿色环境发展三个要素层,对三个要素层细分为13个指标层。如表4-1为绿色发展测度指标,表4-2为绿色发展测度指标描述性统计。

表4-1 绿色发展测度指标表

要素层	指标层	指标表示	单位	指标属性
绿色经济增长 Y_1	人均GDP	Y_{11}	亿元	正向
	第三产业从业人员数	Y_{12}	万人	正向
	经济密度	Y_{13}	万元/km^2	正向
绿色生产消费 Y_2	城市日均污染集中处理能力	Y_{21}	万 m^3/日	正向
	工业固体废弃物综合利用量	Y_{22}	万 t	正向
	城市生活垃圾无害化处理率	Y_{23}	%	正向
	人均用水量	Y_{24}	m^2	逆向
	人均能源消费量	Y_{25}	t/人	逆向
绿色环境发展 Y_3	建成区绿色覆盖率	Y_{31}	%	正向
	人均公园绿地面积	Y_{32}	m^2	正向
	城市人均拥有道路面积	Y_{33}	m^2	正向
	二氧化碳排放量	Y_{34}	万 t	逆向
	废水排放总量	Y_{35}	万 t	逆向

表 4-2　绿色发展测度指标描述性统计

指标	样本量	最小值	最大值	平均值	标准差	范围
Y_{11}	300	893.12	89 705.23	19 651.74	16 455.47	88 812.11
Y_{12}	300	18.64	2 439.85	897.46	620.90	2 421.21
Y_{13}	300	14.10	48 317.02	3 710.51	7 444.39	48 302.92
Y_{21}	300	892.00	78 185.00	14 855.76	12 904.78	77 293.00
Y_{22}	300	96.90	20 290.30	5 969.89	4 813.19	20 193.40
Y_{23}	300	26.40	27 321.00	737.92	3 488.48	27 294.60
Y_{24}	300	70.81	2 657.39	497.43	434.86	2 586.58
Y_{25}	300	1.20	10.01	3.46	1.88	8.81
Y_{31}	300	25.90	48.42	38.34	10.93	22.52
Y_{32}	300	6.13	19.77	12.08	4.17	13.64
Y_{33}	300	5.26	25.82	14.63	5.53	20.56
Y_{34}	300	1.43	236 700.00	5 606.43	32 318.88	236 698.57
Y_{35}	300	8 198.00	938 261.03	221 286.91	178 911.89	930 063.03

(2) 指标的标准化处理。下一步对绿色发展测度指标进行了属性鉴别。由于测度指标存在不同质的问题，因此在进行计算前要将原始数值进行标准化处理，按照指标的含义分成正向指标和逆向指标，正向指标的数值越高，而负向指标的数值越低，则指标含义越显著。

正向指标：$P_{ij} = (Y_{ij} - Y_{j\min}) / (Y_{j\max} - Y_{j\min})$

逆向指标：$P_{ij} = (Y_{j\max} - Y_{ij}) / (Y_{j\max} - Y_{j\min})$

(3) 熵值法。熵值法是一种判断指标的离散程度的计算方法，指标的离散程度越大，则该指标对综合评价的影响力度就越大，其所占权重也就越大；反之，则其所占权重也就越小。

具体计算步骤如下：

步骤一，求第 i 个省份的第 j 项指标的权重 $f_{ij} = k_{ij} / \sum_{i=1}^{n} k_{ij}$；

步骤二，求各项绿色发展指标的熵值 $M_j = -k \sum_{i=1}^{n} f_{ij} \ln p_{ij} (k = 1/\ln n)$；

步骤三，求绿色发展指标的差异系数 $H_j = 1 - M_j$；

步骤四，求绿色发展指标的权重 $X_j = H_j / \sum_{j=1}^{n} H_j$；

步骤五，求各省份的绿色发展水平指数 $T_{ij} = \sum_{j=1}^{n} X_j p_{ij}$。

(4) 绿色发展测度分析结果。通过使用熵值法进行运算，得出了 2008—2017 年全国 30 个省份的绿色发展测度结果，可以根据各指标的数值及排名进行总结。如表 4-3 和表 4-4。

表 4-3　2008—2017 年各绿色发展要素层所占比重

年份	绿色经济增长	绿色生产消费	绿色环境发展
2008 年	0.189 688 994	0.381 573 706	0.428 737 3
2009 年	0.189 605 529	0.380 133 645	0.430 260 826
2010 年	0.190 151 373	0.378 032 185	0.431 816 442
2011 年	0.191 083 506	0.376 109 637	0.432 806 858
2012 年	0.191 943 011	0.374 393 581	0.433 663 408
2013 年	0.193 058 617	0.373 299 863	0.433 641 52
2014 年	0.194 249 096	0.371 594 175	0.434 156 729
2015 年	0.195 421 325	0.371 344 272	0.433 234 403
2016 年	0.195 244 153	0.366 019 026	0.438 736 821
2017 年	0.197 524 92	0.366 360 17	0.436 114 909

根据表 4-3，对历年的占比进行对比发现，三个要素层的占比在历年的变化波动都不大，绿色环境发展与绿色生产消费两个要素层的数值相近，总体上呈现出稳定的变化趋势。可以看出三个绿色发展要素层中绿色环境发展的占比最大，其次是绿色生产消费，最后为绿色经济增长。由于绿色环境发展和绿色生产消费占据较大比率，故可以认为想要更有效率地加大地区的绿色发展程度，就必须要重点关注环境资源的利用效率，加强对生态环境的保护，同时还要求各省份城市优化城市处理垃圾的能力，加大城市垃圾的处理量，提高对固体废弃物的再利用效率。

表 4-4　全国绿色发展水平指数及排名

地区	2008	2009	2010	2011	2012	2013	2014	2015	2016	2017	均值	排名
山东	0.633	0.640	0.647	0.654	0.658	0.663	0.667	0.669	0.674	0.676	0.658	1
江苏	0.626	0.630	0.636	0.643	0.647	0.652	0.657	0.660	0.666	0.671	0.649	2
北京	0.621	0.628	0.635	0.638	0.643	0.649	0.652	0.658	0.660	0.662	0.645	3
广东	0.618	0.625	0.631	0.637	0.641	0.649	0.653	0.658	0.664	0.670	0.645	4
安徽	0.618	0.621	0.630	0.638	0.642	0.647	0.652	0.655	0.660	0.664	0.643	5
辽宁	0.614	0.618	0.625	0.631	0.636	0.640	0.642	0.643	0.728	0.649	0.643	6
河北	0.614	0.622	0.634	0.638	0.640	0.643	0.646	0.648	0.651	0.654	0.639	7
浙江	0.614	0.620	0.626	0.631	0.637	0.641	0.645	0.648	0.652	0.656	0.637	8

续表 4-4

地区	2008	2009	2010	2011	2012	2013	2014	2015	2016	2017	均值	排名
重庆	0.610	0.617	0.625	0.635	0.641	0.644	0.644	0.648	0.650	0.653	0.637	9
河南	0.614	0.619	0.625	0.631	0.635	0.640	0.644	0.646	0.652	0.657	0.636	10
四川	0.616	0.620	0.627	0.631	0.635	0.638	0.639	0.643	0.648	0.651	0.635	11
上海	0.616	0.621	0.627	0.633	0.637	0.637	0.634	0.637	0.642	0.646	0.633	12
福建	0.611	0.616	0.623	0.625	0.633	0.637	0.637	0.640	0.645	0.651	0.632	13
陕西	0.614	0.617	0.623	0.628	0.631	0.634	0.638	0.640	0.643	0.643	0.631	14
山西	0.607	0.612	0.620	0.628	0.634	0.638	0.641	0.642	0.644	0.645	0.631	15
湖北	0.612	0.616	0.621	0.626	0.631	0.635	0.639	0.639	0.644	0.646	0.631	16
湖南	0.610	0.615	0.621	0.625	0.628	0.631	0.636	0.639	0.644	0.645	0.629	17
江西	0.609	0.616	0.623	0.628	0.632	0.633	0.635	0.636	0.639	0.643	0.629	18
云南	0.608	0.614	0.620	0.627	0.631	0.633	0.638	0.637	0.642	0.641	0.629	19
内蒙古	0.596	0.602	0.610	0.619	0.626	0.633	0.643	0.645	0.649	0.650	0.627	20
广西	0.603	0.610	0.616	0.624	0.627	0.631	0.634	0.635	0.640	0.644	0.626	21
海南	0.608	0.612	0.618	0.626	0.631	0.632	0.634	0.628	0.633	0.634	0.625	22
吉林	0.602	0.607	0.613	0.616	0.619	0.623	0.629	0.632	0.636	0.634	0.621	23
黑龙江	0.601	0.607	0.613	0.618	0.621	0.625	0.627	0.629	0.631	0.632	0.620	24
宁夏	0.597	0.608	0.613	0.613	0.616	0.621	0.627	0.627	0.633	0.632	0.619	25
贵州	0.598	0.599	0.606	0.610	0.615	0.624	0.626	0.631	0.635	0.641	0.618	26
甘肃	0.597	0.601	0.605	0.610	0.615	0.622	0.625	0.625	0.632	0.637	0.617	27
天津	0.604	0.586	0.592	0.601	0.605	0.610	0.610	0.614	0.628	0.635	0.608	28
青海	0.591	0.594	0.597	0.607	0.610	0.609	0.612	0.611	0.615	0.621	0.607	29
新疆	0.584	0.590	0.595	0.599	0.599	0.603	0.606	0.610	0.616	0.621	0.602	30

从表 4-4 中可以看出,全国 30 个省份之间的绿色发展水平指数的数值相近,并且都在小范围内进行上下波动。30 个省份的绿色发展水平指数虽然有微小的波动,但总体上都呈现出稳步上升的趋势。其中山东省的绿色发展水平指数最高,并且与其他省份存在较小的差距,紧随其后的是江苏省和北京市,可以看出这三个地区相较于其他省份有着较为显著的绿色发展优势。结合现实分析认为,排名在前列的省份属于经济发展大省,并且发展方式与绿色发展结合程度高,观察原始数据发现这些省份的废弃物利用量以及垃圾处理能力都相对较高,能够及时处理产生的污染,减少污染堆积量,减轻环境污染现状。而新疆、青海和天津等排在倒数的省份,都属于工业污染严重的省份,新疆、青海以及甘肃等属于矿产资源丰富的

省份,集结了大量排放污染物严重的产业;而天津等省份工业产业众多导致"三废"排放量较大,加之环境本身自净能力差,污染治理能力不足,从而造成环境污染严重,也导致绿色发展水平低。

4.4.3 金融支持对区域绿色发展影响的实证分析

(1)数据来源。选取 2008 年至 2017 年全国 30 个省份的面板数据为研究基础,以此对金融支持区域绿色发展的模型进行研究。数据来源于《中国统计年鉴》、30 个省份的本省统计年鉴、国家统计局数据、中国人民银行统计数据、《中国金融统计年鉴》。

(2)变量选取。根据数据的可得性及现实经济含义,变量描述与选取如表 4-5、表 4-6。

表 4-5 变量描述

分类	变量分类	定义	指标说明	单位
因变量	绿色发展指数	运用熵值法算出	用以绿色发展测度	无
自变量	金融规模	年末金融机构贷款余额/该省 GDP	金融机构资产规模与国民生产总值的比值	%
控制变量	金融效率	年末金融机构贷款余额/存款余额	反映当前金融体系运作的效率和存款与贷款相互转化的能力	%
	绿色金融	年末金融机构贷款余额/污染治理投资总额	表示金融机构有意对环境治理提供支持	%
	资本市场发展程度	直接融资/金融资产总量	表示金融市场直接融资能力	%
	技术水平	专利申请授权量	用于衡量科技研究能力和创新能力	件
	财政支出率	财政支出/该省 GDP	衡量该省的财力状况	%
	全社会固定资产投资产值比	全社会固定资产投资/该省 GDP	反映固定资产投资对经济增长的贡献	%

表 4-6 变量的描述性统计

	样本量	最小值	最大值	平均值	标准差	范围
绿色发展指数	300	0.584	0.728	0.630	0.018	0.145
金融规模	300	0.533	4.132	1.200	0.426	3.599
金融效率	300	0.409	2.405	0.737	0.176	1.997
绿色金融	300	30.244	30 483.282	1 432.719	2 573.947	30 453.037

续表 4-6

	样本量	最小值	最大值	平均值	标准差	范围
资本市场发展程度	300	−0.217	0.701	0.157	0.107	0.918
技术水平	300	228	332 652	36 128.113	55 591.7	332 424
财政支出率	300	0.087	3.280	0.278	0.288	3.193
全社会固定资产投资产值比	300	0.237	6.932	0.769	0.427	6.695

(3) 模型设定。因为社会经济发展的趋势需要，绿色经济发展已然在经济发展中占据重要的位置。设定绿色发展模型：

$$GI_{i,t}=a_0+a_1FS+a_2FE_{i,t}+a_3GF+a_4MD+a_5AL+a_6FER+a_7OV+\xi_{i,t}$$

式中，$GI_{i,t}$ 表示为 i 地区在 t 时期的绿色发展水平指数；a_0 为截距项，分别用 $a_1,a_2,a_3,a_4,a_5,a_6,a_7$ 表示各变量的系数；FS,FE,GF,MD,AL,FER,OV 分别表示各自变量以及控制变量；$\xi_{i,t}$ 用来表示所研究地区的随机项。

(4) 实证结果分析。本研究运用 stata 对模型进行测算，考察自变量和控制变量对全国 30 个省份的绿色发展水平指数的影响，对其进行检验和分析。为了能更准确地进行分析，采用固定效应分析和随机效应分析，再使用 Hausman 检验来确定具体要用的模型。表 4-7 为三种模型检验方式的回归结果。

表 4-7 面板数据回归结果

变量	混合回归	固定效应	随机效应
金融规模	0.029 0***	0.041 2***	0.029 0***
	−0.003 05	−0.003 57	−0.003 05
金融效率	−0.027 3***	−0.045 7***	−0.027 3***
	−0.005 95	−0.006 55	−0.005 95
绿色金融	0.000 00	0.000 00	0.000 00
	0.000 00	0.000 00	0.000 00
资本市场发展程度	0.003 27	0.009 66	0.003 27
	−0.006 67	−0.006 38	−0.006 67
技术水平	0.020 2***	0.020 4***	0.020 2***
	0.000 00	0.000 00	0.000 00
财政支出率	−0.029 0***	−0.018 2*	−0.029 0***
	−0.007 08	−0.009 84	−0.007 08
全社会固定资产投资产值比	0.016 2***	0.009 96**	0.016 2***
	−0.003 41	−0.004 53	−0.003 41

续表 4-7

变量	混合回归	固定效应	随机效应
Constant	0.604***	0.603***	0.604***
	−0.004 11	−0.003 44	−0.004 11
Observations	300	300	300
R-squared	0.595 7	0.609	0.595 7

注：数值中的***，**，*分别表示在1%，5%，10%的水平下显著。

根据表4-7中的Hausman检验，由于p值为0.595 7，数值大于0.1，因此拒绝固定效应模型，使用随机效应模型对金融支持绿色发展的影响进行分析。

根据表4-7中的随机效应模型，可以发现：所有金融支持变量中除了资本市场发展程度和绿色金融以外，其他变量均在显著水平为1%的情况下通过了显著性检验。表明在金融支持绿色发展体系中，绿色金融的发展并不会显著影响绿色发展。根据回归得到的数值发现，绿色金融变量不仅影响不显著，负向的影响数值也极小，并且原始数据显示年末金融机构的贷款余额严重大于环境污染治理投资，因此分析认为环境污染治理投资严重不足，不能对污染起到有效的治理作用。资本市场发展程度变量对全国绿色发展没有显著的影响，从原始数值中发现全国的资本市场发展程度自2013年开始各省都有不同程度的增减幅度，在2014年迅速回升到正常水平后呈现出逐年下降的趋势，但到了2017年总体上都有明显的下降。虽然回归结果为正值，但是没有通过显著性检验，表明资本市场的发展程度不能直接影响绿色发展，因此对绿色发展的正向作用也不显著，结合现实情况分析可能是由于直接融资和金融资产总量的数值比与绿色发展速度不相符所导致的。

金融规模、技术水平和全社会固定资产投资产值比三个变量的回归数值都是显著的，并且表现为正向的促进作用，表明这三个变量的提高能够有效地促进绿色发展的增加，反之其减少会对绿色金融发展起到抑制作用。其中金融规模的回归数值则对绿色发展的正向促进影响最为明显，且原始数据显示全国30个省份从2008年到2017年的金融资产规模与国民财富比值在逐年增加，表明市场用来支持绿色发展的金融资金在逐年增加。由于全社会固定资产投资产值比的数值比金融规模略小，代表正向影响作用也小于金融规模。技术水平虽然通过了显著性检验，但是数值极小，表明其对绿色发展的正向促进作用也相对较小，观察原始数据发现30个省份的技术水平发展极为不均匀，新疆、甘肃、青海等省的技术授权量不到一万，而广东、江苏以及浙江等省技术授权量高达二三十万之多，省份之间差距巨大，从而使得各省份之间的绿色发展程度存在较大的差异。

金融效率和财政支出率都在1%的水平下通过显著性检验,并且结果显示为负向的显著作用,两个变量的数值相差较小,表明金融效率和财政支出率对绿色发展有着显著的负向影响作用。这表明当前金融体系运行效率较低以及政策财政支持不足,因此这两个变量对绿色发展起不到正向的影响作用,反而形成了反向的抑制作用。

综上所述,金融支持绿色发展的各项指标有着不同的影响作用,并且作用大小与各地区的实际绿色发展程度有关。虽然各项变量对各省产生不同程度的影响,但各地区都还需要加大对绿色发展的金融资金支持,通过对金融资金进行合理配置,不断加大资金投入,扩大金融绿色化规模。金融规模、技术水平以及全社会固定资产投资产值比这三个变量对绿色发展有显著的正向促进作用,全国各省应该引导人民进行资金储蓄,增加金融机构的资金存量,降低绿色化企业的信贷门槛,增加金融机构的贷款余额,并且加大对环保部门及企业的固定资金投入,充足的金融资金资产可以促使企业进行科技技术的创新研发,从而达到提高绿色发展程度的目的。

根据绿色发展水平指数和效用模型的结果发现,绿色发展水平指数与各省的环保能力和环境污染状态有着较为直接的联系。实证结果表明在众多的影响变量中,金融规模、技术水平以及全社会固定资产投资产值比这三个变量对绿色发展有着显著的正向促进作用,而金融效率和财政支出率对绿色发展有着反向抑制作用。总结分析认为,我国还存在金融体系对绿色发展的支持还不够,金融体系的绿色化建设不完全,以及产业结构分配不合理等问题。

4.4.4 小结

本节首先构建绿色发展指标,得出2008—2017年全国30个省份的绿色发展测度结果。三个绿色发展要素层中绿色环境发展的占比最大,其次是绿色生产消费,最后为绿色经济增长。

而后对金融支持区域绿色发展的模型进行研究,数据来源于《中国统计年鉴》、30个省份的本省统计年鉴、国家统计局数据、中国人民银行统计数据、《中国金融统计年鉴》。使用随机效应模型对金融支持绿色发展的影响进行分析,得出结论:金融支持绿色发展的各项指标有着不同的影响作用,并且作用大小与各地区的实际绿色发展程度有关。各地区都需要加大对绿色发展的金融资金支持,通过对金融资金进行合理配置,不断加大资金投入,扩大金融绿色化规模。金融规模、技术水平和全社会固定资产投资产值比这三个变量对绿色发展有显著的正向促进作用。根据绿色发展水平指数和效用模型的结果,发现绿色发展水平指数与各省的环保能力和环境污染状态有着较为直接的联系。

4.5 结论与建议

根据新时代的发展要求以及我国环境污染、资源短缺严重的现状,绿色发展成为我国追求经济发展的新方式。不论现在以及更远的将来,我国都将以绿色发展为主要发展方式,然而要实现绿色发展的可持续化,就需要金融资源的支持。政府要指导金融支持区域绿色发展体系的建立,建立金融机构与绿色企业转型的连接平台,缓解环境污染压力,不断改善环境问题,才能实现我国经济的可持续发展。

根据我国的绿色发展情况发现,我国现在的绿色金融市场呈现出以绿色信贷产品为主,绿色债券迅速成长和其他绿色金融产品稳步发展的现象。碳交易市场制度和绿色金融相关制度在逐渐完善,但排污交易市场还在持续发展中,下一步可以以推动试验区绿色发展体制建设和引导企业环境信息披露的方式,鼓励各地区进行绿色发展。

本章分析了我国的金融支持绿色发展的现状,选取了全国 30 个省份 2008—2017 年的相关面板数据,进行了绿色指数的测度,并对金融支持绿色发展的情况进行了回归,根据回归结果进行了分析,给出结论并提供对策建议。

根据测算结果发现,我国各省之间的绿色发展水平指数差距并不大,各省的绿色发展水平指数都存在微小的波动,但十年来总体呈现上升趋势,其中山东、江苏、北京名列前三。通过观察原始数据可以发现,这些省份的废弃物利用量和垃圾处理能力都较高,能够及时处理产生的污染物,减少污染堆积量,减轻环境负担。而新疆、青海和天津等绿色发展水平指数较低的省份,都属于工业污染严重的地区;新疆、青海、甘肃等还属于矿产资源丰富的省份,地区内集结了大量排放污染物严重的产业;而天津等省份工业产业众多导致"三废"排放量较大,加之环境本身自净能力差,污染治理能力不足,从而造成环境污染严重,绿色发展水平低。

根据回归结果,可以发现全国金融支持绿色发展的各项指标中,金融规模、技术水平以及全社会固定资产投资产值比对绿色发展有着正向且显著的影响,政府应该引导人民进行储蓄,增加银行的资金存有量,为企业的绿色转型和绿色创新技术研发提供充足的资金支持,从而加快经济增长。金融效率和财政支出率对绿色发展表现出了负向的影响,这在一定程度上意味着政府要合理调整财政支出,并对资金的流向进行监督,确保资金用在绿色发展方面;由政府出台相关政策,降低企业的融资门槛,增加金融机构存款与贷款相互转换的能力。由于资本市场发展程度和绿色金融这两个变量没能通过显著性检验,表明各省的环境治理投资相对短缺,金融市场直接融资能力不足。

根据分析结果以及现实出现的问题,提出如下具有针对性的对策建议。

(1) 加大金融支持,促进绿色金融转型。加大金融支持可以进一步推动绿色发展,只有加大金融支持才能尽可能地满足绿色发展的多元化需要,促使绿色化经济转型,以此来实现经济的可持续增长。在加强金融支持的同时要重点加大对金融资源的使用监管,一方面严格把控资金的运用情况,另一方面增加资金的使用效率。对资金的使用进行严格审批,对企业进行筛选,对于高效低耗的企业予以资金支持,淘汰高耗低效的企业,逐渐提高产业绿色化程度。

我国现阶段的重点问题之一是环境污染问题,因此应该加强对环境治理的投入和对相关产业的支持,鼓励企业进行绿色创新技术研究。现今主要增加环保融资量的方式为金融绿色信贷,政府可以出台相关政策引导信贷向绿色环保产业以及转型企业进行倾斜,充分利用金融市场的资源配置优势,大力培育区域基金的发展,为绿色化产业及项目提供足够的金融支持,但在此过程中政府只进行引导而不做过度干预。技术创新对绿色化经济发展有着显著的影响作用,我国应该加强对新能源的开发研究,用以代替高污染和短缺能源。对技术要求高的项目进行资金支持,为技术研发提供条件,鼓励自主研发与技术引进的有机结合,吸引高技术人才参与技术研发。

发达国家的发展经验启示我们,市场环境信息的披露能有效促使企业改进治理绩效,减少对环境污染性企业的投资,推进绿色投资的改革,提高企业的环保责任感。银行要定期进行企业环保信息披露,对企业的绿色转型发展进行把握,提升企业产能,增强企业的环保意识。银行等金融机构应定期发布绿色信贷报告,对金融机构本身的绿色金融业务实施情况进行自我鉴定,及时根据实施情况做出改进。银行等金融机构和政府环保机构之间要成立环境信息共享的机构,通过共享环保的相关信息,全方面了解绿色发展情况,审核企业的潜在环境风险,及时进行风险规避。

(2) 健全绿色金融市场体系。要健全绿色金融市场体系,就必须加强上层建筑,形成系统性的指导,引导金融资金流向绿色发展项目,降低绿色企业及项目的融资门槛,促进经济绿色发展。政府应建立绿色发展相关机构,对绿色金融业务进行宏观指导,如在各类金融机构中设立绿色金融业务服务部门,设立绿色评价机构对企业及项目进行绿色化评级等;在推动现有金融产品发展的同时,还要注重对绿色金融衍生产品的持续创新开发,丰富绿色金融产品种类,完善绿色金融体系;积极培育绿色金融人才,高校层面对此也要加以重视;鼓励其他非金融机构共同推动经济绿色转型,扩大市场参与主体,促使市场加强绿色金融产品的流动性;政府要明确规定企业的权责,对存在环境污染可能性的企业进行惩罚,对节能环保的企业进行支持并给予各方面的优惠政策,鼓励其持续发展进行绿色创新技术研究;通过完善政府机构和金融机构的监督职能,增强对企业的管制,减少项目进程中的懈怠行为,调动企业绿色发展积极性。

由于金融风险的产生可能来源于各种方面,因此风险的预防需要加强金融市场的基础建设。在进行绿色化评估时引入第三方权威的绿色评估机构,在评级报告中披露其绿色信息记录;对项目的进程进行披露,以减少信息不对称带来的金融风险,使经济主体在掌握基本信息的情况下进行决策。政府应参与制定绿色项目的标准和专业的绿色金融审查体系,对资金的流向及使用情况进行追踪和监督,以保证资金投向符合政府的导向。为了提高信息的流动性和真实性,政府可牵头建立网上信息交流平台,以减少信息的不对称情况。

制定绿色金融相关法律可以完善绿色金融系统,进一步推动经济绿色发展。健全相关的法律体系,为绿色企业提供良好的生长环境,提升经济主体的绿色化转型积极性。

(3) 增加绿色经济转型方式,规范垃圾资源再循环机制。我国对传统经济产业不断进行发展方式上的改进,上文实证结果显示,工业企业的增长会导致区域绿色发展水平的降低。而信息时代使生产生活的各个方面都依赖网络,因此要推动工业发展与信息网络相结合,通过信息网络促使工业企业转型,发展网络信息化产业,降低工业生产成本,调整经济结构。坚持发展非工业产业,调节一二三产业的市场比例,优化市场需求,以增加需求来推动经济的持续增长。各地方政府还应该适当减少对地方产业的保护,积极引导地方优势产业进行绿色可持续化发展,以地方优势产业为基点逐渐向产业链发展,从而带动当地产业的优化调整。

我国现存的垃圾数量极多,在处理和堆放的过程中严重破坏环境。由于我国目前缺少专门的垃圾回收企业,垃圾回收主要依靠小型企业和家庭作坊;在拆解手法上也采用的是最基本的手工拆解,不规范的拆解手段造成了更为严重的环境污染。电子垃圾中的重金属和有机物在经过长期聚集堆放、填埋或焚烧后,释放有毒有害的物质和气体会对人类的身体健康和生命安全造成严重危害。而有效的电子垃圾的治理需要有法律的支撑,因此政府应该在市场上建立多方回收渠道,积极拓展电子垃圾的再生产产业链,研发更为有效的拆解方法,增加资源的回收再利用,这样既能提高资源的利用率,又能避免其过度开发,有利于保护贫乏的资源。

参考文献

[1] Goldsmith R W. Financial Structure and Development[M]. New Haven,CT:Yale University Press,1969.

[2] McKinnon R I. Money and Capital in Economic Development[M]. Washington DC:Brookings Institution,1973.

[3] Lu S F,Yao Y. The Effectiveness of Law,Financial Development,and Economic Growth in an Economy of Financial Repression:Evidence from China[J]. World Development,2009,37(4):763-777.

[4] Lu Z,Zhu J,Zhang W. Bank discrimination,holding bank ownership,and economic consequences:Evidence from China[J]. Journal of Banking & Finance,2012,36(2):341-354.

[5] Ge Ying,Qiu Jiaping. Financial development,bank discrimination and trade credit[J]. Journal of Banking & Finance,2007,31:513-530.

[6] Levine R. Financial Development and Economic Growth[J]. Journal of Economic Literature,1997,(35):688-726.

[7] Monaghan S. A borrower's guide to lowering corporate environmental liability[J]. Journal of Corporate Accounting & Finance,2010,4(3):353-367.

[8] Jeucken,Marcel. Sustainable Finance and Banking:The Financial Sector and the Future of the Planet[M]. UK:Earthscan Publications Ltd,2002.

[9] Alberto M. Environmental risk and insurance,a comparative analysis of the role of insurance in the management of environment-related risks[R]. OECD Report,2002.

[10] Whitmore Adam. Compulsory environmental liability insurance as a means of dealing with climate change risk[J]. Energy Policy,2000,28(11):739-741.

[11] 黄建欢,吕海龙,王良健. 金融发展影响区域绿色发展的机理:基于生态效率和空间计量的研究[J]. 地理研究,2014,33(3):532-545.

[12] 吕海龙. 金融支持区域绿色发展的机理研究[D]. 长沙:湖南大学,2014.

[13] 任佳丽. 我国区域绿色发展的金融支持研究[D]. 太原:山西财经大学,2018.

[14] 陈旖旎,张晓丹,丁时杰. 金融发展对我国区域绿色发展的影响效应研究[J]. 财务与金融,2018(2):7-13.

[15] 张靖艳. 河北省绿色农业发展的金融支持研究[D]. 长沙:中南林业科技大学,2018.

[16] 刘建国,王林蔚. 金融支持对区域绿色发展的影响研究:基于西北五省区2006—2015年的面板数据经验分析[J]. 重庆文理学院学报(社会科学版),2018,37(6):104-113.

第二部分
金融服务业集聚与城镇化

第五章

金融服务业集聚对居民收入差距影响的研究

——以长三角 16 座中心城市面板数据为例

5.1 绪论

金融服务业,是由金融中介等金融服务提供者提供关于金融方面服务的产业,包括信贷、基金、保险、外汇、期权期货及其他辅助性金融性服务。金融服务业经过一定阶段的发展后会产生空间上的集聚,然后通过一系列的传导机制影响着区域经济的发展。随着市场经济发展的日趋完善,金融发展与经济发展密不可分,而金融业作为经济发展高端支柱产业,需要借助市场经济、现代科学技术和信息流通进一步发展。我国经济的持续迅速增长给金融服务业集聚带来了极大的发展空间,使居民人均收入水平稳步上升,但同时也带来了区域经济发展的不平衡,造成居民收入差距拉大,这将成为影响区域稳定和经济进一步发展的隐患。

居民收入分配问题一直是政府和学术界关注热议的话题,我国地广物博,资源总量大但分布不均,各地域间经济发展水平也有很大的差异,经济迅速发展的同时居民收入差距也在逐步扩大。我国从 20 世纪 90 年代起总体基尼系数就超过了国际上公认的警戒线 0.4,而且在之后的年份里依然保持着逐年上升的态势,比较明显的表现是城乡收入差距逐年扩大,东中西部发展较不平衡,区域居民收入差距已经成了各领域学者的热点关注对象。因此,从金融服务业集聚的角度审视其对居民收入差距的影响,既可行亦十分有必要。

综观我国金融服务业集聚的地理特征,可以看出经济发展的竞争从某种意义上来说是对金融资源主导地位的竞争,金融企业在空间上集聚是以后金融业发展的必然趋势,研究金融服务业集聚势在必行。在前期整理文献的过程中,发现国内外学者们对金融集聚的研究大多从动因、影响因素、作用机制等出发,对该现象与

第五章 金融服务业集聚对居民收入差距影响的研究——以长三角16座中心城市面板数据为例

居民收入差距的关系涉猎较少,因此希望通过本研究为该领域略尽绵薄之力,为合理利用金融集聚现象调节区域居民收入差距,维护区域经济稳定,缩小地区收入差距做出微许贡献。

在前期搜集资料的过程中发现,金融集聚、经济发展和居民收入差距三者之间存在着密不可分的联系,但是由于相互之间影响的传导机制和路径不同,就金融集聚和居民收入差距两者之间的关系来说,不同学者从不同的角度给出了不同的答案。但可以肯定的是,金融服务业的集聚一定对居民收入的扩大产生了或正或负的影响。本研究采取理论分析和实证检验相结合的方法,先从现有理论成果出发,推导出二者可能存在的关系,做出假设,然后将金融服务业的集聚程度和居民收入差距两个指标量化,选取适当的测量方法将该指标化为可比较的具体数值,然后借助计量经济学的知识,得出二者之间的关系,最后依此提出相关政策建议。

本章研究的关键问题在于如何量化金融服务业的集聚程度和居民收入差距大小,使之成为可度量可比较的数据,另外考虑到一个地区居民收入水平还可能受其他因素影响,比如宏观经济环境、城市化水平、开放程度、人口构成等,因此如何剔除这些因素的影响,选好控制变量也很关键。最后基于已有的知识,可初步判定区域金融服务业的集聚对居民收入差距的影响可能并非简单的线性关系,集聚程度高低的不同对居民收入差距的影响方向也不同,因此一个关键问题就是要不要分组研究?如何分组?解决以上问题可以构建一个较为合理的计量模型。

国际上在产业集聚程度的研究中所使用的衡量指标很多,综合考虑准确度、数据的可获得性和可操作性等,本章选取区位熵指数表示金融服务业的集聚程度,计算区位熵的数据可从《中国城市统计年鉴》以及江苏省、浙江省、上海市的公开统计年鉴中获得,计算后可以得到较为准确的数据。

难点在于反映居民收入差距的指标,国际上普遍使用基尼系数作为衡量收入差距的指标,但是鉴于中国城市一级的统计年鉴一般不公布具体的基尼系数,该指标计算方法又庞杂不一,不同学者推算出了不同的简化计算方法,即使这样,初始数据也很难找全。本研究在撰写初期尝试过计算基尼系数,但是结果并不理想,该指标较难精确反映各个城市的居民收入差距状况,因此考虑更换新的衡量指标。

反映居民收入差距的指标除基尼系数外,还有库兹涅茨指数、广义熵、泰尔指数、收入不良指数等,重新考虑了数据的可获得性和计算可操作性后,本研究选取收入不良指数(IPI)作为衡量居民收入差距的指标。

考虑到城市之间的差异性及时间跨度可能会对结果产生影响,也考虑数据的全面性,最终选取长三角16座主要城市近十年的统计数据做平衡面板数据样本,以金融区位熵作为解释变量,收入不良指数作为被解释变量,选取经济发展水平、外商直接投资、开放水平和城市人口水平作为控制变量构建计量经济模型。

对于如何分组的问题,本研究拟以全国金融区位熵平均值为界,将长三角地区城市分为集聚程度较高的组和集聚程度较低的组分别进行研究,以便更直观地考察不同集聚程度对居民收入分配是否有不同的影响。

5.2 文献综述

通过对文献的阅读,发现国内外学术界对金融与经济发展相互影响的问题研究起步较早,研究面涉及较广,包括促使金融业发生集聚的动因、集聚的形成机制等,金融发展与区域经济发展的关系,金融集聚与城市化、产业升级、工业效率提升之间的关系等,虽然研究方法各不相同,得出的结论也略有差异,但总体上都是对金融集聚持肯定的态度。而关于金融服务业集聚对居民收入差距的影响研究则鲜少有见。

下面分别从金融服务业集聚、居民收入差距影响因素和金融发展与居民收入差距之间的关系三个方面来梳理现有理论。

5.2.1 金融服务业集聚

国外学者对金融集聚的研究开展得比国内早,关注点主要在金融中心的形成或作用机制上,同时也对有代表性的金融业比如银行业的集聚效应做了研究,研究内容多着眼于金融集聚中心的区位选择上,以及对周边地区的辐射带动作用影响。区位经济学家韦伯(Alfred Weber)于1909年出版的《工业区位论》中首次提出"集聚"的概念,并分析了促使产业发生空间集聚的原因和形成规制,得出结论:产业集群能够提高劳动组织的专门化程度,避免中间商获取差价,从而节省交易成本[1]。巴顿在产业集群理论中讨论了企业集群与创新之间的关系,认为空间上的集聚必然会带来竞争,而竞争催生创新;集聚有利于产品生产者、供给者与需求者之间形成更加自由的信息传播。创新很大程度上是由于顾客的需求和在解决供给问题过程中催生出来的结果[2]。巴顿把产业集群理论的创新优势又向前推进了一步。

Behrens认为有三大效应会对产业的空间分布产生影响:其一为产业集聚效应,尤其是在知识或技术密集型产业中表现明显,即某一区域产业初始集聚产生的知识溢出效应和规模经济有助于提高生产率,会吸引其他企业的加入;其二为人才归位效应,即优秀人才会主动选择知识密集的大城市工作,大城市具有先天的人才聚集优势；其三为市场选择效应，随着人口激增和产业结构的调整，只有生产率高的企业才能在竞争激烈的大城市中生存下去。金融服务业因为自身的特点在这三大效应的作用下形成集聚[3]。

国内学者对于金融服务业集聚的研究则多与区域经济学相结合，在区域经济增长、产业结构升级、与其他产业的协同发展等方面做出探讨。任淑霞从规模效应和范围经济的角度出发分析金融集聚对城市经济增长产生推动力的原因：一是金融业的集聚会产生规模经济，降低成本，使长期平均成本曲线向下倾斜而产生规模报酬递增；二是金融集聚还会通过各种综合效用产生规模报酬递增，使个体金融机构收益倍增，迅速拉动经济发展[4]。

施卫东和高雅研究了长三角城市群范围内金融集聚对本区域产业结构升级的作用，得出结论：长三角地区金融服务业集聚与该区域的产业结构升级情况有明显的正相关性，但这一推动作用在现阶段的表现还不是很明显，有待进一步加强[5]。

李丽颖研究金融产业聚集和技术密集型新兴产业集聚之间的相互作用关系，首先运用比例分析方法，研究金融服务业在我国各地区的分布情况，获得31个省（市、自治区）（不包括港澳台）的金融集聚分数排名，用以反映中国各地区金融市场的一般集聚情况。然后利用非线性广义相关系数法构建区位熵与因子分值的协同分析函数，得到 r 值以反映两个行业间的相互作用趋势和协同规模，最后得出了金融服务业集聚与战略性新兴产业之间是相互作用、相互促进的关系的结论[6]。

5.2.2 居民收入差距影响因素

国内学者的关注点多在城乡居民收入分配不平等方面。马斌和张富饶认为城市与农村之间的物质资本差异、劳动力市场一体化程度与居民收入不平等性呈正相关关系，城乡人力资本差异与城乡居民收入差距呈负相关关系，城乡经济增长率差异对收入差距影响不显著。因此，缩小城乡居民收入差距最有用的办法是缩小人均物质资本差异[7]。

王力认为金融发展与城乡居民收入差距并不一定都是"倒U型"关系，金融发展与收入差距之间的关系比较复杂，目前的金融发展模式，促使收入差距扩大的因素远大于缩小的因素，所以总体来说金融发展扩大了城乡居民收入差距。然后从税收角度分析了我国收入差距过大的原因：①税种单一，缺少继承税、不动产税等抑制高收入的税种。②个人所得税起征点不合理，对高收入群体逃税缺乏有效监督，调节高收入作用不明显，导致中层收入者成为负担最重的主体。③税收监管不到位，存在重复征税和大量逃税的情况。④民生保障类支出对城乡居民收入差距影响较大,例如城乡医疗保险差距太大会扩大城乡居民收入差距[8]。

孙敬水、黄秋虹基于全国31个省份(不包括港澳台)的6 937份家庭问卷调查数据和实证研究,得出结论:我国城乡居民收入分配已十分不平等;每个家庭的不同特点、文化程度差异及区域间的固有差异都对收入分配有明显影响,其中最重要的影响因素是家庭间的文化水平差异,其次是城乡固有结构差异、每个家庭的特征差异,影响最小的因素是地域间差异[9]。

霍炳男分析城乡居民收入差距的影响因素,通过实证检验证明经济增长率、第二产业失业率和政府支出与居民收入差距呈正相关关系。因此有效的办法是加大宏观调控力度,合理分配财政支出,加大力度扶持农村基础设施建设,普及教育和医疗保障;同时通过积极的财政政策扩大内需拉动经济发展,降低失业率,最大限度地缩小城乡差距[10]。

除此之外,还有从贸易开放程度、产业结构变迁、中国式财政分权等方面入手研究城乡收入差距影响因素的诸多文献,由于本研究主要研究金融服务业集聚对居民收入差距的影响,因此这里就不一一赘述了。

5.2.3 金融发展与居民收入差距的关系

Cagetti 和 De Nardi 从信贷的规模研究方向出发,指出企业家可以进行投资的规模是由他们的财富状况决定的。在金融发展的过程中,参与投资的企业家的数量增多导致投资规模增大,使经济得到充分发展的同时,金融发展却使收入分配的不平等程度进一步加大[11]。Chakraborty 和 Ray 进一步对金融发展和收入分配不平等之间的关系进行研究,发现由于低收入水平的群体无法达到高信贷规模的门槛,导致收入差距的逐步扩大抑制金融的进一步发展。在经济发展跨过了初期阶段到了成长和成熟期后,对金融资本进行融贷的人数增加,所以金融的发展对收入不平等的影响呈现先扩大后缩小的"倒U型"[12]。

再看国内学者的研究,张宏彦等分析中国农村金融发展与城乡收入分配间的关系,得出结论:农村金融发展与城乡收入不平等之间存在稳定的联动关系,农村金融发展在一定程度上导致了城乡收入差距的拉大。进一步分析原因,农村金融机构普及率低,服务体系不完善,金融市场不发达,导致资金外流,和城市强大的金融服务相比,农村金融的发展反而造成了两者收入差距的两极分化[13]。

刘玉光等讨论了金融发展影响城乡收入差距的传导路径,证明我国金融越发展,城乡收入差距拉得越大。城乡之间的产业结构差异及各种制度性的障碍使得非农化与城镇化的进程脱轨,农民的劳动能力与非农产业发展越来越高的要求不匹配,而且三农问题始终难解决,农村生产力得不到提高,也造成了城乡差距的拉大。另外,虽然经济发展最终会逐渐缩小收入差距,但它不会主动到来,而是需要各方面政策的协调落实[14]。

鲁尧的着眼点在金融发展的不同方式对居民收入分配的不同影响上。结果表明:无论金融是以民间自发还是正规自主的形式发展起来的,都能缩小城镇居民收入差距;收入分配的不平等性具有递延特性,本期的收入不平等会持续影响到下一期;不同产业的发展对居民收入差距的影响不同,第三产业有助于缓和差距,但第二产业却会助长差距的加大;普及教育提高人口素质有助于缩小收入不平等,所以在贫困地区加大教育投入是帮助脱贫的最根本办法[15]。

综观国内外学者的现有研究,对经济发展和收入差距、金融集聚和经济发展分别研究居多,而把三者结合,探讨金融集聚与收入差距之间关系的较少,因此本研究可有的放矢,立足于该点。

5.2.4 小结

通过对国内外学者现有理论成果的梳理分析,发现虽然大家研究的角度和方法不同,但对金融集聚对区域经济的推动作用都是抱着肯定的态度,金融服务业通过知识溢出、规模经济等效益形成集聚,然后对区域产业结构升级、技术密集型朝阳产业等产生正向推动作用,是带动区域经济增长的重要因素;对居民收入差距影响的研究多着眼于城乡差距,人均物质资本拥有量差异、文化程度差异、税收调节作用失灵及城乡经济结构等固有差异,这些都是造成城乡居民收入差距持续增大的原因;在金融发展与收入差距之间关系的领域,不同学者持有不同观点,从传递机制、影响路径等方面出发,大致有正向影响、负向影响和"倒U型"关系三种观点。本研究的文献梳理为下文理论分析和实证检验做了理论准备。

5.3 理论分析

5.3.1 核心概念界定

1) 金融服务业集聚的含义

金融的定义目前在理论界仍存在争议,因为其概念有一定的宽泛性、抽象性和虚拟性,从不同的角度可以有不同的概念界定。"金融"二字,从汉语言文学的角度解释,分别是"资金"和"融通",那么金融的基本作用就是资金的流转和融通;从金融活动的内容、流程角度看,金融活动包括货币的发行、流通和回笼,贷款的发放和回收,存款的存取,汇兑的往来等,金融流通环节需要银行、证券等中介机构的加入。由此可见,金融活动实际上是对有限的货币资源进行重组后,实现价值和收益的等价流通,金融是动态的货币经济学。

由以上定义可见,金融活动本身不产生资金,而是在闲置资金的流转融通过程中产生升值形成利润,而实现资金的升值需要借助金融机构的功能来实现,金融服务业应运而生。从营销管理的角度出发对金融服务业下定义,英国学者亚瑟·梅丹认为金融服务是"金融机构通过交易手段,融通有价物品,向金融活动参与者提供共同收益、获取效用的活动"[16]。

金融服务业让社会闲置资金重新流动起来,通过货币流通产生的乘数效应促成进一步的收缩、扩张,而且以金融产品的包装、金融衍生品、新型金融服务的催生等,对消费支付方式提供创新性启发,能够活跃经济,带动相关产业链发展,使得金融服务业在区域经济发展中的作用愈发凸显,逐渐成为现代服务业不可或缺的重要服务手段。

"集聚"的概念是区位经济学家韦伯(Alfred Weber)于1909年出版的《工业区位论》中首次提出,目的在于分析促使产业发生空间集聚的原因和集聚形成的具体规则。他认为产业集群的特点使其能够提高劳动专门化程度,避免中间商获取差价,从而节省交易成本。与产业集聚类似,金融服务业发展到一定阶段时,各项活动变得趋向集中,金融机构、金融企业、金融中介等为了共享资源、客户,相互交换信息,最大限度地节省搜寻成本,构建完整服务链,会在结构、规模、功能上进行有序的演变,与当地的地理、经济、人文、环境等进行有序的融合贯通,最后形成了空间上的金融服务业集聚群。

因为各个地区的资源分布和经济发展状况存在差异,所以不同地区的金融服务业集聚程度具有不均衡、差异化的特点。长三角地区依托优越的地理区位、优质的人力资本和政策给予的大力支持,成为大陆率先发起金融服务业集聚且目前发展较为成熟完善的地区之一,其也成为许多研究金融集聚问题学者的研究样本,因此本研究选取长三角16座主要城市近十年来的数据作为样本数据进行研究。

2)居民收入差距的含义

居民收入差距是反映居民收入分配不平等性的概念,居民收入差距越大,表明收入分配越不平等,衡量居民收入不平等程度的指标有很多,比较简单直观的计算方法有:某地区最高收入与最低收入的极差、方差、标准差,按收入从高到低五等分后最高收入组与最低收入组的倍数差,或最高收入组占有的收入份额与最低收入

第五章 金融服务业集聚对居民收入差距影响的研究——以长三角16座中心城市面板数据为例

组收入份额之比等。计算较为复杂但更全面更通用的衡量指标有基尼系数、库兹涅茨指数、广义熵指数、泰尔指数等。

居民收入差距是民生领域备受关注的指标之一,关系着社会的稳定和居民的生活幸福指数,过高的收入差距可能造成经济生活秩序的紊乱,激发民众不满情绪,进而对社会稳定造成威胁。由世界银行公布的基尼系数看,我国在经济体制改革前施行公有制和计划经济,使得居民收入差距表现得并不十分明显,1980年的基尼系数为0.32,城市收入较为平均,差距主要表现在城乡收入差距上。之后从农村开始施行的经济体制改革,使得农村经济发展迅速,人均物质资本拥有量大大提高,收入分配不平等性得以改观,此时(1984年)基尼系数降到了最低点0.26,但是随着社会主义市场经济体制的不断完善,城市以农村不可比拟的经济优势迅速拉大了城乡间的居民收入差距,90年代基尼系数开始首次超过了国际警戒线0.4,此后也呈现出逐年扩大的趋势。目前就世界银行公布的《世界发展报告》中对127个国家的收入不平等测度结果来看,我国基尼系数高居第30位,亚洲排名第三,被列入少数收入分配极不平等的国家之一。

我国居民收入不平等主要表现在三个方面:城乡收入差距、东西部收入差距和不同阶层之间的收入差距,本章主要着眼于地区间的收入差距,旨在从长三角地区经济发展一个比较明显的特征——金融服务业集聚的角度出发,研究金融集聚与居民收入差距之间的关系。

5.3.2 金融服务业的集聚机制

关于金融服务业产生空间集聚的动因和机制,学术界从不同角度来看有不同的回答,在阅读文献的过程中,发现比较有代表性的几种集聚理论如下:

1) 区位经济学角度

Davis率先将公司选址的理论应用在金融服务业集聚现象的研究中,认为决策者是否考虑将金融服务业纳入决策的关键在于需求和供给的差异性,或者说所选地点与可选地点之间的外部性差异[17]。Kindleberger、Tschoegl和Adrian认为:外部规模经济的自我强化属性使得银行、证券等金融机构一旦选定一个适合的特定区位,就相当于把更多的金融部门锁定在这个区域内了,使得该区域成为一个金融聚合体,相对于其他地区的金融参与度来说,该区域明显更具吸引力[18]。金融服务业的自我强化性使得金融集聚、金融业进一步发展形成良性循环,金融集聚程度开始较高的区域将一直维持较高的金融集聚度。

2) 新经济地理学角度

新经济地理学代表学者克鲁格曼于1991年的论著《收益递增与经济地理》中探讨了以中心-外围模型为核心的新经济地理论,该理论认为,促使某产业在空间上形成集聚还是扩散主要取决于两种力量:当地市场效应和价格指数效应形成促成厂商集聚的拉动力,而市场拥挤效应则形成了促使厂商扩散的驱散力,两种作用力的相互作用决定了产业的分散或集聚。相对于一般的产业来说,金融业作为知识经济和高端经济发展的支柱产业具有一定的特殊性,金融集聚过程中的知识溢出和技术创新因素表现得格外明显。一个适合金融服务业发展的区位一旦出现第一批金融机构,那么出于对减少交易成本、共享资源、相互学习和知识外溢引起的技术创新角度考虑,不同层级的金融服务业都愿意在此集聚发展,而且由于金融机构的业务之间有很大程度的相关性,集聚比扩散能更好地形成正的外部性。金融服务业本质上是资金密集和人才密集产业,人才资本是最重要的因素,由于人才都具有向心力,知识外溢效应体现得更明显,所以金融服务业的集聚动力高于分散动力。

3) 演化经济学路径依赖角度

路径依赖理论首先由制度经济学家道格拉斯·诺斯1990年提出,并因此获得了诺贝尔经济学奖,它的意思可类比于自然科学中"惯性"概念,是指人类经济发展过程中的技术进步和制度改革都有一旦进入某一范式就可能对这种模式产生依赖而不轻易改变模式的特性。一个金融中心的发展是缓慢的,就像目前世界上百万人口级别的大都市有很多,但能称之为金融中心的仅有伦敦、纽约、香港、新加坡等几个城市,但是金融中心一旦形成,就会显示出恒远而持久的巨大能量,伦敦的世界金融中心地位几百年来稳如磐石,纵然受"脱欧"影响金融指数有所下降,但依然稳居金融智库Z/Yen排行榜第一名,这得益于"路径依赖"的习惯性力量。金融参与者会因为金融中心的外部性和规模效应而建立十分稳固的忠诚,某些特定金融业务的区位优势一经产生,其上游和下游的相关产业会通过乘数倍增效应而形成规模收益递增,从而在该区域空间上产生"锁定空间",产业集聚的优势从中心点辐射到周边,大大提高了区域的吸引力和竞争力,进一步巩固了产业集群的稳定性。

由以上分析可见,促成金融服务业集聚形成的动因有很多,有区位因素、经济地理因素、制度因素等,还有本研究没有提及的其他因素诸如技术因素、政策因素等,总之,影响金融服务业集聚的因素错综复杂。我国幅员辽阔,各区域之间的经济、地理、人文等差异性较大,因此会出现不同的集聚形式。产生集聚的动因不同导致其对各经济因素的影响路径也不同,因此需要分情况讨论金融服务业集聚对居民收入差距的不同影响。

5.3.3 金融发展对居民收入差距影响的分析与假设

在文献综述的环节已证实,金融发展与经济增长二者是相互促进的关系,一个地区经济的增长给金融发展提供了温床,提供金融集聚所必需的初始财富积累、金融交易市场、金融信息传播等,然后金融服务业通过知识溢出、规模效应、路径依赖等迅速形成大规模的集聚,金融业的发展吸引投资、优化产业结构、活跃经济,反过来进一步促进当地经济发展,形成良性循环。

但是必须注意到,以上理论是在存在金融业初始选址的基础上发展起来的,那么如果一个地区的金融业因为地理、文化、产业结构等种种原因没有形成初始集聚,整体经济水平发展较缓慢,只是在后期扩散过程中得以发展起来,情况就与以上明显不同,可能会对各类经济因素产生不同的影响。

金融业的发展对收入不平等的影响究竟是使其扩大还是缩小,学术界对此尚未达成统一意见,但是总结起来,一般可以归为以下三类:①金融业的发展会缩小居民收入差距,因为金融发展降低了信贷约束的门槛,使穷人也能享受到闲置资金升值的福利,一定程度上提高了穷人的收入。②另有学者对此持反对意见,认为金融发展的福利实际上只惠泽到了富人,穷人依然因为种种原因被限制在了金融服务活动之外,金融业的进一步发展只能使"富人更富,穷人更穷",会拉大收入差距。③该理论折中了前两种理论,认为二者关系呈"倒U型",即在金融业发展前期,或集聚程度较低的地区,门槛效应表现得较为明显,对收入差距的扩大作用大于缩小的作用,而到了金融业发展比较成熟的中后期,或集聚程度较高的地区,普惠作用体现出来,缩小差距的作用大于扩大差距的作用,因此金融服务业发展与居民收入差距的关系是先扩大再缩小的"倒U型"。

为了进一步从理论上推导二者关系,需要对金融发展的特性进行深入分析。

1) 金融发展的门槛效应

金融门槛效应理论可以简单理解为,金融市场的准入有一定高度,并非所有人都可以享受金融发展带来的福利。金融服务的实质是,个体将闲置资金转移到金融机构中相当于把风险转移给金融中介,金融中介通过有效配置资源使个体规避风险获得收益,但这种服务并非无偿,个体需要在首次进入金融中介时支付一定的固定成本,之后每期进入也要负担边际成本。在金融发展尚不完善的初期或者金融集聚程度较低的地区,穷人因初始财富的限制无法承担准入成本和维稳成本,因此被拒之门外,无法享受规避风险和货币升值服务。即使一部分人可以支付准入成本,也因初始财富较少,与富人所得的巨额利益相比,穷人所得的福利微乎其微,所以金融业的发展对他们来说几无裨益,但是富人可以轻而易举地享受绝大部分金融服务,初始资金雄厚,又在金融产品中攫取巨额利润,金融越发达,富人越有钱,相比之下,门槛效应使金融服务业的集聚拉大了收入差距。

2) 金融发展降低贫困效应

该理论承接金融发展与经济发展相辅相成理论,认为金融的门槛效应的确存在,但只存在于金融发展的起步阶段。金融服务业集聚产生的效能是非常巨大的,能在很大程度上优化当地的产业结构,释放经济活力,改善贫困,提升经济潜能,即金融发展降低贫困效应。穷人在参与到金融活动当中时,即使所获收益不如富人多,但已经享受到了金融发展带来的福利,而这是在金融发展起来之前他们所完全接触不到的,但是富人却可以通过各种各样的渠道获得收益,金融服务业的发展只是他们的增收渠道之一,从这个意义上来说,金融的发展应该是可以缩小收入差距的。而且政府在扶持弱势群体时会有政策倾斜,比如小微企业税收减免,创业阶段的高科技企业降息贷款,以及农村信用合作社的小额信贷等,都是依托金融服务业的发展才能享受到的政策倾斜,因此金融信贷越发达,收入差距会越小。

3) 金融发展改变对劳动力市场的需求

金融业的发展不仅促进了区域经济的发展,同时改变了当地的工资收入分层,这也会改变劳动力市场对不同技能水平工人的需求,从而改变工人的收入水平。这种改变会拉大还是缩小收入差距取决于增加了对高技能还是低技能工人的需求。简单来说,如果金融发展提升了区域整体经济水平,创造了更多就业岗位,增加对低技能水平工人的需求,那么收入差距是会缩小的;反之,如果金融业的发展将整个地区经济的发展推向了资本或技术密集型驱动型,需要的更多是高技能水平的优质人才,低技能水平工人很可能面临产业结构调整带来的结构性失业问题。高技能水平的工人本身就是高薪收入群体,再加上金融集聚对低技能工人的挤出效应,收入不平等问题势必雪上加霜。

综上所述,本研究认为金融服务业集聚对居民收入差距的影响路径比较复杂,且可能存在多种因素错综复杂的影响,因此需要实证检验来支持理论分析。

现列出三种可能的假设:

假设1:金融服务业集聚程度与居民收入差距的扩大呈正相关关系,即集聚程度越高,收入差距越大。

第五章 金融服务业集聚对居民收入差距影响的研究——以长三角16座中心城市面板数据为例

假设2:金融服务业集聚程度与居民收入差距的扩大呈负相关关系,即集聚程度越高,收入差距越小。

假设3:金融服务业集聚程度与居民收入差距并非简单的线性关系,在集聚程度较低的地区(相当于金融发展的初期),集聚程度与收入差距扩大呈正相关关系;在集聚程度较高的地区(相当于金融发展的完善期),集聚程度与收入差距扩大呈负相关关系。

5.3.4 小结

本节首先对金融、金融服务业、集聚、居民收入差距等核心概念进行了介绍,然后从现有的理论出发,梳理了金融服务业集聚的动力机制,分别从区位经济学、新经济地理学和演化经济学的角度阐述了促使金融服务业集聚的因素,然后从金融发展的自身特点出发,分析门槛效应、降低贫困效应和金融发展对劳动力市场需求的改变会对居民收入分配产生何种影响,最后总结以上理论分析,提出了金融服务业集聚与居民收入差距之间的三种可能关系,为下文实证分析提供了理论基础。

5.4 实证分析

5.4.1 相关变量的测量方法

1) 金融服务业集聚程度的测量

(1) 测量方法

为了客观展示不同城市之间金融服务业集聚程度的差异,综合考察了学术界通用的几种测度方法,考虑到衡量指标的全面性、稳定性及数据的可操作性,本研究选取区位熵指数(FIQ)来表示金融服务业的集聚程度。

区位熵指数,由哈盖特(P. Haggett)首先提出并运用于区位经济学中,用来衡量某一产业的专门化程度或集聚程度,以及某小范围区域的产业部门在大范围区域中的权重和作用。计算方法是:某个地区某行业的从业人员数与该地区所有行业从业人员数之比,和全国该行业从业人员数与全国所有行业从业人员数之比相除所得的商。计算公式为:

$$IQ = \frac{j_1}{j_2} \div \frac{b_1}{b_2} \tag{5-1}$$

式中,j_1和j_2分别代表本地区及包括本地区在内的更高等级区域内某相同产业部门的从业人数；b_1 和 b_2 分别代表本地区和上一级区域的总从业人数；IQ 表示研究样本区域内某产业部门的区位熵。IQ 平均值为 1，当该指标大于平均值时，表示该区域该产业部门的集聚程度高于包含自身在内的上一级区域的平均水平，IQ 值越大，该产业部门在该区域的集中程度越高。反之，如果区位熵指数低于 1，则该区域该产业的集聚程度低于上一级区域的平均水平。

（2）样本选取与数据来源

本章将研究范围设定在长三角城市群，因此选取了长三角 16 座代表城市 2006—2015 年十年间的统计数据，16 座城市为上海、南京、苏州、无锡、常州、镇江、南通、扬州、泰州、杭州、宁波、嘉兴、湖州、绍兴、舟山、台州。根据式(5-1)，计算该 16 座城市金融区位熵所需要的数据为：每座城市金融服务业从业人员数，该城市全体从业人员数，以及全国金融服务业从业人员数和全国全体从业人员数。其中，每个城市的金融服务业从业人员数和全体从业人员数数据（年末数）来自各城市统计年鉴及《江苏省统计年鉴》和《浙江省统计年鉴》，全国金融服务业从业人员数和所有从业人员数数据（年末数）来自《中国城市统计年鉴》及《中国统计年鉴》。

（3）测量结果

根据式(5-1)的计算方法，代入 2006—2015 年间 16 座城市的统计数据，计算出相应城市的金融区位熵结果如表 5-1。

表 5-1　2006—2015 年长三角 16 座城市金融区位熵

区位熵	上海	南京	苏州	无锡	常州	镇江	南通	扬州
2006	4.510 16	1.763 96	1.661 20	1.667 283	1.042 71	2.051 81	0.976 24	0.702 88
2007	4.594 50	1.565 95	1.459 39	1.477 71	0.961 73	1.994 34	0.984 94	0.656 02
2008	3.984 08	1.246 38	1.440 43	1.352 83	0.896 12	1.750 52	1.054 11	0.608 90
2009	3.508 00	1.085 29	1.412 39	1.326 48	0.872 07	1.599 95	1.030 49	0.560 72
2010	3.578 42	1.143 54	1.099 68	1.317 84	0.955 08	1.393 99	1.008 95	0.583 12
2011	3.890 72	1.282 87	1.173 13	1.325 586	1.002 07	1.303 355	0.998 34	0.597 21
2012	3.914 92	1.222 32	1.188 91	1.298 301	1.014 035	1.286 756	0.982 65	0.623 30
2013	3.882 95	1.116 64	1.257 74	1.287 55	0.988 35	1.251 53	0.958 28	0.587 08
2014	3.438 32	1.337 07	1.247 31	1.269 274	1.063 18	1.168 076	0.969 32	0.832 06
2015	3.287 73	1.189 42	0.142 73	1.206 598	1.058 35	1.169 964	0.953 77	0.801 06
区位熵	泰州	杭州	宁波	嘉兴	湖州	绍兴	舟山	台州
2006	1.196 33	1.844 71	1.562 16	1.243 647	1.212 49	1.097 79	1.827 34	1.130 06
2007	1.113 188	1.896 21	1.726 18	1.177 88	1.026 28	1.079 20	1.768 00	1.206 90

续表 5-1

区位熵	泰州	杭州	宁波	嘉兴	湖州	绍兴	舟山	台州
2008	1.454 86	1.936 14	1.945 64	1.050 85	1.363 66	0.952 45	1.488 11	1.252 67
2009	1.088 95	1.930 58	1.970 91	1.052 53	1.110 40	0.985 60	1.536 46	1.378 54
2010	0.973 65	1.943 74	1.783 65	0.988 88	1.169 73	0.923 58	1.651 70	1.497 52
2011	1.008 44	1.901 81	1.858 96	0.978 79	1.217 35	0.960 43	1.424 90	1.553 93
2012	1.127 97	2.018 35	1.964 44	0.790 77	1.216 98	1.009 98	1.455 27	1.627 78
2013	1.086 27	1.863 33	1.762 676	0.689 99	1.012 58	0.789 52	1.418 26	1.174 69
2014	0.983 45	1.891 33	1.608 20	0.706 12	1.051 26	0.895 85	2.000 74	1.163 52
2015	0.994 82	1.952 03	1.628 36	0.764 49	1.113 93	0.828 10	1.661 87	1.284 78

注：原始数据来自 2006—2015 年各城市统计年鉴及《江苏省统计年鉴》《浙江省统计年鉴》《中国统计年鉴》。

按年份计算 16 座城市金融区位熵的平均值，绘制成折线图如图 5-1 所示，可以观察到时间序列下的金融集聚程度变化情况。

图 5-1　2006—2015 年长三角地区 FIQ 变化情况

观察图 5-1 发现，16 座城市 2006—2015 年十年间的金融区位熵高低略有起伏，但总体呈先递减再递增的趋势。在整理原始数据的过程中发现，每座城市的金融服务业从业人员数呈逐年递增的趋势，因此这种比例的降低可能是由于在此期间其他产业的快速发展一定程度上稀释了金融服务业的集聚度，以及新一代技术革命催生出的许多高新朝阳产业的冲击。

再将每座城市 10 年间的数据分别取平均值，绘制成柱形图如图 5-2，可以更方便直观地观察不同城市之间的横向差别。

观察图 5-2 发现，长三角地区的金融区位熵均值为 1.421 44，除常州、南通、扬州、泰州、嘉兴、绍兴的个别年份以外，长三角地区主要城市的金融区位熵都在 1 以上，高于全国同期平均水平，上海市的区位熵值甚至稳定在 3 以上，远超其他城市，为长三角 16 市之首,这得益于上海得天独厚的地理位置及由此孕育的发达的金融、经贸、人才体系。作为我国金融中心城市,上海聚集了大量黄金、证券、股票、基金、期权期货及各类金融衍生品交易市场,同时也吸引了大量银行、保险、证券等金融服务业从业人员的到来,从而形成了比较完善的金融市场和金融服务业体系,使得上海市的金融集聚程度及水平一直处于长三角乃至全国领先位置。

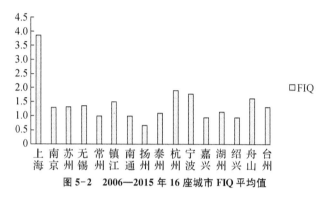

图 5-2 2006—2015 年 16 座城市 FIQ 平均值

进一步计算该 16 座城市 2006—2015 年十年间金融区位熵的平均值,将结果降序排列如表 5-2。

表 5-2 2006—2015 年长三角 16 座城市金融区位熵平均值降序排列

城市	区位熵
上海	3.858 98
杭州	1.917 822
宁波	1.781 117
舟山	1.623 265
镇江	1.497 029
无锡	1.352 945
台州	1.327 039
苏州	1.308 291
南京	1.295 343
湖州	1.149 465
泰州	1.102 792
南通	0.991 708
常州	0.985 37
绍兴	0.952 25

续表 5-2

城市	区位熵
嘉兴	0.944 394
扬州	0.655 234

由表 5-2 可知,长三角地区金融服务业集聚程度差异较大,浙江省金融集聚程度普遍高于江苏省,省内对比,浙江省北部城市高于南部城市,江苏省南部城市高于北部城市。排名前五位的城市分别是上海、杭州、宁波、舟山、镇江,在地理位置上呈现以上海为中心,向外逐步扩散集聚程度逐步降低的同心圆模式,越靠近上海的城市越容易接收到其金融中心的辐射带动效应,上海也在一定程度上向周边城市输送了金融服务业人才,苏南的镇江、无锡、苏州,以及浙北的杭州、宁波、舟山等城市因为这种显著的辐射带动作用也成为长三角地区金融服务业的佼佼者。

2)居民收入差距的测量

(1)测量方法

学术界用来反映居民收入差距的衡量指标有基尼系数、库兹涅茨指数、广义熵、收入不良指数等,考虑到数据的可获得性和计算可操作性,选取收入不良指数(IPI)作为衡量居民收入差距的指标。

收入不良指数的测量方法是:将全体居民按收入五等分,用收入最高的五分之一群体的收入份额除以收入最低的五分之一群体的收入份额的商表示一个社会的收入分配状况,该指数的最低值为 1,数值越高,收入差距越大。

(2)数据来源

为保持统计口径一致,本部分原始数据依然来自 2006—2015 年 16 座城市各自的统计年鉴,选取居民家庭人均可支配收入(按收入水平分组)这一统计指标,个别城市对居民收入的分组采取七等分或九等分,本研究将数据进行加权平均处理。需要标明的是,浙江省自 2013 年后不再公布收入水平的分组情况,因此浙江省城市 2013—2015 年的数据为根据计量软件产生的预测值,所以对浙江省城市居民收入差距的测量可能因此产生微小偏差,在后文的实证检验部分将通过加入控制变量的方法努力降低该部分数据缺失对结果的影响。

(3)计算结果

根据公式计算出 2006—2015 年长三角 16 座城市收入不良指数结果如表 5-3。

表 5-3 2006—2015 年长三角 16 座城市收入不良指数

收入不良指数	上海	南京	苏州	无锡	常州	镇江	南通	扬州
2006	4.779	5.806	4.561	4.783	5.836	4.073	5.933	4.014
2007	4.579	5.914	5.320	5.611	5.528	3.962	5.627	3.933
2008	4.635	5.005	4.616	4.742	4.596	4.085	4.932	3.229
2009	4.372	5.583	4.961	4.964	4.840	4.181	4.941	3.056
2010	4.165	5.077	4.878	4.937	4.971	4.703	4.945	2.944
2011	4.072	4.479	3.988	4.210	4.715	3.776	4.869	2.846
2012	4.120	4.084	4.167	4.009	4.446	3.466	4.562	2.878
2013	4.222	4.043	4.103	4.065	3.820	3.937	4.329	2.765
2014	3.862	3.952	4.478	4.169	5.928	4.326	4.473	2.839
2015	4.613	3.899	4.202	4.048	5.312	3.914	4.886	2.744

收入不良指数	泰州	杭州	宁波	嘉兴	湖州	绍兴	舟山	台州
2006	5.011	4.876	7.081	4.327	6.040	4.200	3.830	4.672
2007	4.892	4.791	6.820	4.316	5.813	4.298	3.716	5.466
2008	5.003	4.676	6.006	4.965	5.705	4.063	4.172	4.679
2009	4.864	4.560	6.161	4.933	4.287	4.492	4.265	4.963
2010	4.543	4.533	5.709	4.862	3.955	4.321	4.470	4.908
2011	4.744	4.537	5.935	4.077	3.613	4.748	3.785	4.099
2012	4.471	4.303	4.773	4.171	3.554	4.972	3.667	4.088
2013	4.468	4.293	4.645	4.258	3.489	5.012	3.549	4.084
2014	4.812	4.288	4.728	4.136	3.391	4.974	3.427	4.323
2015	4.673	4.282	4.885	4.125	3.374	5.110	3.383	4.125

注：原始数据来自 2006—2015 年各城市统计年鉴。

由表 5-3 可见，长三角地区城市的居民收入差距存在较大差异性，计算每座城市十年间的收入不良指数平均值，发现收入差距最小的城市为扬州市，收入不良指数为 3.125，收入差距最大的城市为宁波市，收入不良指数为 5.674，地区均值为 4.499，可见不仅地区整体收入差距较大，各座城市之间的收入差距也有很大差异。这种差异归因于地区间经济发展差异、开放水平差异、人口年龄结构等复杂因素，其与金融服务业集聚程度之间的关系需要进一步研究。同时观察发现，收入不良指数呈现逐年递减趋势，说明长三角地区居民收入差距在逐步缩小。

5.4.2 模型设定

1) 计量模型设定

本章旨在研究长三角地区金融服务业的集聚对居民收入差距的影响,综合考虑纵向的时间序列和横向各城市之间的差异因素,同时剔除数据不全可能对结果造成的偏差影响,本章选取2006—2015年16座城市的平衡面板数据模型进行实证分析,利用多元线性回归模型对金融服务业集聚程度和居民收入差距之间的关系进行回归分析。

平衡面板数据多元线性回归模型的一般形式为:

$$Y_i = \beta_0 + \beta_1 X_{1i} + \beta_2 X_{2i} + \cdots + \beta_k X_{ki} + \mu_i \tag{5-2}$$

式中,i取值为1至n的正整数;β_0为常数项;k为解释变量的个数;$\beta_j(j=1,2,3,\cdots,k)$为回归系数;$\beta_1$为$X_1,X_2,\cdots,X_k$固定时,$X_1$每增加一个单位对$Y$的效应,即$X_1$对$Y$的偏回归系数。

具体到本研究样本中,根据对变量选取的结果,构建模型如式(5-3)。

$$IPI = \beta_0 + \beta_1 \times FIQ + \beta_2 \times \ln(CV) + \mu \tag{5-3}$$

式中,IPI是收入不良指数,作为被解释变量,用以反映居民收入差距;FIQ为金融区位熵,作为解释变量,用以反映金融服务业的集聚程度;CV为控制变量,分别为经济发展水平(ED)、外商直接投资(FDI)、开放水平($OPEN$)及城市人口水平(URB),由于控制变量经常出现自相关及异方差等问题,为了消除不良影响及化大为小,对控制变量做取自然对数处理;μ为随机误差项。

2) 变量选取

(1) 被解释变量:收入不良指数(IPI),反映居民收入差距的指标,IPI指数越高,说明居民收入差距越大。

(2) 解释变量:金融区位熵(FIQ),反映金融服务业集聚程度的指标,FIQ指数越大,说明金融服务业集聚程度越高。

(3) 控制变量:

①经济发展水平(ED):在国内外学者的理论研究中多数都提到,收入差距与地区的经济发展水平密切相关,同时金融服务业的发展也与经济发展相互促进,因此经济发展水平是影响金融集聚程度和收入情况的重要因素,需要考虑其对模型的影响。本研究选取每个城市的人均GDP(单位:万元)作为衡量经济发展水平的指标。

②外商直接投资(FDI):长三角地区作为中国沿海开放城市的门户,其经济体量与外商的活动行为有很大关联,外商直接投资的进入改变了金融资本的存量,也影响了当地金融服务业的集聚水平,因此考虑用外商直接投资的实际利用外资额(单位:亿美元)作为控制变量。

③开放水平(OPEN):与FDI一样,研究长三角地区的经济金融相关问题就必须考虑到地区的开放程度,很多学者的研究成果也表明,沿海地区的贸易开放程度在一定程度上拉大了其与其他城市的收入差距水平。因此引入了进出口贸易总额(单位:亿美元)作为控制变量。

④城市人口水平(URB):城市化水平也影响着区域经济发展,城市的基础设施建设、环境、集聚效应、人口密度等影响城市的等级,城市的综合实力影响各类服务业的集聚发展,所以把城市人口水平纳入控制变量,用人口密度表示(单位:人/km^2)。

3) 数据来源

以上计算所用到的所有原始数据,城市一级数据均来自2006—2015年间各城市发布的统计年鉴光盘版或电子版,省级数据来自《江苏省统计年鉴》和《浙江省统计年鉴》,国家级数据来自《中国统计年鉴》及《中国城市统计年鉴》,个别城市个别年份统计数据的缺失已在各小节测量方法中标明,补全方法为利用计量软件产生预测值。

5.4.3 结果分析

1) 回归结果

(1) 本研究使用计量经济软件Eviews6.0做回归分析。首先是不对数据进行分组,不加入控制变量的一次简单多元线性方程回归,结果如表5-4。

表5-4 全数据模型估计结果

	结果
C	4.264***
	(28.959)
FIQ	0.132
	(1.507)
R^2	0.018
调整后R	0.010
F值	2.270

注:(1) C为常数;(2) 每个变量对应两行值,第一行为系数估计值,第二行括号里的数字为该系数的t检验值;(3) ***、**和*分别表示1%、5%和10%的显著性水平。

第五章　金融服务业集聚对居民收入差距影响的研究——以长三角16座中心城市面板数据为例

由该回归结果可见,FIQ 系数为正,表明金融服务业集聚与居民收入差距存在一定程度上的正相关关系,但是尚未达到10%的显著性水平,相关性并不十分明显,且该回归结果的可决系数过低,方程的解释程度并不高,猜想可能是由于金融服务业集聚水平的不同对居民收入差距有不同的影响,两种不同的作用扰乱了该效应的单一表现性,从而降低了模型的解释程度,因此考虑将数据分组分别研究,便于组内对比和组间对比。

按照金融区位熵的降序排列,将高于全国平均水平的城市上海、杭州、宁波、舟山、镇江、无锡、台州、苏州、南京、湖州、泰州分为一组,称为高值组,低于全国平均水平的城市南通、常州、绍兴、嘉兴、扬州分为一组,称为低值组,分别进行多元线性回归。

(2) 表 5-5 为高值组不加入控制变量和加入控制变量的回归结果。

表 5-5　高值组模型估计结果

	结果(1)	结果(2)
C	4.589***	19.017***
	(21.610)	(8.565)
FIQ	−0.017	−0.165*
	(−0.170)	(−1.300)
$\ln ED$		1.241***
		(5.816)
$\ln FDI$		0.033
		(0.325)
$\ln OPEN$		−0.412***
		(−3.501)
$\ln URB$		−0.426**
		(−2.386)
R^2	0.000	0.414
调整后 R^2	0.016	0.374
F 值	0.866	10.435
赤池信息准则	2.201	1.940

注:(1) C 为常数;(2) 每个变量对应两行值,第一行为系数估计值,第二行括号里的数字为该系数的 t 检验值;(3) ***、** 和 * 分别表示1%、5%和10%的显著性水平。

结果(1)列是没有加入控制变量的回归结果,结果(2)列是加入控制变量之后的结果,由两组回归方程的结果可见,无论是否加入控制变量,金融区位熵前的系数均为负数，未加入控制变量时的回归系数为－0.017，加入后的回归系数为－0.165，未加入控制变量的线性回归结果比较杂乱，相伴概率偏大未通过显著度检验，调整后的可决系数显示该样本观测值能被模型解释的程度微乎其微。得出这种结果是由于在金融集聚度较高的城市中，影响居民收入差距的因素多且复杂，两者所呈现出来的关系并非简单的线性关系，或者说这种线性关系被其他因素干扰而变得不明显，因此考虑加入控制变量最大限度地消除其他因素的影响。

加入控制变量后的回归结果，金融区位熵前的系数为负，相伴概率约达到10%的显著性水平，表明在金融服务业集聚程度较高的城市中，居民收入差距与金融服务业的集聚程度有显著的负相关关系，即金融集聚程度越高，居民收入差距越小。需要提到的是，虽然10%的显著性水平并不高，但是由于各城市在按收入分组公布人均可支配收入时，可能存在很多隐性收入没有纳入统计的情况，而且对于居民收入差距的测量，一定程度上涉及个人隐私问题，中国传统思想中"不露富"的部分起作用，导致官方给出的有效统计数据也不能十分准确地衡量居民收入差距。本研究认为真实的居民收入差距应该高于统计结果，因此10%的显著性水平也在可接受范围。而且加入控制变量后，可决系数明显提高，赤池信息准则有所降低，证明该方程对样本数据的解释能力明显提高。

除金融集聚程度与居民收入差距的负相关关系外，还可以发现经济发展水平和开放水平均通过了1%的显著性检验，城市人口水平通过了5%的显著性检验，显示开放水平、城市人口水平与居民收入差距存在显著的负相关关系，开放水平、城市人口密度越高，居民收入差距越小；经济发展水平与居民收入差距存在显著的正相关关系，经济发展水平越高，收入差距越大。

(3) 表5-6为低值组不加入控制变量和加入控制变量的回归结果。

表5-6 低值组模型估计结果

	结果(1)	结果(2)
C	1.120**	－0.442
	(2.075)	(－0.143)
FIQ	3.450***	1.725**
	(5.887)	(2.490)
$\ln ED$		0.256
		(0.816)
$\ln FDI$		0.782*
		(1.977)

续表 5-6

	结果(1)	结果(2)
ln*OPEN*		0.253
		(1.305)
ln*URB*		0.967***
		(4.139)
R^2	0.520	0.727
调整后 R^2	0.505	0.678
F 值	34.659	14.926
赤池信息准则	1.970	1.640

注：(1) C 为常数；(2) 每个变量对应两行值，第一行为系数估计值，第二行括号里的数字为该系数的 t 检验值；(3) ***、**和*分别表示 1%、5%和 10%的显著性水平。

与上文方法相同，将低值组数据按是否加入控制变量进行两次多元线性回归，结果(1)列为未加入控制变量的回归结果，结果(2)列为加入控制变量后的结果。未加入控制变量的结果显示，金融区位熵前系数为正，即居民收入差距与金融集聚程度具有正相关关系，金融集聚程度越高，收入差距越大，金融业的集聚发展反而拉大了收入差距，且相伴概率通过了 1%的显著性检验，证明这种相关度是极其显著的。加入控制变量后，两者关系依然为正相关，相伴概率通过了 5%的显著性检验，虽然相关显著度略有所下降，但方程的拟合优度从 50.5% 上升到 67.8%，赤池信息准则从 1.97 下降到 1.64，证明加入控制变量后的方程能更好地描述变量之间的关系，因此选择后者作为最优方程。

由表 5-6 还可以看出，收入差距除与金融集聚程度有关外，城市人口水平与外商直接投资也分别通过了 1%和 10%的显著性检验，居民收入差距与城市人口水平、外商直接投资有显著正相关关系，人口水平越高、外商直接投资额越大，收入差距越大。

将高值和低值两组结果对比发现，各变量对居民收入差距的影响有很大不同，首先在金融集聚程度较高的城市中，二者为负相关关系；在金融集聚程度较低的城市中，二者则为正相关关系，这就从实证检验的角度证实了前文的理论推导和假设。在金融集聚程度较高的城市中，更多的居民可以享受金融发展带来的福利，这些城市一般经济发展水平较高，本身居民的可支配收入就比较高，又因为证券、期权、股票等金融产品及衍生品的普及，资金在金融市场中进一步升值，从而获得更大的利润，金融服务业的门槛效应在这些金融发达城市体现得并不明显，金融服务可以很好地普及到各个收入等级的居民身上，从而在一定程度上缩小了居民收入差距。但在金融发展程度尚低的城市中,这种门槛效应却很明显,只有少部分的富人才能享受到金融业带来的本金升值服务,穷人由于初始资金不足,加上金融理财知识缺乏,无法享受金融服务业发展带来的福利,所以造成富人更有钱、穷人更贫穷的两极分化局面,使居民收入差距进一步拉大。

另外,各控制变量对居民收入差距的影响也不尽相同,在通过显著性检验的几组控制变量中,高值组城市人口水平与居民收入差距呈负相关关系,低值组呈正相关关系,高值组开放水平与收入差距呈负相关关系,低值组呈正相关关系。出现这种差异应该是由于不同城市的主要产业及发展推动力不同,利用资源的方式也不尽相同,导致各类影响因素对居民收入差距的影响也不同,而且不同时间跨度所呈现出来的形式也不同。本研究范围较小,可能没有考虑到其他复杂因素,控制变量不做深入研究。

2) 稳健性检验

稳健性检验是为了检验实证结果是否会随着变量或样本区间的改变而改变,即验证实证结果是否具有稳定性。如果因为删减、替换掉某个或某几个变量,扩大或缩小时间范围,线性关系就发生改变或变得不显著,那么认为该实证结果不具有稳定性。由前文分析可知,无论是高值组还是低值组,城市人口水平都与自变量居民收入差距有显著相关性,因此本次检验删掉该控制变量,看是否会改变其他变量之间的相关性。如果回归结果显示即使删掉该变量依然不影响其他变量之间的正负关系和显著性,那么认为该实证结论是稳健可信的。

表 5-7 为删掉城市人口水平后的两组模型估计结果。

表 5-7　删掉城市人口水平后的两组模型回归结果

	结果(1)	结果(2)
C	16.810***	0.761
	(8.379)	(0.223)
FIQ	−0.363***	2.880***
	(−3.668)	(4.744)
$\ln ED$	1.273***	0.073
	(6.602)	(0.198)
$\ln FDI$	0.022	0.131
	(0.269)	(0.483)
$\ln OPEN$	−0.430***	0.288
	(−4.810)	(1.338)
R^2	0.388	0.461

续表 5-7

	结果(1)	结果(2)
调整后 R^2	0.360	0.400
F 值	13.467	7.496

注:(1) C 为常数;(2) 每个变量对应两行值,第一行为系数估计值,第二行括号里的数字为该系数的 t 检验值;(3) ***、** 和 * 分别表示 1%、5% 和 10% 的显著性水平。

表 5-7 中,结果(1)列表示高值组删掉城市人口水平后的回归结果,结果(2)列表示低值组删掉该变量后的回归结果。可见,删掉两组共有的线性关系显著的控制变量城市人口水平后,两组结果中金融区位熵依然通过了 1% 的显著性检验,且正负相关性没有改变,其他控制变量的符号也均与之前相同,证明原模型的自变量和因变量之间的关系具有稳定性。由此可见本研究的结论具有可信性。

5.4.4 小结

本章在前文理论分析的基础上进行了实证检验,首先分别用金融区位熵指数和收入不良指数量化集聚程度和居民收入差距,对 16 座城市的金融集聚和收入分配情况进行初步分析;然后选取平衡面板数据多元线性回归模型,以收入不良指数为被解释变量,金融区位熵为解释变量,另外选取经济发展水平、外商直接投资实际额、开放水平和城市人口水平四个指标作为控制变量,对样本数据进行相关性检验。结果显示,在金融集聚程度较高的地区,集聚程度和收入差距之间是负相关关系,即集聚程度越高,收入差距越小;在集聚程度较低的地区则正好相反,二者变成了正相关关系,即集聚程度越高,收入差距反而越大。实证检验结果支持了假设 3,即居民收入差距随金融集聚的发展程度呈现先拉大再缩小的"倒 U 型"关系,该结论也通过了稳健性检验,据此,本研究将在下一节提出相关政策建议。

5.5 结论与建议

至此,我们可以得出结论:在长三角地区金融集聚程度较高的城市中,金融服务业的集聚可以缩小居民收入差距,同时城市的开放水平、人口水平越高,居民收入差距越小;经济发展水平越高,收入差距越大。在金融集聚程度较低的城市中,金融服务业的集聚反而进一步拉大了居民收入差距,除此之外,居民收入差距还与城市人口水平、外商直接投资有显著的正相关关系,人口水平越高、外商直接投资额越大,收入差距越大。以上结论均通过了稳健性检验。总体来说,本章的假设 3

比较符合事实,居民收入差距随金融集聚的发展程度呈现先拉大再缩小的"倒U型"关系。

综合前文的理论分析和实证检验,针对如何既照顾金融服务业的发展又有效抑制收入差距的拉大,本研究给出了几点政策建议:

1) 建立公正合理的金融发展机制

现有的金融服务体系更多是服务于高收入群体、大企业,创业型的小微企业常出现投融资困难、税收负担过重、资金短缺等一系列问题而"中道夭折",农村困难群体也因为无法享受到全面的金融服务而持续徘徊在贫困线以下,所以需要完善金融服务体系,推进金融市场化改革,降低贫困用户的准入门槛,最大限度地提高金融服务均等化;政府要出台相关政策对金融业的发展进行恰当的引导,公平和效率两难的情况下更要照顾公平,加快金融制度性改革,完善金融投资环境;另外,也要适当扶持金融辅助行业,不能一味提升金融集聚程度而造成社会经济不平等,重视弱势群体权益的实现,让金融业的发展真正惠泽全体居民。

2) 鼓励金融机构多元化发展

在金融发展较落后的地区,很大程度上是因为金融信息较匮乏、市场份额有限,导致金融机构只盯紧信贷、小额储蓄存款等单一业务,盈利模式千篇一律,又没有足够的客户满足金融服务业进一步扩张的需求,供给和需求不平衡,严重限制了金融业的进一步发展。此时需要政府加强对金融多元化发展的引导,例如放宽信贷约束,开发针对贫困人口群体的小额金融理财产品,对融资困难的成长型小微企业提供低息贷款,建立互助金融模式等。政策倾斜具有很强的导向性,既能拓宽金融发展新渠道,又能照顾到低收入群体,在提高低收入群体的收入水平方面发挥作用,对收入差距的缩小有一定的正向作用。

3) 出台辅助政策与金融互补发展

金融服务业集聚与经济发展是相互促进的关系,但是金融集聚与居民收入差距之间的关系却会受到很多因素的影响。政策上除了直接对金融业予以倾斜外,在相关领域也要出台新政策进行辅助,从而形成与金融集聚互补发展、良性循环的格局。例如加大对高新科技产业的扶持,变劳动力密集或资源密集型产业为技术密集型,优化地区产业结构;加大对教育事业、文化产业的投入,实现地区教育均衡发展,提升人力资源质量;规范收入分配格局,再分配更加注重公平,调高最低工资标准,提高劳动保障水平,调节过高收入,取缔非法收入;通过辅助政策的互补使金融发展过程中的门槛效应弱化,从各个渠道缩小收入的不平等性。

4）加强地区间的金融合作

金融集聚发展的最高阶段为金融一体化，区域内完全打破隔阂，实现资金、信息、产品的自由流通，共享资源，共同服务于客户。实现金融一体化首先需要各地区打破行政区域的隔阂，金融集聚水平高的中心城市充分发挥自己的辐射带动作用，促使金融资源从集聚水平高的城市扩散至周边发展水平尚低的其他城市。长三角地区就是金融辐射作用的优秀范例，上海凭借其优越的金融中心地位，将金融服务业扩散至周边城市，形成了长三角金融集聚城市群。该模式也可以被其他地区借鉴推广，经济中心周边城市可以根据自身的金融产业优势环节进行双向式的互补发展，从而更好地推进区域金融一体化，双向受益，最大限度地提升地区经济实力，缩小收入差距。

参考文献

[1] [德]阿尔佛雷德·韦伯. 工业区位论[M]. 北京：商务印书馆，1997.
[2] Button K J. Urban Economics：Theory and Policy[M]. London：The Macmillan Press，1976.
[3] Behrens K，Duranton G，Robert-Nicoud F. Productive Cities：Sorting，Selection，and Agglomeration[J]. Working Papers，2010(11)：1-27.
[4] 任淑霞. 金融集聚与城市经济增长研究[D]. 北京：北京邮电大学，2011.
[5] 施卫东，高雅. 金融服务业集聚发展对产业结构升级的影响：基于长三角16个中心城市面板数据的实证检验[J]. 经济与管理研究，2013(3)：73-81.
[6] 李丽颖. 金融服务业集聚和战略性新兴产业集聚协同发展研究[D]. 贵阳：贵州财经大学，2016.
[7] 马斌，张富饶. 城乡居民收入差距影响因素实证分析[J]. 中国农村经济，2008(2)：53-59.
[8] 王力. 我国居民收入差距的测度及其影响因素研究[D]. 大连：东北财经大学，2012.
[9] 孙敬水，黄秋虹. 中国城乡居民收入差距主要影响因素及其贡献率研究：基于全国31个省份6 937份家庭户问卷调查数据分析[J]. 经济理论与经济管理，2013(6)：5-20.
[10] 霍炳男. 中国城乡居民收入差距影响因素的实证检验[J]. 统计与决策，2017(4)：110-112.
[11] Cagetti，Marco，Mariacristina De Nardi. Entrepreneurship，Frictions，and Wealth[J]. Journal of Political Economy，2006，114：835-870.
[12] Chakraborty，Shankha，Tridip Ray. The Development and Structure of Financial Systems[J]. Journal of Economic Dynamics&Control，2007，31：2920-2956.
[13] 张宏彦，何清，余谦. 中国农村金融发展对城乡收入差距影响的实证研究[J]. 中南财经政法大学学报，2013(1)：83-88+160.

[14] 刘玉光,杨新铭,王博.金融发展与中国城乡收入差距形成:基于分省面板数据的实证检验[J].南开经济研究,2013(05):50-59.

[15] 鲁尧.金融发展与城镇居民收入差距的关系[D].济南:山东大学,2017.

[16] [英]亚瑟·梅丹.金融服务营销学[M].北京:中国金融出版社,2000:99.

[17] Davis E P. International Financial Centers:An Industrial Analysis[J]. Bank Of England Discussion Paper,1990:1-23

[18] Kindleberger C P. The Formation of Financial Centers:A Study in a Comparative Economic History[R]. Cambridge:MIT Working Papers,1973.

第六章

金融集聚与城镇化的空间计量分析

——以浙江为例

6.1 绪论

金融是经济的核心,自从20世纪末,有关金融领域的研究就一直是经济研究的热点。随着全球经济迅速发展,一体化趋势不断加强,金融全球化也不断推进,金融业在我国也取得了蓬勃发展。产业的发展伴随产业的集聚,20世纪70年代以来,金融集聚成为金融发展的重要特征,并且趋势日益明显,成为现代金融发展的必然结果。在我国金融产业迅速发展的同时,也不断形成金融集聚现象,这体现在金融服务体系的全面发展,金融机构和金融服务人才的增长与集聚态势。金融集聚效应,在一定程度上通过溢出效应,带来了区域经济的快速发展,并有力地推动了城市化的发展。

城市化是衡量一个国家经济发展程度的重要指标,是我国正在大力推进的国家重点战略之一,也一直是国内外研究的热点问题。改革开放以来,我国经济发展迅速,但是同时也存在严重的结构性问题,比如贫富差距仍然较大、城乡资源分布不均、城市化相对落后等,对进一步的工业化起到制约作用。因此,推动城市化良性发展和结构性协调发展是当务之急,需寻找一条卓有成效的路径。

城市化的进程与金融集聚密不可分,有不少研究证明,金融集聚对经济发展有显著推动作用,金融集聚水平不断提高,进而或通过产业集聚形成集聚中心,或通过降低成本吸引相关产业集聚,吸引劳动力或人才向中心靠拢,促进城市化的发展。浙江省是我国经济大省,其城市化水平高于全国平均水平,金融业发展也在全国占据领先地位,因此,通过研究浙江省金融集聚与城市化的关系,探寻促进城市化水平提高的成功路径,对我国推动城市化建设有着借鉴意义。

从中华人民共和国成立到现在,中国的城市化发展历程已经经历了70多年的风风雨雨,这其中有收获也有忧虑。当今中国经济快速发展,工业化水平不断提高,然而城市化的脚步却一度落后,同时城市化进程中出现了如农民工、城中村、土地城市化与人口城市化异速等问题。在经济下行压力增大,人口红利期即将结束,我国经济到达刘易斯拐点的时刻,如何推动城市化进程,为经济高质量转型发展做支撑成为关注焦点,因此,我国迫切需要加速城市化发展,推动城市化转型。

不少研究证明,金融集聚对于区域经济的发展带动和对于城市化水平的提升有着不容小觑的作用,产业发展、产城融合、城市化的推进都需要金融集聚做支撑。浙江省是我国第四经济大省,2018年底地区生产总值达 56 197.15 亿元,比上年增长 7.1%,城市化水平达 68%,金融业就业人数占全省就业人口总数的 1.2%。浙江省在全国经济增长压力增大的同时,经济仍保持较快的增速,是我国经济发展的高质量代表,而浙江省的经济发展与金融集聚密不可分。因此,以浙江省为例,探究金融集聚对城市化发展的作用具有重要借鉴和启示意义。

金融集聚的相关理论已有四十年左右的发展历史,有关金融集聚的研究也较为透彻和成熟,但具体的有针对性的研究还有一定的研究意义,尤其是关于我国的具体地区的金融集聚对城市化发展的研究还存在研究的空间,因此本章着重于浙江省的金融集聚对城市化发展的影响,进行实证研究,以得到结果,进而提出可能的建议。

本章将理论分析与实证研究相结合,在理论研究上,对金融集聚和城市化的定义进行简要辨析,同时就金融集聚产生的原因和金融集聚对城市化发展的影响机制进行分析;在实证分析上,收集了浙江省 2009—2018 年 10 年的相关统计数据,进行整理和统计分析,探究浙江省金融集聚与城市化发展的关系,提出相应的政策建议。

6.2 文献综述与理论分析

6.2.1 国外研究现状

1974 年,金融集聚一词由 Kindleberger 首次提出,他把金融集聚描述为市场上存在的形成规模经济的积聚力量,在不同市场上形成的金融集聚力量,一般银行或者其他金融机构会在一个特定的地区,进行空间上的集聚,进而产生集聚效应,形成规模经济,此为金融集聚[1]。当然在这之前,德国经济学家 Losch 将金融因子和地理区位结合[2],以及 Labasse Jean 对金融机构对城市发展与支持的影响研究也是对金融集聚的启发[3]。

对于金融集聚对城市化的影响,国外学者也做了相应的研究。从资本积累方面,McKinnon认为金融资产存在"渠道效应",金融集聚对金融资产的积累,促进了经济的增长,进而促进就业和城市化,然而这同时会产生区域经济发展不平衡现象[4]。从基础设施建设方面,King对欧洲各国经济进行研究,证明了金融集聚会促进各国增加对基建的投资,从而促进城市化的发展[5]。在资源流动与配置方面,Risto探究了金融集聚对城市发展的作用[6]。在信息与资源共享方面,Rousseau认为金融集聚能够促进共享,从而推动资金融通与利用,通过产业升级促进城市化[7]。

6.2.2 国内研究现状

国内对金融集聚研究也较为全面,李思霖、魏修建从城市、省份、区域三个层面对我国金融集聚与经济增长存在的空间相关性进行了分析,发现金融集聚会加速向较发达地区集聚,空间溢出效应显著,带动经济增长[8]。王文静、侯典冻发现全国各地区的金融集聚水平和产业结构升级之间存在长期稳定的均衡关系,但金融集聚对产业结构升级的影响还有待提高[9]。许宁等利用我国249个地级以上城市的面板数据进行实证研究,证明了金融集聚能够提升本地区的绿色经济效率,并且存在溢出效应[10]。修国义等发现区域内金融集聚与科技创新效率存在非线性关系,门槛效应显著[11]。李健旋、赵林度认为金融集聚扩散阶段还没有到来之前,金融集聚倾向于扩大城乡收入差距,从而对国家缩小城乡收入差距的政策产生抑制作用等[12]。

其中,对于金融集聚对城市化的研究,国内研究也覆盖了各大城市群,如龙云安等对川渝城市群的探究,证明了金融深化和金融集聚均会对周边区域发展产生影响[13]。苟小菊、牛传涛以江淮城市群为例,探究了江淮城市群金融集聚对人口城镇化有促进作用[14]。陈启亮等基于中国省域面板数据分析得出"城市拥挤效应"强于"城市经济效应",导致城市化进程与金融集聚路径相悖[15]。王建植在要素价格扭曲的视角下探究金融集聚对城市化的作用,结果表明在一定界限之内,金融集聚将通过极化效应提升城市化,当超过某一特定界限值时,金融集聚将会阻碍城市化进程[16]。

6.2.3 金融集聚对城镇化影响机制分析

金融是一国经济的核心,经济的发展促进金融产业的发展,随着金融产业的发展和金融聚集程度的不断加深,又会对经济发展起到显著的带动作用,二者相互促进、相互协调。

借鉴 Redding 和 Venables,韩峰等的分析思路[17,18],从需求方面分析城市化可以发现,城市化水平的提高依赖于储蓄积累、资本投资、有效的市场经济、一定的产业规模和产业集聚等,而金融集聚正是提供了这些条件,满足了城市化发展的需要。从供给角度看,金融集聚正意味着储蓄的积累程度提高,金融机构数量的增加能够有效提高投资的便捷性和可得性,拉动资本投资增长;同时可以通过金融机构以及金融服务促进资源的有效配置,推动建立高效的市场经济;金融集聚产生金融知识与技术的溢出效应,同时推动城市的创新活动发展,从而不断自我强化,进一步推动城市的建设;金融集聚通过溢出效应等为城市内的产业提供充足的资金支持,加速相关产业的发展集聚,同时由于产业集聚的报酬递增和自我强化,形成产业格局,吸引大量劳动力和人才,形成一种良性循环,从而促进城市化的发展。

6.2.4 小结

本节就金融集聚与城镇化的研究主题对国内外学者的相关文献进行整理与分析,可以看出国内外学者对于金融集聚的研究是较为全面的,而在金融集聚与城市化的研究方面,国内学者的研究基本覆盖了各大城市群。经过总结可知,金融集聚无疑能够促进城市化的发展,为下文的分析提供了理论基础。

6.3 金融集聚与城镇化的度量

6.3.1 金融集聚度量方法

集聚成为研究热点已久,从克鲁格曼和藤田昌久等学者以空间角度研究集聚效应对经济增长的影响开始,集聚与经济增长就有了密切的联系。其中,金融集聚是一个重要的研究方向,金融集聚的度量方法也多种多样,经过查阅文献可得,主要的度量方法有三类,即指标体系法、集聚指数法和借鉴产业集聚的度量方法。其中借鉴产业集聚的度量方法主要有区位熵、空间基尼系数、雷达图和 EG 指数等。

本章选用普遍采用的区位熵方法对金融集聚进行度量。区位熵是区域经济分析中常用的一个指标,主要是考察某个产业在某个区域经济活动中的表现,对于衡量产业专业化来说,它是一个十分重要的指标。区位熵的计算公式如下:

$$LQ = \frac{G_{ij}/G_i}{E_{kj}/E_k} \quad (6-1)$$

式中，G_{ij} 表示区域 i 内 j 产业的就业总人数；G_i 表示区域 i 内的就业总人数；E_{kj} 表示省份 k 内 j 产业的就业总人数；E_k 表示省份 k 内的就业总人数。本章利用浙江省各市的城镇金融部门从业人数占该地区总就业人数的比例与国家城镇金融部门就业人数占全国总就业人数的比例之比来测算。LQ 数值越大，则说明该地区的金融业集聚程度越高，反之，LQ 数值越小，则说明该地区的金融业集聚程度越低。

6.3.2 城市化水平度量方法

城市化水平的测度研究也历史悠久，方法成熟，主要包括人口比重指标法、城镇土地利用比重指标法、调整系数法。本研究采用人口比重指标法来计算浙江省城市化水平，即城镇人口和总人口的比值，计算方法如下：

$$U = \frac{P_c}{N} \times 100\% \tag{6-2}$$

式中，U 代表城镇化率；P_c 代表城镇人口数；N 代表城市总人口数。U 数值越大，则说明该地区的城市化水平越高；反之，U 数值越小，则说明该地区的城市化水平越低。

6.3.3 浙江城市群金融集聚和城市化水平的度量

1）浙江城市群金融集聚水平度量

本章采用浙江省金融区位熵来表示浙江省的金融集聚水平，即浙江各市城镇金融部门就业人数占该市就业总人数的比重与全国城镇金融部门就业人数占全国总就业人数的比重之比来测算。区位熵值越大，表明该地区的金融业集聚程度越高。经计算，浙江各市金融区位熵如表6-1所示。

表6-1 浙江各市金融区位熵

城市	2009	2010	2011	2012	2013	2014	2015	2016	2017	2018
杭州市	0.935 9	0.897 2	0.865 5	0.916 5	1.089 0	1.053 7	1.100 7	1.112 2	1.025 4	0.976 8
宁波市	1.096 7	1.039 8	1.007 8	1.120 3	1.410 6	1.338 3	1.329 3	1.432 6	1.329 4	1.374 4
温州市	0.707 3	0.669 9	0.750 5	0.648 9	0.806 3	0.834 3	0.857 2	0.827 9	1.378 5	1.383 8
嘉兴市	1.080 5	0.952 1	0.998 3	0.924 7	1.089 1	1.116 6	1.135 7	1.108 2	0.887 2	0.675 5
湖州市	0.567 5	0.505 6	0.496 7	0.528 0	0.529 0	0.579 5	0.539 0	0.503 5	1.174 5	1.203 5
绍兴市	1.064 0	1.125 1	1.151 6	1.194 0	1.420 2	0.656 9	0.626 2	0.555 1	0.556 0	0.482 6
金华市	0.736 2	0.746 0	0.699 6	1.169 8	1.382 5	1.361 1	1.385 5	1.447 4	1.239 1	0.664 0
衢州市	1.216 5	1.179 3	1.216 1	0.924 4	1.099 2	0.991 8	1.040 2	1.033 2	2.718 1	2.591 8

续表 6-1

城市	2009	2010	2011	2012	2013	2014	2015	2016	2017	2018
舟山市	2.2121	2.0457	2.0058	1.9388	2.0638	2.1848	2.5105	2.6384	1.4215	1.3333
台州市	1.3469	1.3528	1.2592	1.3002	1.3071	1.2198	1.4043	1.4654	1.3740	1.4218
丽水市	1.5857	1.6351	1.6313	1.8071	2.2805	2.2873	2.8188	2.7416	2.9629	2.7003

2）浙江城市群城市化水平度量

通过数据收集与计算得到浙江省各市城市化水平，数值越大，表示该市城市化水平越高；数值越小，表示城市化水平越低，结果如表 6-2 所示。

表 6-2　浙江各市城市化水平

城市	2009	2010	2011	2012	2013	2014	2015	2016	2017	2018
杭州市	69.5	73.3	73.9	74.3	74.9	75.1	75.3	76.2	76.8	77.4
宁波市	63.7	68.3	69.0	69.4	69.8	70.3	71.1	71.9	72.4	72.9
温州市	60.7	66.0	66.3	66.7	67.0	67.2	68.0	69.0	69.7	70.0
嘉兴市	51.2	53.3	54.4	55.3	57.1	59.2	60.9	62.9	64.5	66.0
湖州市	50.7	52.9	53.3	55.5	56.0	57.4	59.2	60.5	62.0	63.5
绍兴市	57.7	58.6	59.3	60.1	61.0	62.1	63.2	64.2	65.5	66.6
金华市	58.4	59.0	60.0	61.4	62.2	63.3	64.5	65.7	66.7	67.7
衢州市	41.1	44.1	44.8	46.6	47.7	49.0	50.7	53.7	55.7	58.0
舟山市	62.4	63.6	64.3	65.3	65.8	66.7	66.9	67.5	67.9	68.1
台州市	51.7	55.5	56.0	56.9	58.1	59.5	60.3	61.3	62.2	63.0
丽水市	41.8	48.4	50.5	52.5	53.8	55.2	56.4	58.0	59.7	61.5

6.3.4　小结

本章选用区位熵方法对金融集聚进行度量，以浙江省金融区位熵来表示浙江省的金融集聚水平，采用人口比重指标法来计算浙江省城市化水平，经过计算得出浙江省各市金融区位熵以及浙江省城市群城市化水平。

6.4　空间计量模型构建

6.4.1　变量选择

1）解释变量

核心解释变量为金融区位熵系数 LQ，具体度量方法反映各市和我国整体的金融业金融集聚程度和金融部门的发展水平,考虑到数据的可得性,采用城镇金融部门就业人数占总人数的比重来度量。

2) 被解释变量

被解释变量为城市化率 U,具体度量方法反映浙江各城市的城市化水平,同时也反映了人口向城市聚集的状态。

3) 控制变量

本研究考虑到不同城市的人口密度可能会影响到一个城市对于金融业的需求程度和金融业的发展程度,因此将人口密度 PD 作为一个控制变量,用一市人口总数与该市土地面积比值来衡量,其值为单位面积土地上的人口数,反映区域内的人口密集程度。

此外,考虑到二、三产业的相关性和金融集聚水平受到不同的产业结构的影响,本研究还选取二、三产业从业人员数量比 STR 作为控制变量,以一个城市的二、三产业从业人员数和该市的总就业人数比值来衡量,反映该市的二、三产业就业情况与发展情况。

6.4.2 模型设定

根据上述变量,建立了单方程线性计量经济学模型,模型设定如下:

$$U = \alpha + \beta_1 LQ + \beta_2 PD + \beta_3 STR + \varepsilon \tag{6-3}$$

式中,被解释变量 U 为城市化率;β 为该模型的参数;解释变量 LQ 为浙江各市金融区位熵;人口密度 PD 和二、三产业从业人口比率 STR 为控制变量;ε 为随机误差项。

考虑到浙江各市的地理联系以及空间依赖,本研究将首先进行空间自相关性检验,构建 Moran's I 指数,检验解释变量 LQ 是否存在空间自相关,在存在空间自相关的前提下,构建空间计量经济学模型,进而进行估计和检验。

空间自相关是指一些变量在同一个分布区内的观测数据之间潜在的相互依赖性。当变量在某位置上的数据与其他位置上的数据间产生相互依赖,即空间依赖时,我们就需要进行空间自相关统计量的度量。因为本研究选取的数据为地理数据,由于受空间相互作用和空间扩散的影响,彼此之间可能不再相互独立,而是相关的。因此构建常用的 Moran's I 指数,进行检验。

首先引入空间权重矩阵,选用较常见的空间相邻矩阵,构造形式如下:

$$W = \begin{cases} 1, & i \text{ 地区与 } j \text{ 地区相邻} \\ 0, & i \text{ 地区与 } j \text{ 地区不相邻} \end{cases} \tag{6-4}$$

检验空间自相关系数常用方法是使用 Moran's I 指数。为了检验浙江各市金融集聚现象是否存在空间自相关性,运用空间自相关指数 Moran's I,其计算公式如下:

$$\text{Moran's I} = \frac{n\sum_{i=1}^{n}\sum_{j=1}^{n}W_{ij}(X_i-\overline{X})(X_j-\overline{X})}{\sum_{i=1}^{n}\sum_{j=1}^{n}W_{ij}\sum_{i=1}^{n}(X_i-\overline{X})^2} \quad (6-5)$$

式中,$\overline{X}=\frac{1}{n}\sum_{i=1}^{n}X_i$,$X_i$ 为区域 i 的观测值;n 为地区数量;W_{ij} 为构建的空间权数矩阵的具体数值。

以 Moran's I 指数检验金融集聚,当各市经济行为正相关时,该指数数值大;当空间上邻近的城市数据显著地具有不同的属性时,就会呈现负的空间自相关;当城市数据相互独立时,为零空间自相关。

具体判断时,我们引用 z 检验,当 Moran's I 的正态统计量的 z 值均大于正态分布函数在显著性水平为 0.05 或 0.01 下的临界值 1.65(或 1.96)时,表示该变量在空间分布上存在明显的正向相关关系。若 Moran's I 不仅显著而且是正的,则表示相邻地区的类似特征值存在集群趋势。反过来,若 Moran's I 仅显著但是其值为负,则表明相邻地区的观测值存在非常显著的差异。

本章采用浙江省 2009 年到 2018 年 11 个市的面板数据为研究对象,建立空间计量模型,分析金融集聚与城市化的相关关系及作用机制。本研究建立空间自回归计量模型进行研究,模型结构如下:

$$Y_{it}=\alpha_{it}+\rho WY_{it}+X_{it}\beta_{it}+\mu_{it} \qquad \varepsilon \sim N[0,\sigma^2] \quad (6-6)$$

式中,Y 为因变量;X 为解释变量;W 为空间权数矩阵;β 为解释变量 X 的参数向量;ρ 为空间滞后项 WY 的参数,该参数衡量观测值之间的空间相互作用程度;μ 为随机干扰项。

6.4.3 数据来源

本研究根据数据的可得性和笔者能力,选取浙江省 11 市为研究对象,以 2009 年至 2018 年 10 年时间的数据为实证数据,进行相关研究。数据来源为 2009—2018 年《浙江统计年鉴》和中华人民共和国国家统计局的国家年度数据,借助 Eviews8.0 完成本次实证研究。

6.4.4 小结

本节介绍了实证分析的变量选择、模型设定与数据来源。核心解释变量为金融区位熵系数 LQ,被解释变量为城市化率 U,将人口密度 PD 以及二、三产业从业人员数量比 STR 作为控制变量。通过构建 Moran's I 指数,进行空间自相关性检验。采用浙江省 2009 年到 2018 年 11 个市的面板数据为研究对象,建立空间计量模型,数据来自 2009—2018 年《浙江统计年鉴》和中华人民共和国国家统计局的国家年度数据。

6.5 实证结果分析

6.5.1 金融集聚水平测度

经计算,浙江各市金融区位熵如表 6-1 所示。

由表 6-1 可知,浙江各市金融区位熵呈上升趋势,各市之间金融集聚发展水平有所差异,即各市的金融集聚或金融业发展水平略有不同,但整体来看,浙江省的金融集聚水平较高,有较高的金融区位熵系数。由此说明,浙江省各市已经有一定的金融集聚现象,金融机构集中,金融人才丰富、汇集,金融行业形成一定的影响力,有引导城市发展的可能。

6.5.2 城市化水平的测度

经过对数据的整理运行,得出浙江省各市的人口城市化水平,结果如表 6-2 所示。

由表 6-2 可知,浙江各市在 2009 年到 2018 年的 10 年过程中,城市化水平整体呈上升趋势,以杭州市、宁波市和温州市的城市化水平领先发展,其他市之间差别不大,总体来讲浙江省城市化水平较高,处于一个较为发达的阶段。

6.5.3 金融集聚空间自相关检验

利用空间权重矩阵(如表 6-3 所示),计算 2009—2018 年浙江 11 市的金融区位熵 Moran's I 指数,结果如表 6-4 所示。

表 6-3 空间权重矩阵

	杭州市	宁波市	温州市	嘉兴市	湖州市	绍兴市	金华市	衢州市	舟山市	台州市	丽水市
杭州市	0	0	0	1	1	1	1	1	1	0	0
宁波市	0	0	0	0	0	1	0	0	1	1	0
温州市	0	0	0	0	0	0	0	0	0	1	1
嘉兴市	1	0	0	0	1	0	0	0	0	0	0
湖州市	1	0	0	1	0	0	0	0	0	0	0
绍兴市	1	1	0	0	0	0	1	0	1	1	0
金华市	1	0	0	0	0	1	0	1	0	1	1
衢州市	1	0	0	0	0	0	1	0	0	0	1
舟山市	1	1	0	1	0	1	0	0	0	0	0
台州市	0	1	1	0	0	1	1	0	0	0	1
丽水市	0	0	1	0	0	0	1	1	0	1	0

表 6-4 金融集聚区位熵 Moran's I 检验结果

	I	E(I)	sd(I)	z	P-value
2009	0.293	−0.034	0.106	3.084	0.001
2010	0.323	−0.034	0.107	3.351	0.000
2011	0.326	−0.034	0.115	3.368	0.000
2012	0.322	−0.034	0.107	3.217	0.000
2013	0.323	−0.034	0.106	3.366	0.000
2014	0.306	−0.034	0.106	3.224	0.001
2015	0.300	−0.034	0.106	3.167	0.001
2016	0.293	−0.034	0.106	3.093	0.001
2017	0.281	−0.034	0.112	3.081	0.001
2018	0.274	−0.034	0.111	3.079	0.001

由金融集聚的 Moran's I 可以明显看出,金融集聚现象在空间上存在显著的相关性,即浙江各市的金融业发展在空间分布上存在明显的集聚现象。

6.5.4 空间计量模型的实证分析

建立空间自回归模型 SAR 进行检验。由表 6-5 可知,在 SAR 模型中,空间自回归系数的值为 −72.665 1,在显著性水平为 0.05 的条件下通过显著性检验,这说明浙江各市金融集聚与城市化水平存在明显的空间自相关性,与上述 Moran's I

检验的结果一致。但是系数为负,表明邻近城市经济的增长或者金融集聚的发展,对于本城市来说有一定的压力,或说相互之间存在一定的竞争,对城市化水平的提高有着负向的作用。

表 6-5 空间自回归模型(SAR)回归结果

解释变量	系数	T统计量	p值
LQ	0.412 0**	1.279 4	0.044 7
PD	0.033 2**	0.317 4	0.028 5
STR	0.000 0**	3.915 1	0.035 5
ρ	−72.665 1**	3.493 8	0.012 1

注:** 对应5%的显著性水平。

具体来看,LQ 的回归系数为0.412 0,在0.05的显著性水平下,通过显著性检验,说明金融集聚对经济增长有着显著的正向促进作用,金融集聚每增加一个单位,城市化水平提高0.412 0个单位。PD 的回归系数为0.033 2,在0.05的显著性水平下,通过显著性检验,说明人口密度对城市化水平有一定的影响,人口密度的提高有利于城市化水平的提高。STR 的回归系数为0.000 0,说明二、三产业的发展对于城市化水平提高的解释力不够,没有起到控制变量的作用,与金融集聚区位熵和人口密度相比,对于城市化的贡献度较低。

6.5.5 小结

实证分析结果表明,浙江省各市已经有一定的金融集聚现象,金融行业形成一定的影响力,有引导城市发展的可能。浙江各市在2009年至2018年间,城市化水平整体呈上升趋势,以杭州市、宁波市和温州市的城市化水平领先发展,其他市之间差别不大,总体城市化水平较高。从 Moran's I 指数可以看出,金融集聚现象在空间上存在显著的相关性。建立空间自回归模型 SAR 进行检验,结果表明浙江各市金融集聚与城市化水平存在明显的空间自相关性。金融集聚对经济增长有着显著的正向促进作用,人口密度对城市化水平有一定的影响,人口密度的提高有利于城市化水平的提高。二、三产业的发展对于城市化水平提高的解释力不够,与金融集聚区位熵和人口密度相比,对于城市化的贡献度较低。

6.6 结论与建议

通过金融集聚和城市化水平的空间计量结果分析发现,浙江省各市的金融集聚促进城市化的发展,即城市化进程与金融业发展水平有着正相关关系;金融集聚对于人口城市化的影响较大,促进作用大,而二、三产业从业人员数量或二、三产业从业人员比重的增加对于城市化发展的促进作用有限。针对实证结果,提出相应的建议如下。

1) 加快城市化协调发展的进程,促进资源共享

由实证结果可得,不同城市之间的金融集聚会对周边城市产生一定的压力,从而可能会对城市化发展和经济发展产生一定的不利影响,为了避免这种压力自我强化而产生过度放大作用,必须寻求一种机制加快城市之间的协调发展,避免恶性竞争。由于浙江省整体城市化水平较高,城市之间难免会产生资源争夺或人才争夺问题,因此,要促进资源共享,搭建城市间人才平台或资源平台,促进资源共享和城市协调发展。

虽然浙江省整体城市化水平较高,经济较发达,但仍存在内部的不均衡问题。作为全国经济大省,浙江省更应该重视整个省份的城市合作,起到带头示范作用,促进人员流通,促进城市合作,通过构建金融互联网来支持城镇化建设。

2) 完善推动户籍改革,通过人口要素推动城市化

在数据中我们也可以得到,各个城市的金融集聚和人口密度也存在一定的差异,尤其是人口密度差异大,而人口密度正是影响城市化水平一个较为重要的因素。因此,在现有改革的基础上,针对每个城市的不同情况进行具体的改革,同时以教育、医疗等措施配合,推动真正的人口意义上的城市化,也为经济发展增添动力。

3) 加快金融集聚,推动城市化建设

通过整个模型的建设以及检验,最终结论是城市化水平会受到金融集聚的强有力的推动,因而,最根本的目标是,促进金融集聚,发挥金融集聚的扩散作用和溢出效应,推动经济建设和城市化进程。政府应该在稳步推进金融供给侧结构性改革、加大力度支持实体经济的背景下,降低企业的投融资成本,提高金融资本配置企业资源的效率,防范和化解金融风险,扩大金融开放的空间,借此来助力城市化的提升。同时减少城市间的不良竞争,促进城市协作和资源共享,减少城市发展对城市之间形成的压力,减少各种发展扭曲现象,提高城市化水平,促进城市化。

参考文献

[1] Kindleberger C P. The Formation of Financial Centers: A Study of Comparative Economic

History[M]. Princeton:Princeton University Press,1974:58-70.
[2] Losch A. The Economics of Location[J]. Economic,1956,23(90):175.
[3] Jean Labasse. The geographical space of big companies[J]. Geoforum,1975,6(2):113-124.
[4] McKinnon R I. Money and capital in economic development[M]. Washington,D. C. :Brookings Institution Press,1976:89-116.
[5] King R G,Levine R. Finance,entrepreneurship and growth:theory and evidence[J]. Journal of Monetary Economics,2004,32(3):513-542.
[6] Risto L R. Financial geography:a banker's view[M]. London:Routledge,2003:88-102.
[7] Peter L. Rousseau,Dadanee Vuthipadadorn. Finance,investment,and growth:Time series evidence from 10 Asian economies[J]. Journal of Macroeconomics,2005,27(1):87-106.
[8] 李思霖,魏修建. 我国金融集聚与经济增长的空间相关性研究[J]. 财经问题研究,2017(3):55-59.
[9] 王文静,侯典冻. 金融集聚对产业结构升级影响的实证分析[J]. 统计与决策,2019,35(19):158-162.
[10] 许宁,施本植,唐夕汐,等. 基于空间杜宾模型的金融集聚与绿色经济效率研究[J]. 资源开发与市场,2018,34(10):1340-1347.
[11] 修国义,朱悦,刘毅. 金融集聚对科技创新效率影响的双重特征分析[J]. 科技进步与对策,2019,36(17):122-127.
[12] 李健旋,赵林度. 金融集聚、生产率增长与城乡收入差距的实证分析:基于动态空间面板模型[J]. 中国管理科学,2018,26(12):34-43.
[13] 龙云安,张健,冯果. 区域发展视角下金融深化、金融集聚与产业结构升级研究:以成渝城市群为例[J]. 金融理论与实践,2019(11):46-53.
[14] 苟小菊,牛传涛. 金融集聚与江淮城市群城镇化空间计量分析[J]. 北京航空航天大学学报(社会科学版),2016,29(1):98-103.
[15] 陈启亮,王文涛. 中国省域金融集聚的影响因素分析[J]. 统计与决策,2017(12):154-157.
[16] 王建植. 要素价格扭曲视角下金融集聚提升城市化了吗?[J]. 金融与经济,2019(10):72-78.
[17] Stephen Redding,Anthony J. Venables. Economic geography and international inequality[J]. Journal of International Economic,2003,62(1):53-82.
[18] 韩峰,洪联英,文映. 生产性服务业集聚推进城市化了吗?[J]. 数量经济技术经济研究,2014,31(12):3-21.

第七章

金融服务业集聚提升城镇化水平吗?
——以江苏省苏南与苏北为例

7.1 绪论

改革开放以来,为抓住资本全球化的浪潮机遇,我国的金融市场快速成长,金融产业显著增长。近年来,我国越来越多的金融生产要素在空间范围内不断集中,金融产业呈现出了集聚的现象。"金融集聚"严格可划分为动态与静态两种形式,而陈培林认为,我国金融产业集聚的重要表现主要体现在动态的金融集聚上[1]。国内学者对这两方面的金融集聚提出了不同的定义,概括来讲,金融集聚是金融企业、监管部门以及中介机构等在一定区域内汇聚,以及和其他行业部门产生密切联系的产业集聚现象与过程[2]。随着经济全球化广度与深度的进一步加强,作为现代经济核心组成部分的金融业发展十分迅速。但2008年全球爆发的经济危机给各国的金融业敲响了警钟,资本严重脱离实体经济而一味转向虚拟经济无疑会产生隐患。2011年,中央经济会议首次提出了"金融服务实体经济"的原则,2019年的中央经济会议也明确提出,要回归实体经济本源,进一步防范金融风险。2019年12月13日,我国证监会党委传达中央经济会议精神,表明了应紧扣深化金融供给侧结构性改革的主基调,努力打造一个规范、透明、开放、有活力和有韧性的资本市场。这对我国金融市场要素最优配置的实现提出了更高的要求,基于规模效应和外部经济理论,产业集聚有利于提高资源的利用效率,金融集聚也将成为我国金融业发展的大势所趋,而这必然会对我国经济社会产生影响。

另一方面,改革开放以来,我国的城镇化建设取得了显著的成效,城镇化率从中华人民共和国成立初期的10.46%增长到了2018年末的59.58%。城镇化又称为城市化,它是指一个国家或地区在生产力发展、科技进步、产业结构优化的背景下,农业人口向非农业人口转化并在城市集中的过程,同时伴随着传统乡村社会向现在城市社会的转变[3]。党的十八大提出了发展中国特色新型城镇化的道路,党的十九大进一步明确了实施新型城镇化的战略,以及推动形成城镇发展新格局的任务。近年来,我国各省市地区都在积极探索加快城镇化建设和推进新型城镇化进程的发展道路。

江苏省位于我国东部沿海地区,地处长三角一体化战略实施的核心位置。《江苏省国民经济和社会发展统计公报》(2018)显示,江苏省2018年的全省城镇化率达到了69.6%,领跑全国。此外,江苏东邻我国经济金融中心上海,在其辐射带动作用下,江苏省的金融业发展态势迅猛。但囿于一些历史和地理的原因,苏南和苏北的经济发展状况具有显著的差异。具体来讲,苏南地区的平均城镇化率和金融业产值都高于苏北地区:根据《江苏省统计年鉴》(2019),苏南2018年的城镇化率高出苏北13.6%;而2018年苏南的金融业总产值超出苏北3 467.3亿元。无可置疑,江苏省省内区域间的经济发展差异是制约走新型城镇化道路和进一步实现经济金融平稳均衡发展的关键性因素,并且对江苏省的政策制定具有深远持久的影响。

通过上述分析,基于国家统计局和江苏省统计局发布的数据,本章以苏南和苏北两大地区为研究对象,利用泰尔指数,度量分析江苏省苏南苏北区域间的城镇化水平差异;构建如图7-1所示的模型,探究金融集聚对苏南苏北地区城镇化发展的影响作用;并结合实证分析结果,为政府进一步推动新型城镇化建设的方针政策制定和充分发挥金融业的经济发展作用提供一定的理论基础和现实指导。

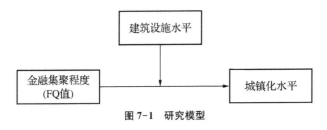

图7-1 研究模型

7.2 理论分析与假设

7.2.1 金融集聚的测算与相关理论研究

学者对于金融集聚水平的测算大致可以分为两类,一是用单一指数测算金融集聚程度,二是构建多维的复合评价体系度量金融集聚程度。前者以区位熵、空间基尼系数和赫芬达尔指数为主,后者则多出于不同学者对自己的具体研究目的的综合考虑。例如,孙志红和王亚青依据金融集聚度综合评价得出金融集聚区位熵系数[4];黄德春和徐慎晖选取经济距离矩阵作为空间权重矩阵,利用空间计量分析方法测度金融数据[5];H B Du、Q Q Xia、X Ma 基于 27 个具体金融指标,具体分为金融实力、经济基础、人力资源及外部环境四个维度评价中国金融中心的综合实力[6]。但综合来讲,大多学者以经典测算产业集聚程度的区位熵指标为基础,构建具体的金融集聚水平度量方法。但是谭朵朵指出区位熵重点基于产业专业化的视域体现产业集聚程度,其存在着无法估计集聚的绝对规模缺陷[7]。

导致金融集聚的因素是多方面的,国外学者一般将金融中心的建设与之结合研究,而国内学者则往往单纯研究导致金融集聚的影响因素。结合规模报酬和交易成本理论,Choi 等通过分析银行数量变化与金融中心形成之间的关系指出,金融机构数量的增多有助于降低沟通成本,进而促进金融业的集聚[8]。鉴于粤港澳大湾区的经验,王方方等人探究了基础设施建设对区域金融集聚的总体影响[9]。邓涛涛、黄蓓蓓研究了金融集聚的微观动因,其指出政策环境和金融市场规模是制约温州金融机构集聚的最重要因素[10]。

金融集聚必然会对区域经济增长产生影响,纵观学术界理论研究,大多可分为探究影响机制和分析实际效应两大类。一方面,国内学者从金融发展和产业集聚两方面来分解金融集聚对经济增长的影响机制,并且形成了一系列比较完整的理论体系,具有代表性的是黄解宇和杨再斌的金融集聚论[11]、冉光和等人的金融资本集聚论[12]、孙兆斌的金融产业集聚论[13]和陈铭仁的金融机构集聚论[14]。另一方面,国内学者主要从金融集聚与经济发展的相关性、对区域内经济增长的作用和其扩散辐射作用三方面,实证研究了金融集聚的实际效应。

7.2.2 金融集聚与城镇化关系的研究

一般而言,大多数传统研究采用城镇人口比重来测算城镇化水平。但近年来,随着新型城镇化的提出,学术界发展了一些创新型的测算方法。赵永平通过改进熵权法,全面衡量内地 30 个省份(除西藏)2000—2012 年的城镇化水平[15]。对于江苏省新型城镇化水平的指标,国内学者也构建了不同的评价体系。基于主、客观赋权法相结合的改进熵值法,结合新型城镇化的内涵,曹玲玲、陈香从人口城镇化、经济发展水平、居民幸福指数、城市资源环境和城乡统筹五个维度构建了江苏省新型城镇化综合评价指标体系,实证分析江苏省 13 个地级市的新型城镇化水平[16]。运用因子分析法,伊金秀采用综合指标体系,聚焦于江苏省城镇化水平的区域差异,分别构建了人口城镇化、经济城镇化、空间城镇化以及社会城镇化子系统,对江

第七章 金融服务业集聚提升城镇化水平吗?——以江苏省苏南与苏北为例

苏省新型城镇化布局及空间特征进行了分析和研究[17]。

推动江苏省城镇化水平发展的因素是多层次的,已有研究可以分为主体上的多层面和客体上的多层面两个视角。孙沛瑄通过定性和定量两方面研究,表明工业现代化是推动江苏省新型城镇化进程的主要动力,而农业现代化的拉力作用不足,现代服务业也亟待发展[18]。罗霞和周燕从口、经济、外贸、科技、环境出发,探讨江苏省城镇化水平的影响因素,其指出江苏省城镇化发展在人口和经济上具有优势,但开放度和科技发展水平则成为江苏省城镇化的发展阻碍[19]。李发志等认为主导经济城镇化和社会城镇化的因素是影响城镇化发展水平的主要驱动因素[20]。祁岚的研究指出历史因素、地理区位因素、文化因素、政策因素都会造成苏中、苏北地区的经济发展速度明显慢于苏南地区,经济实力与苏南地区差异明显的格局[21]。

相较于国外学者,国内学者对金融集聚与城镇化之间的关系研究更多,相关研究指出金融业集聚对城镇化建设具有积极的影响,但也有少数学者认为金融集聚并不一定推动城镇化建设。在物质资本方面,姚雪松等认为,一方面金融业通过提供更多可贷资金和多样的融资方式,为城镇化建设提供资金支持;另一方面,他也指出金融系统中存在的金融风险对推进城镇化具有阻碍作用[22]。在人力资本方面,通过省际动态面板数据差分 GMM 分析,王春阳和李伟军的研究指出金融集聚有利于促进人力资本水平的存量和水平的提升[23]。通过构建空间面板联立方程,李修彪和齐春宇也明确提出人力资本积累促进了城镇化的发展[24]。但是,胡莲和易鸣指出金融集聚在存在要素价格扭曲的条件下,其产生的门槛效应并不利于提升城镇化水平[25],王建植的研究也表明了相似的观点[26]。在针对长江流域的研究中,籍磊等人指出长江经济带的金融集聚对城镇化具有显著的正向影响[27]。

根据发展经济学理论,推进城镇化建设需要强大的劳动资本、物质资本和人力资本的支持,从宏观来讲,产业集聚有利于为其提供这三方面的资本。首先,产业集聚创造出更多的就业机会,从而吸引农村剩余劳动力向城镇集中,这就为城镇化的推进提供了劳动资本。其次,产业集聚所产生的规模效应,有利于企业降低生产成本,增加经营利润,从而使政府财政税收增加,为推动城镇化过程中的基础设施建设和提供公共事业服务给予直接的资金支持;另一方面,产业集聚带动了各生产要素向集聚中心流动,而这个中心大多就是城市,这即为城镇化提供了要素支持,又为其提供了市场支持。最后,产业集聚有助于提高企业经济效益,优化产业结构布局,这也对高素质劳动力产生了吸引力,从而为城镇化建设提供所需的人力资本。金融业的产业集聚则是微观层面上的,结合上述分析,于是提出假设 1:金融集聚对城镇化水平具有促进作用。

7.2.3 小结

指标测算方面。首先,在金融集聚水平的度量上,不同学者构建的复合多维指标体系较为全面和具体,但也存在着测度公式应用范围受限、研究结果难以比对、数据收集复杂的问题。虽然单一指标也具有一些缺陷,但本章的研究重点在于分析金融集聚对城镇化的影响作用,无需对金融集聚的绝对规模精准测算,故采用相关学者基于区位熵的单一测算指标,更加简便灵活。其次,在测算城镇化水平上,其包含两方面内容,一是单纯对城镇化水平的测算,二是对城镇化水平差异的衡量。学者们不同的计算方法均为本研究提供了理论基础,出于研究目的的考虑,仍以传统的城镇人口比重测算城镇化率。于城镇化水平差异而言,具体针对江苏省苏南苏北区域间的城镇化水平差异的定量分析不足,大多数为定性研究。基于泰尔指数,本研究以人口数量作为基础指标,结合贡献率,定量测算苏南苏北地区间的城镇化水平差异,有一定的创新性,结合江苏省实际区域发展状况,提出假设2:苏南与苏北两大区域的城镇化水平差异显著。

影响作用分析方面。一方面,学术界对金融集聚与城镇化的关系研究多在全国或多省份的范围内,而对于江苏省的研究极少。另一方面,学者们几乎都从宏观经济层面出发,通过多个维度综合研究影响江苏省新型城镇化进程的因素,而鲜有将目光聚焦于微观的单一影响因素分析。此外,在金融集聚对城镇化影响的机制中,缺少相关调节作用的研究,这使得分析结论的实际意义不足。基于本研究对江苏省苏南苏北区域间城镇化水平差异的分析,并从三次产业关联以及资源的稀缺性理论出发,于是提出假设3:建筑设施水平在金融集聚对城镇化水平的影响作用中具有负向的调节作用。

7.3 研究方法

7.3.1 研究对象与数据来源

历史地理传统一般将江苏省划分为苏南、苏中和苏北三部分。出于数据来源的可靠性、指标分类的一致性和研究意义的代表性等方面综合考虑,本章采用的是2013—2017年江苏省苏南地区和苏北地区的十个城市的有关数据。其中,苏南包括南京、无锡、常州、苏州和镇江五个城市;苏北包括徐州、连云港、淮安、盐城和宿迁五个城市。数据均来自国家统计局主编的《中国统计年鉴》、江苏省统计局和国家统计局江苏调查总队主编的《江苏统计年鉴》中的2—10节分市分行业地区生产总值以及3—6节按地区分的常住人口。根据研究变量设计和研究目的考量,本章以苏南和苏北两个区域作为研究对象,将2013—2017年各区域五个城市的面板数据分别求和处理,以此代表2013—2017年苏南和苏北在各经济指标上的表现情况。

7.3.2 变量的测算

1) 自变量的测算

金融集聚(FQ值)。研究产业生产要素的空间分布状况,以往通常采用的是由哈盖特首次提出的区位熵指标,这一指标也用于反映金融业集聚水平,比如王建植利用第三产业和金融产业的增加值测算金融集聚的情况。本研究借鉴陈智昊等人的方法,利用如下金融产业的区位熵(FQ)指标测度苏南和苏北两大区域金融业较全国而言的集聚水平[28]:

$$FQ = \frac{F_i/Y_i}{F/Y} \tag{7-1}$$

式中,F_i为i区域的金融业产值;Y_i为i区域的生产总值;F为全国金融业的生产总值;Y为国内生产总值。区位熵(FQ)大于1,说明区域金融集聚程度相比全国更高,反之则更低;一般而言,FQ越大,则区域的金融业集聚发展水平越高,否则发展水平越低。基于式(7-1),本研究借助Excel电子表格将2013—2017年南京、无锡、常州、苏州和镇江五个城市的金融业产值(单位:亿元)之和以及生产总值(单位:亿元)之和代表苏南地区的金融业产值和生产总值,同理得到苏北地区的金融业产值和生产总值,进而测算出FQ值。

2) 因变量的测算

城镇化水平。本研究因变量的数据取自2013—2017年《江苏统计年鉴》3—6节中的苏南和苏北地区城镇人口比重(%),根据城镇化率的计算公式,直接以此测算苏南与苏北的区域城镇化水平(%)。

3) 调节变量的测算

建筑设施水平。根据以往研究可知,经济发展状况不同的地区,其城镇化水平的表现也有所差异。本研究将关注点置于三次产业的划分上,试图探究不同生产部门对苏南和苏北城镇化的影响作用,故选取了建筑业、房地产业以及水利、环境和公共设施管理业三大行业的产值数据(单位:亿元)。调节变量是一个潜变量,与自变量和因变量保持一致,本研究采用南京、无锡、常州、苏州和镇江5个城市以及徐州、连云港、淮安、盐城和宿迁5个城市在以上三个行业的产值之和分别作为苏南和苏北的指标数据,并以此作为因子分析的题项。

首先,测算各产值指标的KMO检测值和巴特利特球形度检验值,结果表明比较适合进行因子分析,KMO=0.796,巴特利特球形度检验显著(近似 χ^2=51.380,df=3,p<0.000)。其次,本研究采用主成分分析法求解初始因子。如表7-2和表7-3所示,区域建筑业产值、区域房地产业产值以及水利、环境和公共设施管理业产值提取出了一个公因子,其总方差解释中提取载荷平方和的累计比率为98.919%,这表明本研究选用的三个题项能够较好地解释调节变量。

表7-1 KMO和巴特利特球形度检验

KMO统计值		0.796
巴特利特球形度检验	近似 χ^2	51.380
	df	3
	Sig.	0.000

表7-2 总方差解释

成分	初始特征值			提取载荷平方和		
	总计	方差百分比	累积(%)	总计	方差百分比	累积(%)
1	2.968	98.919	98.919	2.968	98.919	98.919
2	0.018	0.603	99.522			
3	0.014	0.478	100.000			

提取方法:主成分分析法

表7-3 成分矩阵

	成分1
房地产业产值	0.995
建筑业产值	0.994
水利、环境和公共设施管理业产值	0.994

提取方法:主成分分析法提取了1个成分

如表7-2和表7-3所示,这三个题项在主成分1中具有较高的因子负载,同时该主成分因子能够解释两个被解释变量变化的98.919%,高于80%的一般标准。因此,其具有较好的因子效度,本研究将这个公因子用来测算调节变量,并命名为建筑设施水平。

进而,本研究检验了建筑设施水平概念的信度,如表7-4的数据显示,这一概念的信度良好,其 Alpha 值为 0.761。

表 7-4 建筑设施水平概念的可靠性统计

克隆巴赫 Alpha	项数
0.761	3

综合上述对于调节变量建筑设施水平概念效度和信度的检验,本研究构建了一个具有较好信度与效度的建筑设施水平三维模型。

4) 控制变量的测算

基于学术界的研究成果,并结合城镇化的相关理论,本研究的控制变量是农林牧渔业的产值(单位:亿元)和教育行业产值(单位:亿元)。同样采用 10 个城市的产值之和分别测算苏南和苏北的指标数据。

7.3.3 小结

本章采用的主要是 2013—2017 年江苏省苏南地区和苏北地区的 10 个城市的有关数据。数据均来自《中国统计年鉴》以及《江苏统计年鉴》。根据研究变量设计和研究目的考量,以苏南和苏北两个区域作为研究对象,将 2013—2017 年各区域五个城市的面板数据分别求和处理。研究的自变量为金融集聚(FQ 值),以金融产业的区位熵(FQ)指标测度;因变量为城镇化水平;控制变量是农林牧渔业的产值和教育行业产值。通过测算各产值指标的 KMO 检测值和巴特利特球形度检验值,结果表明适合进行因子分析。而后采用主成分分析法求解初始因子,提取出了一个公因子,将这个公因子用来测算调节变量,并命名为建筑设施水平。

7.4 实证分析

7.4.1 江苏省的苏南苏北城镇化水平区域差异分析

本章将运用泰尔指数(Theil Index)对江苏省城镇化水平区域差异进行测度分析。泰尔指数即泰尔熵标准(Theil Entropy Measure),最早于 1967 年由荷兰经济学家 Theil 提出,其以信息量与熵为理论出发点,是一个用来衡量个人之间或者地区之间收入差距(或称不平等度)的指标。该指数作为测度和考察不平等性和差异性的统计量多年来被广泛使用。基于对泰尔指数内涵的理解和运用,本研究将采取如下公式计算苏南和苏北区域间的城镇化水平差异:

$$T = \sum^{i} \frac{U_i}{U} \times \ln\frac{U_i/U}{P_i/P} \qquad (7-2)$$

$$T_m = \sum^{n} \frac{U_n}{U} \times \ln\frac{U_n/U}{P_n/P} \qquad (7-3)$$

式中，T代表江苏省的泰尔指数；T_m代表两大区域间的城镇化水平差异，当差异加大时，相应的泰尔指数值增大；P和U分别表示江苏省总人口和城镇人口数量；P_i和U_i分别代表江苏省各市的总人口数和城镇人口数；P_n和U_n分别代表苏南和苏北区域各自的总人口和城镇人口数量。

借鉴了泰尔指数在研究其他区域差异方面的测算方法，基于城镇化率的计算，本研究以人口数量作为泰尔指数的基础指标是合理的，而且具有一定的创新性。本研究对2012—2017年江苏省城镇化水平区域差异进行了测算，结果如表7-5所示。

表7-5 2012—2017年江苏省城镇化水平区域差异泰尔指数

年份	T	TM	区域间差异贡献率(TM/T%)
2013	0.124 2	0.090 3	72.798%
2014	0.118 3	0.086 2	72.957%
2015	0.110 7	0.080 8	72.912%
2016	0.101 9	0.073 8	72.461%
2017	0.092 4	0.066 4	71.861%

通过测算苏南苏北区域间差异对江苏省整体差异的贡献率，结果表明：苏南和苏北地区间的城镇化水平确实存在显著的差异，但是差异在逐年缩小，假设2得到了数据的支持。这为进一步研究金融集聚对苏南苏北地区城镇化率的影响机制分析提供了理论前提。

7.4.2 描述性分析

本研究主要变量的相关描述性统计结果见表7-6，该表反映了各变量的平均水平、变动情况以及相关关系。

表7-6 各变量的均值、标准差和相关系数

变量	金融集聚(FQ值)	建筑设施水平	城镇化率	农林牧渔业	教育
金融集聚(FQ值)	1				
建筑设施水平	0.872**	1			
城镇化率	0.945**	0.975**	1		
农林牧渔业	−0.968**	−0.843**	−0.895	1	

续表 7-6

变量	金融集聚(FQ值)	建筑设施水平	城镇化率	农林牧渔业	教育
教育	0.415	0.305	0.352	−0.393**	1
平均值	1.021	0.000	67.078	1 440.388	2 271.108
标准差	0.341 3	1.000	8.615	549.149	4 915.798

注：** 代表 1% 的显著性水平。

如表 7-6 所示,除了教育行业以外,城镇化率与主要分析指标均显著相关。结果显示,建筑设施水平($r=0.975$, $p<0.001$)与城镇化率呈现显著的正相关关系,因此调节变量不再选用教育行业产值。此外,金融集聚(FQ值)与城镇化率的相关性系数在 $p<0.001$ 的水平上显著。这证明了研究变量可以进行回归检验。

7.4.3 回归分析

本研究采用 Andrew F. Hayes 在 2014 年开发的针对过程回归的 SPSS 插件 PROCESS 来处理回归问题,结合模型设定,本研究选用了他的模型 1。基于无非参数百分位 bootstrap 法,模型中的控制变量对自变量金融集聚(FQ值)以及因变量城镇化率均产生作用。回归分析结果如表 7-7～7-10 所示。

表 7-7 城镇化率(Outcome)的回归分析结果

R	R-sq	MSE	F	df1	df2	p
0.999 3	0.998 7	0.173 8	959.721 6	4.000 0	5.000 0	0.000 0

表 7-8 模型回归分析结果

	coeff	se	t 值	p 值	LLCI	ULCI
常数项(constant)	49.633 8	3.574 4	13.885 8	0.000 0	40.432 9	58.834 7
建筑设施水平	13.406 9	1.846 9	7.259 0	0.000 8	8.652 7	18.161 2
金融集聚(FQ值)	14.437 5	1.904 0	7.582 6	0.000 6	9.536 4	19.338 7
int_1	−7.660 0	1.746 8	−4.385 2	0.007 1	−12.156 3	−3.163 6
农林牧渔业产值	0.003 3	0.001 1	3.115 5	0.026 4	0.000 6	0.006 0

表 7-9 交互效应增加的 R^2

	R2-chng	F	df1	df2	p
int_1	0.005 0	19.230 1	1.000 0	5.000 0	0.007 1

表 7-10　调节效应下金融集聚(FQ 值)对城镇化率的影响

建筑设施水平	Effect	se	t	p	LLCI	ULCI
−1.000 0	22.097 5	2.058 6	10.734 1	0.000 1	16.798 4	27.396 6
0.000 0	14.437 5	1.904 0	7.582 6	0.000 6	9.536 4	19.338 7
1.000 0	6.777 6	3.019 1	2.244 9	0.074 8	−0.993 9	14.549 1

从表 7-7、表 7-8 可知，在控制了农林牧渔业的第一产业影响之后，自变量金融集聚(FQ 值)对因变量城镇化率具有显著的正向影响作用(coeff=14.437 5，$p<0.05$)，假设 1 得到了数据的证实，金融集聚水平越高，城镇化率越高，也就是说金融集聚促进了城镇化水平。建筑设施水平为本研究模型的调节变量，其具体的调节作用如表 7-8、表 7-9、表 7-10 所示。由表 7-8 可以看出，建筑设施水平在金融集聚水平与城镇化水平之间具有显著的负向调节影响(coeff=−7.660 0，$p<0.05$)。此外，表 7-10 的分析结果显示，调节变量建筑设施水平的置信区间并不包含 0(置信区间为[−12.156 3，−3.163 6])，这同样说明了调节效应的存在。由表 7-9 可知，不同程度的金融集聚状况在建筑设施水平的调节作用下对区域城镇化水平影响的显著程度是不同的，因此，建筑设施水平的调节作用显著。建筑设施水平较低的苏北地区对金融集聚与城镇化率的关系影响大于建筑设施水平较高的苏南。综上所述，假设 3 也得到了证实。

7.4.4　小结

通过测算苏南苏北区域间差异对江苏省整体差异的贡献率，结果表明：苏南和苏北地区间的城镇化水平确实存在显著的差异，但是差异在逐年缩小，假设 2 得到了数据的支持，即苏南与苏北两大区域的城镇化水平差异显著。金融集聚(FQ 值)对城镇化率具有显著的正向影响作用，假设 1 得到了数据的证实，即金融集聚对城镇化水平具有促进作用。不同程度的金融集聚状况在建筑设施水平的调节作用下对区域城镇化水平影响的显著程度是不同的，因此，建筑设施水平的调节作用显著，建筑设施水平较低的苏北地区对金融集聚与城镇化率的关系影响大于苏南。假设 3 也得到了证实，即建筑设施水平在金融集聚对城镇化水平的影响作用中具有负向的调节作用。

7.5　结论与建议

利用国家统计局和江苏省统计局发布的数据，分析金融集聚对江苏省苏南苏

第七章 金融服务业集聚提升城镇化水平吗？——以江苏省苏南与苏北为例

北区域城镇化水平的影响作用。本章得到以下结论：一是基于泰尔指数，研究测算表明苏南和苏北区域间的城镇化水平确实存在着显著的差异。二是金融集聚对江苏省苏南苏北的城镇化水平具有促进作用。对此可以得出一个推论，尽管苏南苏北区域间城镇化水平的差异在江苏省整体城镇化水平区域差异中占比很重，但是金融集聚对城镇化率的正面影响作用是普遍存在的。所以，金融集聚对城镇化建设的推进作用具有较强的地域适应性，这一发现有利于对政府进一步出台促进区域发展的相关政策提供了新的思路。三是金融集聚对城镇化作用的强弱程度，对于不同主体，促进的力度和效果是具有差异性的。四是建筑设施水平对金融集聚在促进城市化方面表示出了一定的"挤占效应"，其在金融集聚对城镇化水平的促进路径中起着负向的调节作用。通过进一步研究发现，相较于苏南地区而言，建筑设施水平较低的苏北地区更能发挥金融集聚对城镇化水平的促进作用。也就是说，金融集聚在建筑设施水平不高的苏北地区对提高城镇化水平的成效更为显著。

通过对江苏省苏南和苏北区域间城镇化水平差异进行定量测度发现，这两大区域间的城镇化水平差异是显著的，而且对于江苏省整体城镇化水平差异的贡献率达到七成以上。此外，金融集聚对城镇化水平的影响机制的研究指出，金融集聚对城镇化水平具有积极的促进作用，但这种作用是有差异的，也就是说，金融集聚促进城镇化水平的效率在建筑设施水平较低的苏北地区更高。故本研究从缩小苏南苏北区域间城镇化水平差异和金融集聚对城镇化水平的促进作用这两个方面，提出以下政策建议：

首先，在制定新型城镇化发展战略时，政府应对苏南苏北区域间的城镇化水平差异给予充分的重视。紧抓共同富裕、互惠互利的基本理念，依据统筹协调、优势共赢的发展原则，针对苏南城镇化水平高，而苏北城镇化水平相对较低的现状，应充分发挥苏南对苏北的辐射效益和带动作用，进一步促进区域间在经济、社会、文化等方面的深入合作，实现资金、技术、人才和信息的互联互通。加大对苏北地区的政策扶持力度，努力改善苏北的投资营商环境，开拓发展空间，开创发展机遇，进而吸引人力资本、物质资本和金融资本流入，以努力缩小苏北地区和苏南地区的城镇化水平差异。

其次，在经济发展新常态的宏观环境中，金融产业对经济增长"提质增效"的作用不容小觑。为更好地发挥金融资源对区域经济发展的引领作用，需要进一步深化金融产业间的优势互补，形成金融集聚的强大推动力量。政府应该立足于苏南和苏北地区不同的发展实际，在充分了解区域经济金融产业现状的前提下，发挥当地资源优势，进一步做好金融产业集聚的发展规划，构建具有吸引力和激发创造力的金融政策框架,深化促进区域金融产业集聚发展。

最后,对于经济发展水平较低的地区,政府应更加注重区域金融产业对经济增长的贡献。进一步完善区域金融市场,给予政策倾斜扶持,挖掘当地经济区位优势资源,在政府的推动下发挥市场的主导作用。

参考文献

[1] 陈培林. 金融集聚与区域经济增长的关系分析[J]. 现代经济信息,2019(22):473.

[2] 张玄,冉光和,王权堂. 金融集聚与经济增长问题研究综述[J]. 西华大学学报(哲学社会科学版),2019,38(3):71-83.

[3] 季姣姣,潘珺璇. 江苏省新型城镇化发展路径研究[J]. 合作经济与科技,2018(1):4-6.

[4] 孙志红,王亚青. 金融集聚对区域经济增长的空间溢出效应研究:基于西北五省数据[J]. 审计与经济研究,2017,32(2):108-118.

[5] 黄德春,徐慎晖. 新常态下长江经济带的金融集聚对经济增长的影响研究:基于市级面板数据的空间计量分析[J]. 经济问题探索,2016(10):160-167.

[6] Du H B,Xia Q Q,Ma X,et al. A new statistical dynamic analysis of ecological niches for China's financial centers[J]. Physica A:Statistical Mechanics and Its Applications,2014,395:476-486.

[7] 谭朵朵. 金融集聚的演化机理与效应研究[D]. 长沙:湖南大学,2012.

[8] Choietal S R,Tschoegl A,Yu C M. Banks and the world's major financial centers,1970—1980[J]. Weltwirtschaftliches Archiv,1986,122(1):48-64.

[9] 王方方,雷丽萍,杨旭宇. 基础设施提升对区域金融集聚的影响:来自粤港澳大湾区的经验检验[J]. 经济研究参考,2019(7):67-78.

[10] 邓涛涛,黄蓓蓓. 金融产业集聚的微观动因:基于对温州正规与非正规金融机构的调查分析[J]. 金融管理研究,2015(2):64-79.

[11] 黄解宇,杨再斌. 金融集聚论:金融中心形成的理论与实践解析[M]. 北京:中国社会科学出版社:线装书局,2006.

[12] 冉光和,王定祥,温涛,等. 金融产业资本论[M]. 北京:科学出版社,2007.

[13] 孙兆斌. 金融产业集聚论[D]. 南京:南京大学,2008.

[14] 陈铭仁. 金融机构集聚论:金融中心形成的新视角[M]. 北京:中国金融出版社,2010.

[15] 赵永平. 新型城镇化发展水平测度及其时空差异分析[J]. 西安电子科技大学学报(社会科学版),2016,26(5):60-68.

[16] 曹玲玲,陈香. 基于改进熵值法的发达地区新型城镇化综合水平测度:以江苏省为例[J]. 商业时代,2014(30):40-42.

[17] 伊金秀.江苏省新型城镇化发展水平评价及其空间特征分析[J].中国农业资源与区划,2017,38(8):77-84.

[18] 孙沛瑄.基于VAR模型的新型城镇化动力机制研究[D].重庆:重庆工商大学,2014.

[19] 罗霞,周燕.江苏新型城镇化发展现状及综合评价[J].唐山师范学院学报,2016,38(6):117-120.

[20] 李发志,朱高立,侯大伟,等.江苏城镇化发展质量时空差异分析及新型城镇化发展分类导引[J].长江流域资源与环境,2017,26(11):1774-1783.

[21] 祁岚.江苏区域经济差异及其对策研究[J].时代金融,2017(8):130,132.

[22] 姚雪松,方勇华.金融发展对城镇化影响的实证分析[J].统计与决策,2017(13):168-171.

[23] 王春阳,李伟军.金融集聚、人力资本与经济增长:基于省际动态面板数据差分GMM分析[J].山东工商学院学报,2017,31(1):99-105.

[24] 李修彪,齐春宇.人力资本积累与城镇化的互动关系研究:基于空间面板联立方程的分析[J].南方人口,2015,30(4):54

[25] 胡莲,易鸣.金融集聚一定提升城镇化水平吗:要素价格扭曲的门槛效应[J].武汉金融,2019(2):57-63+68.

[26] 王建植.要素价格扭曲视角下金融集聚提升城市化了吗?[J].金融与经济,2019(10):72-78.

[27] 籍磊,陈立泰,叶长华.长江经济带金融集聚对城镇化影响的机制研究[J].预测,2019,38(3):70-75.

[28] 陈智昊,余国新,冉锦成.金融集聚对区域经济增长的空间溢出效应研究:基于江苏省13个地级市的数据[J].数学的实践与认识,2019,49(11):109-118.

第八章

金融服务业集聚对新型城镇化的影响研究

8.1 绪论

新型城镇化建设是实现现代化发展的十分关键的一步,更是保持经济健康持续发展的强力引擎,对我国经济社会的发展具有至关重要的作用。在我国经济变革的重要时期,新型城镇化已成为现阶段和很长一段时间内经济和现代社会发展的主要动力。与传统的城镇化概念不一样的是,新型城镇化以人为中心,着重于强调农民的利益和农业的现代化。新型城镇化不仅是城市人口增长的问题,还集中在生态环境、居民住房、产业支持、生活方式以及社会保障等方面。在中国,无论大中小或是新型的农村社区,全方面缩小城乡差距、加快进行城乡统筹建设,使二者相互进步,实现绿色健康无差别式的可持续发展。自改革开放实施以来,我国改革开放水平不断深化,城市空间扩大至 2.5 倍,实现了 53.7% 的城镇化率,但是许多发展中的问题也暴露出来。由于户籍问题,我国依旧存在 2.6 亿农民没有办法享有城市化相关的优惠待遇政策,这就表明空间上的城市化还无法达到真正意义上的人口城市化。如若再将其伪城镇化的人口水分去掉,户籍人口城镇化实际能达到的水平只有 36%。此外,直到今年,我国户籍人口的城镇化率才刚刚达到 45%,并没有明显的提升,尤其与发达国家平均城镇化率 85% 相比,还存在将近一倍的差距,中国在城镇化的发展上还有很大的提升空间。

作为世界上人口最多的国家,新型城镇化的建设,确凿无疑是中国发展的大方向。改革开放至今已经深入发展 40 余年,我国经济社会的发展已经达到较高的水平,随之人民的生活水平也逐步提高,与此同时也给新型城镇化的建设奠定了良好的经济基础。然而,对于一个人口众多的大国而言,想要全面实现从"乡"到"城"的转变,需要在基础设施、民生、社会保障等领域全面提升城市的承载力,而综合承载力的提升需要大量的资金支持。从资金来源方面看,仅仅由政府承担所有支出带来了巨大的资金压力,想要缓解资金方面的压力,金融业提供的外部资金支持就变得至关重要。作为现代化经济核心的金融产业成为资金支持迫切需要的对象,而金融集聚是金融业经过演化、升级、发展形成的高级形态,在提供多元化融资渠道,解决政府、企业以及个人融资需求的同时,还能吸引众多优质金融机构、人才,为其贡献就业、税收以及GDP。

从城镇化的发展路径的视角来看,新型城镇化更加关注内涵式发展,注重城镇产业化发展与城镇发展相辅相成和城市与农村的公民都可享受相同的基础设施以及公共服务的待遇,同时更加注重城市能否承担农村转移人口与金融集聚带来的大量资金以及地区人文和生态环境能否绿色健康地协同发展。因此,新型城镇化的发展需要金融具有全面性,在挑战传统金融服务的同时能够使自身得以深入扩大发展空间,充分发挥金融的功能。在此背景下的新型城镇化建设成为学术界研究的热点问题,而金融集聚作为新型城镇化发展的主要推动力,无疑成为研究新型城镇化发展的重点研究对象。经过对国内外相关文献的梳理情况可知,当前学者们的研究内容主要为二者自身,较少学者研究二者之间的关系与金融集聚对新型城镇化的影响。并且,大多数学者均通过线性的角度进行分析,较少学者从空间性角度进行研究。此外,结合相关历史,城镇化发展的高级形态为金融化以及空间集聚,是地区经济社会繁荣的标志。因此,金融聚集对我国新型城镇化的建设乃至经济的发展都有着深远影响,同时,从空间性角度探讨金融集聚对新型城镇化的影响也具有重要的意义。

本章主要由三部分组成:理论、实证、结论,将这三部分构成文章框架,具体内容如下:

(1) 理论部分:一方面,根据研究的背景和重要性,得出需要研究的相关问题。另一方面,通过系统分析现有的相关文献并参考以前的研究思路和方法,总结金融集聚与新型城镇化的高质量研究成果,通过详细的阅读与梳理研究相关的文献,吸收优秀的学者研究思路与方法,在金融集聚与新型城镇化的相关研究总结中找出最佳的切入点进行研究。最后,根据文章需要选择准确合适的研究方法,初步建立框架体系结构。

(2) 实证部分:一方面,基于金融集聚和新型城镇化的含义和理论,将采用两者的核心含义来综合构建指标体系;另一方面,无量纲化用于处理指标的单位不一致性导致数据无可比性,并且使用区位熵和熵值法等方法计算出二者的权重,同时对其综合水平进行测度并讨论我国二者当前的水平,对我国当前金融集聚与新型城镇化的现状进行探讨。最后,采用 Stata 软件进行空间自相关性检验,通过检验进一步分析出较为合适的空间计量模型进行实证部分的回归与分析,并对金融集聚对新型城镇化的影响进行实证分析。

(3) 结论部分:通过以上两个部分的分析结果,基于现实情况以及国内外现有文献的相关研究结论提出具有可靠性与可行性的研究结论以及政策性建议。

8.2 研究现状与机理分析

8.2.1 研究现状

1) 国外研究现状

(1) 金融业的支持对城镇化发展的影响

Richard B. Andrews 以发达国家为例,研究地区经济发展与投资水平对城镇化产生的影响,从该研究中发现在城镇化建设中起着至关重要作用的是资金投入水平[1]。Nahashi Stannics 以金融功能作为研究方向,发现金融体系的健全可以充分发挥金融资源配置的作用,进而使得资金充足,为城镇化建设带来资金支持[2]。Pradhan 在对印度金融发展、经济增长以及城镇化之间的关系研究基础上,提出金融发展水平的增长可以大幅度地促进城镇化发展水平[3]。Kyung-Hwan Kim 认为城市经济的快速发展现阶段主要靠房地产行业带动,房地产行业包括居民购买、建设用地都需要大量资金,因此金融业以及金融体系的完善将为房地产行业带来强大的支撑[4]。Buckley 和 Hanieh 研究发现,迪拜和海湾地区的金融与城镇化之间存在影响,认为城镇化建设在金融促进其发展的同时,也相应地促成了金融市场体系的多元化建设[5]。Peter R. Stopher 根据在洛杉矶进行的一项研究,认为城市基础设施建设的发展很大程度上依赖于金融业提供的金融支持,因此金融发展将有助于建设基础设施从而促进城镇化的建设[6]。

(2) 金融业的发展与城镇化之间的关系

Kempson 通过研究农村经济得出农村金融发展的滞后减缓了农村经济的发展,导致区域发展的失衡从而影响城镇化的进程[7]。Ang 通过研究金融发展与城乡居民收入之间的关系发现,金融发展可以弥补城乡居民收入之间的差距,而金融自由化则具有消极影响[8]。Jeanneney 和 Kpodar 从穷人的角度分析金融发展的影响,研究发现,贫困人口只是在较少方面获得金融发展的部分支持,但在较多的方面受到了抑制[9]。Henderson 等研究发现,金融发展与城镇化建设之间存在显著的线性关系[10]。Changhua Ye等研究认为金融集聚对城市化的影响对于低碳城市的清洁发展具有重要意义[11]。

2）国内研究现状

(1) 金融支持对城镇化发展的影响

21世纪以来，习近平主席针对新型城镇化建设这一重要战略提出要坚持五大理念，在快速推进新型城镇化背景下，金融业与城镇化之间的联系愈加得到学者们的关注。汪小亚认为财政来源和财政资金之间存在差异，对二者进行区分，研究表明，金融通过支持人口增长、基础设施建设以及中小企业的发展来推动城镇化进程，通过产业升级和知识溢出可使金融有利于支持新型城镇化建设[12]。范兆媛和周少甫在对金融业的规模对新型城镇化的发展的研究后发现，前者对后者有着明显的促进作用且对中、西部地区的促进作用尤为明显；同时，金融效率和结构会明显拉动西部地区的新型城镇化发展[13]。李凌妹认为筹集资金主要是通过基于政策的金融推动和基于市场的金融推动来提供，以支持新型城市化的发展[14]。李文和庄亚明利用计量经济学模型研究分析西部地区金融支持对新型城镇化发展的影响，研究发现，西部地区新型城镇化的发展要慢于其他地区，金融没有充分发挥应有的作用，并提出金融业的主要发展方向为结构、规模及效率，只有这样才能对新型城镇化的发展起到决定性作用[15]。李清政和刘绪祚发现金融业规模的扩大与效率的提升能够有效地促进城镇化发展，相反城镇化建设对金融业的发展没有起到明显的推动作用[16]。

(2) 金融发展与城镇化之间的关系

李宝礼和胡雪萍研究发现，金融发展可以显著促进产业、人口与空间城镇化的发展，并且这种促进作用是长期的[17]。李伟军和王春阳认为金融集聚会促进人力资本水平的提高，人力资本水平的提高将加速当前农业人口的非农业发展，为了在城镇获得稳定的工作，需要提高被转移人口的资本水平，进而推动城镇化的发展[18]。陈志伟研究发现，金融主要通过就业城镇化与人口城镇化发挥对新型城镇化建设的作用[19]。张英丽和杨正勇认为金融发展会扩大城乡收入差距，但在长期内，金融发展与城乡收入差距存在一种稳定的均衡关系[20]。邵光清和谢云研究发现，金融发展与城镇化发展短期内前者对后者产生推动作用，反之推动作用不明显，长期时二者之间是互促共进的关系[21]。邓德胜在对1978—2005年的数据进行实证分析基础上，发现二者之间存在显著的正相关关系，且存在部分非线性特征，金融发展不足会导致城镇化发展缓慢[22]。

（3）金融产业集聚与城镇化之间的关系

王周伟和柳闯等研究了金融集聚与新型城镇化的序列与空间相关性,并从网络连通性的角度分析了金融集聚对支持新型城镇化发展具有间接、直接和总体三方面效应[23]。王弓和叶蜀君提出金融集聚以三种方式影响城市化：知识溢出、资本深化及产业升级,产业升级的路径对城镇化发展进程影响最大,次之是知识溢出和资本深化,通过将以上三种路径的相互结合使得金融集聚对城镇化的推动有明显的提升[24]。俞思静和徐维祥以江苏、浙江和上海的25个城市为目标,构建金融集聚和新型城镇化的指标体系,采用耦合模型和PLS模型来测量金融集聚与新型城镇化的协调发展水平,并对其时空分异规律进行分析[25]。李宝礼和胡雪萍提出金融集聚在促进城镇化发展中起着重要作用,政府财政收支缺口对于城镇化发展呈现出积极作用会促进城镇化的发展,而城乡二元结构表现出具有消极作用会阻碍城镇化的发展,对外商直接投资的研究表示其对城镇化发展的作用最小[26]。于斌斌通过对城市动态空间面板模型的研究发现金融集聚通过空间溢出能够促进产业结构的升级,金融产业集聚对于社会中的高端人才可以产生巨大的吸引力,由此可以促进城市高级人力资本的转移和集聚,从而使得经济发展形成正向的发展闭环。此外,金融产业集聚的发展会带来大量的资金,创造大量的就业机会,为从农村向城市转移的人口提供更多的收入来源,从而对人口以及人才流动的不稳定性进行改善[27]。

总体而言,现有研究的丰富结果提供了许多有益的启示。但是,大多数研究的基本假设通常基于线性条件,而忽略了实际条件下的空间问题,因此这将成为本章研究的关键。

8.2.2　金融集聚对新型城镇化发展的作用机理

想要实现新型城镇化的发展以达到全面建成小康社会这一目标,金融体系的支持必不可少。随着城镇化建设的不断深入,对金融的需求也逐步扩大,长期持续性的资金支持显得非常重要。新型城镇化向质量优化以及效率提升靠近,是金融服务经济结构升级的重要引擎。金融集聚在不同时空层次上分配、协调和整合金融资源,以促进金融创新发展。从理论上讲,金融集聚可以通过潜在的传导路径影响城市化的发展。不难看出,二者之间存在着密不可分的内部关系。而新型城镇化的发展是一个存在多方面变化的动态演变过程,涉及许多方面。想要完全掌握金融集聚对新型城镇化的作用机理,则需要了解新型城镇化的真正内涵,同时新型城镇化建设并非单一的,是社会文明共同发展和经济提升的结果,新型城镇化的建设可以给社会带来可持续发展。因此,本章对金融集聚支持新型城镇化建设的作用可从以下几个方面体现。

1) 金融集聚对人口城镇化发展的作用

新型城镇化建设重点强调要坚持以人为核心,换个角度来看,有关社会的发展都离不开"人",其发展进程通常与为了满足人类自身的各种需求息息相关。因此,人口城镇化在新型城镇化发展中占据重要地位。

新型城镇化建设注重农村转移到城市的人口市民化,强调农业人口向非农业人口的转变。要实现这一目标,不仅要进行相应的制度改革,还应对农村转移人口在生活上提供稳定的保障,促进公共产品的均等化,缩小城乡差距,使农村转移人口能够与城镇居民在居住、教育、医疗、养老等社会基础设施服务方面享受同等的优待。当前,我国政府需要全面承担城镇化建设中所需的非营利性的基础公共设施与社会保障产品,而想要实现社会公共产品的均等化需要大量的资金投入,这笔支出对于政府而言,无疑是一种巨大的压力。众所周知,各地政府通过税收与发行债券来获取收入以满足各种物资的支出需求,金融集聚水平的提高可以带来大量的资金,这无疑为政府提供了一种新的资金支持,能够有效地缓解政府的资金压力。金融集聚对于政府的资金支持可以有效地促进农村向城市的人口转移。金融产业集聚可以加速带动地区金融规模的扩大和金融机构的落户,形成系统的城镇金融体系,提高金融运行的效率,发挥金融资金集聚本身的配置功能,进而可以吸引大量的金融人才。同时,金融体系的形成,可以带来城镇中资金的高效利用,为公共产品和基础设施的建设提供相应的资金支持,优化公共服务,增加居民住房,改善居民的城市生活生态环境,降低差异化,从而进一步提高城镇化质量,推动城镇化进程。此外,金融产业集聚带来的大量资金也会为城镇中的各类产业提供支持与帮助,同时扩大产业规模,提供更多的就业岗位,增加劳动力的需求,从而也吸引农村人口转移。在众多农村地区,金融产业集聚可通过金融体系的形成产生辐射效应,提高农村地区的金融资源,形成"蛛网效应",带动地区产业的发展,实现农村居民的非农化,从而全都推动提升人口城镇化的水平。

2) 金融集聚对经济城镇化发展的作用

一方面,金融集聚推动了金融业的发展和深化,将社会闲置资金充分转化为资金支持,产生规模经济效应的同时还可以提高金融资源配置效率,降低金融风险,从而在实体经济中发挥金融体系的作用,带动经济城镇化发展。另外,金融产业集聚创造的金融机构在地区高度集中,这种高度集中增强了机构之间的资源流动与产品共享,同时使其融资成本大幅度降低。金融资金也可在各机构之间相互流通,使得金融体系更加完善,建立与企业的金融网络,让其获得信息与相互交流更加便利,进而促进实体经济的发展。另一方面,由于每个企业家都希望自身的资金资本可以实现利益最大化,使得资金趋向于回报率较高的企业,这一举动大大促进了这类企业的茁壮成长,这也使得那些回报率较低的企业无法得到充足的资金支持,从而逐渐减小自身规模直至被淘汰,具备良好发展前景的企业让城镇产业结构升级优化更加趋近于合理化。另外,金融产业集聚能够创造出一种新的金融环境,这种金融环境不仅可以带来重要的外部资金支持,而且避免了一些业务创新的风险,同时可以有效地使资金流动到技术创新市场,带动城镇化水平迅速提高。

3) 金融集聚对空间城镇化发展的作用

人口城镇化与经济城镇化相结合最终产生的就是空间城镇化,空间城镇化作为城镇化的载体,城镇化的进展将反映在空间中,这是在当地空间建设新型城镇化最直观的外部表达。其发展来自城市自身的经济发展需要。目前,城镇化建设的发展使得大量的农村劳动力人口向城市转移,城市渐渐显示出承载力不足的问题,为加强承载力,城市不断扩大规模,基于辐射效应,强化郊区及农村的城镇化,为城市减小因人口大量集中而带来的压力。

金融产业集聚可通过集聚效应为城镇化规模的扩大提供充足的资金支持,进一步完善道路交通条件,加大辐射效应波及的范围,提高空间城镇化水平。提高金融产业集聚所带来的大量外部资金的支持,可以有效地促进产业结构的升级,这也说明了产业结构的调整离不开资金的大力支持,尤其对于农村地区,产业结构的升级优化能够大力促进本地区的经济发展。新型城镇化建设需要扩大城市的承载力,就需要郊区和农村地区承担大城市地区的人口压力,进而完善空间城镇化的格局。金融产业集聚所产生的辐射效应,可以促进周边地区金融业的发展,更好地服务地方产业,加快基础设施的建设,进而全面促进空间城镇化发展的进程。

8.2.3 研究假设

通过作用机理的分析,提出以下假设:

假设1:金融集聚水平的提高带来大量的资金支持,为新型城镇化中基础设施的建设提供有力的支撑。因此,假设1认为金融集聚对新型城镇化的发展具有积极影响。

假设2:金融集聚有助于促进产业结构的升级与创新,金融集聚可以有效地促进产业结构的升级以及创新,同时带动经济发展与提高新型城镇化的水平。因此,假设2认为金融集聚对新型城镇化的发展会带来积极影响。

假设3:金融集聚会造成地区之间的极化效应,从而导致地区之间新型城镇化水平差距扩大。因此,假设3认为金融集聚的极化效应会对新型城镇化的发展产生消极影响。

8.2.4 小结

总体而言,城镇化的建设主要由人口城镇化、经济城镇化和空间城镇化这三个部分组成。城镇化建设就是将这三个部分联系起来,加以限制和协调的过程。城镇化不仅包括城镇人口的增加,还包括城镇数量的扩增,以及人们对城镇的道德意识、行为和生活方式的逐渐变化。城镇化进程是经济、政治和文化发展的催化剂,也是人类文明不断进步的重要标志。

8.3 我国金融集聚和新型城镇化水平的测度

8.3.1 我国金融集聚水平测度的研究方法

1) 指标测度方法

(1) 数据无量纲化。因为每个指标的单位均有差异无法进行比较,所以需要对数据进行无量纲化处理,即数据标准化,目的是避免由指标单位的不同带来对测度结果的影响。评价指标有两种类型:正向与负向,统一到(0,1),以方便计算,正负指标的标准化公式如下:

$$Y_{ij} = \frac{X_{ij} - \min X_j}{\max X_j - \min X_j} \quad (8-1)$$

$$Y_{ij} = \frac{\max X_j - X_{ij}}{\max X_j - \min X_j} \quad (8-2)$$

式中,i 表示评价对象,j 表示指标,$i=1,2,\cdots,n$,$j=1,2,\cdots,m$;Y_{ij} 表示通过无量纲化处理的第 i 个评价对象的第 j 个评价指标值;$\max X_j$ 和 $\min X_j$ 分别是第 j 个评价指标的最大值和最小值。

(2) 区位熵。本研究对已有学者的研究进行了学习,以确保指标选取的可靠性与可行性。此外,鉴于银行业、证券业和保险业的数据均较难获取,将参考Haggett等提出的区位熵来测量金融集聚水平,文中表示"区位熵反映某一地区特定专业化水平的比较优势,金融集聚区位熵指数是指该地区某时期的金融业增加值占该地区 GDP 比重与同时期全国金融业增加值占全国 GDP 比重之比"[28]。对于计算金融集聚,本研究将借鉴柯丽菲[29]的公式:

$$FLQ_{it}=\frac{FVA_{it}/GDP_{it}}{FVA_{i}/GDP_{i}} \tag{8-3}$$

式中,FVA 表示金融增加值。若 $FLQ_{it}>1$,说明达到全国平均金融集聚水平之上并具有相对规模优势;若 $FLQ_{it} \leqslant 1$,说明在全国平均金融集聚水平之下且不具有相对规模优势。

2) 金融集聚水平测度分析

基于上述以构建完成系统的金融集聚值,以我国 31 个省(市、自治区)(不包括港澳台)2008—2017 年的金融业面板数据为样本,通过区位熵方法测度金融集聚综合水平值。

表 8-1 中国金融集聚综合水平测度值

省份\年份	2008	2009	2010	2011	2012	2013	2014	2015	2016	2017
北京	2.383	2.110	2.119	2.168	2.172	2.140	2.163	2.022	2.015	2.074
天津	0.955	0.980	0.997	1.064	1.189	1.232	1.243	1.149	1.214	1.313
河北	0.458	0.488	0.484	0.484	0.526	0.576	0.629	0.589	0.654	0.754
山西	0.693	0.786	0.782	0.735	0.808	0.921	0.966	1.059	1.120	1.061
内蒙古	0.450	0.478	0.476	0.496	0.484	0.532	0.560	0.551	0.663	0.853
辽宁	0.580	0.589	0.556	0.541	0.597	0.661	0.712	0.773	0.996	1.048
吉林	0.399	0.397	0.352	0.312	0.314	0.441	0.463	0.476	0.540	0.593
黑龙江	0.372	0.424	0.471	0.469	0.542	0.604	0.646	0.666	0.709	0.732
上海	1.752	1.917	1.824	1.887	1.858	1.863	1.983	1.964	2.048	2.172
江苏	0.731	0.741	0.816	0.842	0.888	0.954	0.997	0.896	0.940	0.986
浙江	1.343	1.321	1.347	1.344	1.220	1.066	0.947	0.808	0.782	0.852
安徽	0.618	0.571	0.514	0.524	0.549	0.683	0.690	0.669	0.718	0.769
福建	0.802	0.800	0.836	0.781	0.789	0.833	0.828	0.767	0.784	0.797
江西	0.327	0.345	0.410	0.486	0.488	0.542	0.647	0.636	0.691	0.691
山东	0.496	0.493	0.558	0.575	0.593	0.621	0.627	0.563	0.599	0.628
河南	0.400	0.410	0.485	0.513	0.524	0.573	0.594	0.638	0.675	0.703
湖北	0.605	0.591	0.564	0.546	0.599	0.685	0.689	0.743	0.860	0.929
湖南	0.504	0.493	0.463	0.405	0.401	0.444	0.483	0.453	0.488	0.593
广东	0.934	0.925	0.927	0.872	0.851	0.950	0.901	0.937	0.918	0.954

续表 8-1

年份 省份	2008	2009	2010	2011	2012	2013	2014	2015	2016	2017
广西	0.618	0.694	0.645	0.604	0.673	0.775	0.768	0.718	0.751	0.858
海南	0.549	0.635	0.607	0.664	0.700	0.848	0.827	0.777	0.842	0.864
重庆	0.912	0.955	1.005	1.119	1.228	1.216	1.181	1.064	1.121	1.166
四川	0.569	0.593	0.611	0.657	0.836	0.934	0.880	0.869	1.003	1.081
贵州	0.742	0.795	0.807	0.829	0.817	0.791	0.729	0.685	0.709	0.726
云南	0.850	0.912	0.833	0.816	0.803	0.883	0.923	0.855	0.895	0.911
西藏	0.990	0.839	0.856	0.832	0.700	0.737	0.829	0.786	0.978	1.049
陕西	0.684	0.658	0.610	0.549	0.584	0.656	0.737	0.712	0.737	0.741
甘肃	0.399	0.417	0.392	0.460	0.500	0.669	0.733	0.774	0.853	0.926
青海	0.625	0.675	0.648	0.596	0.677	0.985	1.045	1.083	1.157	1.306
宁夏	0.938	0.892	0.930	1.015	1.095	1.152	1.149	1.044	1.086	1.141
新疆	0.717	0.743	0.665	0.695	0.735	0.807	0.796	0.717	0.720	0.715

数据来源：各省区市数据统计报告、国家统计局网站、中国经济网站、中国产业经济网站。

表 8-1 显示了我国 31 个省域的金融集聚水平值，其计算方法基于区位熵测度，可以看出主要表现出两个特点：首先是北京市的金融集聚水平较为稳定，2008—2017 年金融集聚水平均保持在 2.0 以上，超过全国平均水平，无特别明显的波动，具有相对规模优势。金融业的发展呈现集聚式特征，表现出金融危机之后中国政府不断增强金融市场的主导力与监管力度。2016 年以后上海的金融集聚水平超越北京，显现出较大的提升。上海本身具有较强的金融市场基础，加上近年来的加速发展，其金融产业形成了一定的规模，具备较为完整的金融市场体系。另外，天津作为直辖市，金融集聚水平提升较为明显，自 2011 年之后稳定在 1.0 以上，京津冀地区虽难以与北京抗衡，但金融集聚发展实力不容小觑。其次，两极分化现象较为明显，从水平测度的评价情况来看，除去部分地区金融集聚发展态势良好以外，仍有大部分地区金融集聚水平低于全国平均值。进一步表明，当前中国省域的金融集聚水平在空间分布上仍有较大差距，呈现出极化效应与马太效应，强者愈强，弱者愈弱，存在空间不平衡的显著特征。总体而言，在 2008—2017 年间，我国 31 个省域的金融集聚水平均有提高，基本呈现逐年递增的趋势。

8.3.2 我国新型城镇化水平测度的研究方法

1) 指标测度方法

(1) 数据无量纲化。上文已经对数据的无量纲化处理做了详细解释,这里不再赘述,正负指标的标准化公式具体见式(8-1)和(8-2)。

(2) 熵值法。首先,要对指标比重进行计算,对原始数据进行标准化处理后,为得到各个指标的熵值,需要对指标进行归一化处理,计算公式为:

$$P_{ij} = \frac{Z_{ij}}{\sum_{i=1}^{n} Z_{ij}} \tag{8-4}$$

式中,P_{ij} 为第 j 项指标下第 i 个年份指标值所占比重。对指标信息熵值 e_j 和效用值 d_j 进一步分析,第 j 项指标的熵值 e_j 计算公式如下:

$$e_j = -K \sum_{i=1}^{n} P_{ij} \ln(P_{ij}) \tag{8-5}$$

式中,K 为常数,$K = -\frac{1}{\ln m}$。信息熵值 e_j 与 1 之间的差值表示信息效用的价值,可对权重数值的大小直接造成影响,其数值的大小对权重的大小与评价重要性的大小起重要作用。计算公式如下:

$$d_j = 1 - e_j \tag{8-6}$$

熵值法是对评价指标信息的价值系数计算得出其权重,且评价重要性的大小由价值系数的大小决定,表明权重的大小关系以及评价结果的贡献高低,公式如下:

$$W_j = \frac{d_j}{\sum_{j=1}^{m} d_j} \tag{8-7}$$

2) 新型城镇化指标构建

中共十八大报告中重点指出新型城镇化建设要全面可持续发展,由于新型城镇化的多样性,单一指标无法全面综合地反映新型城镇化的水平。因此,本研究在党的要求和参考前者的基础上,为确保指标的可靠性与可行性,将采用科学的指标选取原则构建新型城镇化的综合指标,主要从人口规模、经济发展、环境优化、功能完善四个方面进行指标的选取工作并对其进行权重计算,人口规模选取人口密度、常住人口自然增长率和城镇登记失业率这 3 个指标;经济发展选取人均 GDP 与城镇居民人均可支配收入 2 个指标;环境优化选取城市人均公园绿地面积、城市生活垃圾清运量 2 个指标;功能完善选取人均城市道路面积与每千人拥有卫生技术人员数 2 个指标。结果如表 8-2 所示。

表 8-2　新型城镇化综合评价指标及权重

目标	一级指标	二级指标	单位	类型	权重
新型城镇化	人口规模	人口密度	人/km²	+	0.103
		常住人口自然增长率	%	+	0.086
		城镇登记失业率	%	−	0.039
	经济发展	人均 GDP	元/人	+	0.157
		城镇居民人均可支配收入	元/人	+	0.160
	环境优化	城市人均公园绿地面积	m²/人	+	0.080
		城市生活垃圾清运量	万 t	−	0.195
	功能完善	人均城市道路面积	m²/人	+	0.078
		每千人拥有卫生技术人员数	人/千人	+	0.103

注：基于上文描述的测度方法以及中国 2008—2017 年 31 个省域的数据计算得出指标权重；指标类型中的"+""−"分别表示正向指标、负向指标。

数据来源：各省区市数据统计报告、国家统计局网站、中国经济网站、中国产业经济网站。

3) 新型城镇化水平测度分析

根据表 8-2 所建立的新型城镇化指标，采用我国 31 个省(市、自治区)(不包括港澳台) 2008—2017 年的面板数据为样本，经过数据无量纲化处理，采用熵值法对新型城镇化水平进行测度，具体公式见式(8-1)、(8-2)和式(8-4)～式(8-7)，结果如表 8-3 所示。

表 8-3　中国新型城镇化综合水平测度值

年份省份	2008	2009	2010	2011	2012	2013	2014	2015	2016	2017
北京	0.325	0.340	0.354	0.379	0.373	0.435	0.437	0.462	0.498	0.527
天津	0.213	0.226	0.254	0.285	0.299	0.322	0.329	0.340	0.363	0.382
河北	0.232	0.240	0.236	0.243	0.249	0.256	0.273	0.277	0.306	0.313
山西	0.168	0.175	0.183	0.201	0.206	0.222	0.240	0.242	0.254	0.267
内蒙古	0.167	0.184	0.194	0.223	0.252	0.265	0.279	0.287	0.302	0.302
辽宁	0.251	0.261	0.278	0.301	0.326	0.343	0.350	0.358	0.343	0.342
吉林	0.182	0.179	0.186	0.203	0.224	0.234	0.247	0.251	0.260	0.258
黑龙江	0.287	0.291	0.284	0.291	0.280	0.263	0.264	0.269	0.273	0.286
上海	0.326	0.342	0.367	0.382	0.385	0.426	0.406	0.424	0.455	0.491
江苏	0.307	0.323	0.353	0.395	0.430	0.445	0.492	0.528	0.571	0.625

续表 8-3

省份\年份	2008	2009	2010	2011	2012	2013	2014	2015	2016	2017
浙江	0.289	0.326	0.352	0.383	0.405	0.438	0.473	0.511	0.553	0.578
安徽	0.174	0.180	0.193	0.201	0.216	0.226	0.240	0.253	0.274	0.303
福建	0.185	0.195	0.214	0.238	0.269	0.288	0.316	0.333	0.361	0.408
江西	0.196	0.205	0.211	0.216	0.228	0.232	0.240	0.253	0.271	0.293
山东	0.315	0.318	0.336	0.343	0.378	0.380	0.388	0.480	0.522	0.559
河南	0.282	0.254	0.266	0.279	0.300	0.307	0.326	0.344	0.358	0.383
湖北	0.213	0.220	0.238	0.256	0.267	0.285	0.297	0.327	0.351	0.373
湖南	0.207	0.207	0.211	0.225	0.242	0.265	0.275	0.291	0.314	0.342
广东	0.510	0.534	0.543	0.564	0.602	0.606	0.632	0.662	0.690	0.735
广西	0.158	0.161	0.170	0.172	0.187	0.198	0.214	0.231	0.246	0.263
海南	0.162	0.165	0.175	0.192	0.194	0.201	0.212	0.221	0.234	0.251
重庆	0.115	0.123	0.139	0.172	0.199	0.206	0.228	0.249	0.278	0.299
四川	0.183	0.197	0.217	0.231	0.250	0.268	0.287	0.295	0.327	0.364
贵州	0.145	0.150	0.157	0.159	0.166	0.176	0.179	0.191	0.212	0.235
云南	0.165	0.166	0.176	0.187	0.198	0.185	0.208	0.217	0.240	0.247
西藏	0.156	0.159	0.156	0.162	0.169	0.178	0.190	0.217	0.218	0.222
陕西	0.206	0.216	0.226	0.249	0.257	0.268	0.292	0.280	0.297	0.292
甘肃	0.167	0.170	0.172	0.177	0.193	0.195	0.199	0.210	0.218	0.228
青海	0.146	0.152	0.161	0.170	0.177	0.191	0.200	0.208	0.218	0.231
宁夏	0.163	0.174	0.180	0.192	0.199	0.209	0.225	0.230	0.245	0.257
新疆	0.234	0.232	0.239	0.246	0.253	0.265	0.277	0.269	0.275	0.289

数据来源：各省区市数据统计报告、国家统计局网站、中国经济网站、中国产业经济网站。

通过对全国各省（市、自治区）2008—2017年的新型城镇化水平的测度可知，全国各省域的新型城镇化水平在空间上表现出明显的差异性，表现出较强的空间性特征。东部地区的发展相较于中西部地区而言，新型城镇化水平仍然保持较高的水平，从表8-3来看，广东、北京、上海、浙江、江苏新型城镇化水平明显提高，其中江苏省的新型城镇化水平提升最为明显。江苏省作为全国新型城镇化试点省份，在良好的发展机遇下，实施长三角一体化、长江中国经济新支撑带等重点战略的基础上迅速提高了其新型城镇化水平，努力缩小城乡差距，快速提升产业结构升级推动产城互动融合的速度，坚持以人民为核心在健康可持续发展的道路上走好每一步,提高生态文明质量吸引人才流入,在全国处于领先位置。此外,与东部较发达地区相比,中西部地区发展较为缓慢,短期内仅凭市场化手段很难突破现存的发展路径锁定及固化状态,而这也是国家提出"精准扶贫"的政策着力点所在。

8.3.3 小结

基于上述的理论观点,根据科学性的原则构建金融集聚与新型城镇化二者的指标,并且为了有效避免数据单位不一致所造成的偏差将数据进行无量纲化处理,通过区位熵和熵值法对二者在全国发展的综合水平进行测度分析。金融集聚水平测度结果可知,主要呈现出两个特点:一方面北京、上海等地区的金融集聚水平稳定在全国平均水平之上,稳居第一梯队;另一方面我国金融集聚水平呈现出两极分化现象,进一步表明,当前中国省域的金融集聚水平在空间分布上仍有较大差距,呈现出极化效应与马太效应,强者愈强,弱者愈弱,存在空间不平衡的显著特征。但总体而言,在2008—2017年间,全国各省市自治区的金融集聚水平均有提高,基本呈现出逐年递增的趋势。就新型城镇化建设水平来说,全国各省域的新型城镇化水平在空间上表现出明显的差异性,呈现出较强的空间特征。中西部地区的发展水平低于东部地区的新型城镇化水平,发现二者的发展程度与水平依旧呈现出较为明显的空间非均衡性。以上结果为下文从空间性的角度进行实证研究奠定了基础。

8.4 我国金融集聚对新型城镇化影响的实证研究

8.4.1 变量选取与数据来源

1) 变量选取

首先,对全部变量均进行了无量纲化处理,解释变量与被解释变量在上文中均已构建完成,并进行了水平测度分析及详细的说明;其次,对所有的变量进行对数化处理。下文不再重复说明,各变量选取结果如表8-4所示。

表8-4 变量选取

变量类型	变量名称	变量符号	变量解释
解释变量	金融集聚	$\ln fa$	该地区某时期的金融业增加值占该地区GDP比重与同时期全国金融业增加值占全国GDP比重之比
被解释变量	新型城镇化	$\ln nu$	人口规模、经济发展、环境优化、功能完善

续表 8-4

变量类型	变量名称	变量符号	变量解释
控制变量	政府财政支出	$\ln ex$	一般公共预算支出
	人力资本	$\ln hc$	高校在校人数
	固定资产投资	$\ln fai$	固定资本形成总额占资本形成总额比重
	产业结构	$\ln si$	第二产业增加值占GDP的比重
		$\ln ti$	第三产业增加值占GDP的比重

数据来源：各省区市数据统计报告、国家统计局网站、中国经济网站、中国产业经济网站。

2）数据来源

由于数据的可得性与一致性，本章采用我国31个省（市、自治区）（不包括港澳台）2008—2017年的面板数据作为研究样本，数据主要来源于各省区市数据统计报告、国家统计局网站、中国经济网站、中国产业经济网站。

8.4.2 模型设定

本章主要研究金融集聚对新型城镇化影响中的空间效应，基于上述相关理论分析，预期采用空间计量模型，而空间计量模型存在多种，为使结果更加准确，本研究采用空间杜宾模型（SDM）。与其他空间计量模型相比较空间杜宾模型在实证部分包含了空间滞后解释变量WX，因此对于区域样本数据处理中的遗漏变量情况，空间杜宾模型可以避免这一问题的发生。另外，如若数据的处理过程中是空间误差或空间滞后模型，空间杜宾模型能保证系数估计的无偏性质，具体公式如下：

$$y = \lambda Wy + X\beta + WX\delta + \varepsilon \tag{8-10}$$

式中，W指空间权重矩阵；WX指来自邻居自变量的影响；δ指相应的系数向量。

8.4.3 实证分析

1）描述性统计

上文已经对指标的选取与数据来源进行了详细的描述，这里不再赘述。本节对上文提到的各变量进行描述性统计，如表8-5所示。

表8-5 各变量描述性统计

变量	样本数	均值	标准差	最大值	最小值
$\ln fa$	310	0.833	0.384	2.383	0.312
$\ln nu$	310	0.279	0.109	0.735	0.115

续表 8-5

变量	样本数	均值	标准差	最大值	最小值
lnex	310	7.976	0.701	9.618	5.783
lnhc	310	12.741	0.937	13.916	9.855
lnfai	310	4.568	0.032	4.703	4.436
lnsi	310	3.807	0.219	4.119	2.945
lnti	310	3.753	0.194	4.389	3.353

注：表格内为中国31个省域2008—2017的数据并使用Excel表格计算所得。
数据来源：各省区市数据统计报告、国家统计局网站、中国经济网站、中国产业经济网站。

2) 空间自相关检验

本研究通过普通最小二乘法（OLS）对指标进行莫兰残差估计，进一步对其进行空间自相关检验，结果如表 8-6。

表 8-6　OLS 回归检验结果

检验	统计量	p 值
莫兰指数	5.244	0.01
LM（误差）	24.738	0.01
稳健的 LM（误差）	25.552	0.01
LM（滞后）	3.188	0.074
稳健的 LM（滞后）	4.002	0.045

注：表格内为中国31个省域2008—2017的数据并由Stata操作所得。
数据来源：各省区市数据统计报告、国家统计局网站、中国经济网站、中国产业经济网站。

如表 8-6 所示，OLS 回归残差莫兰指数检验的值为 5.224，同时在 1% 的水平下显著，表明莫兰残差具有较强的空间相关性，能够使用空间计量模型。此外，为了确定模型的适用性，参考杨宜的模型选择方法，采用 LM 以及稳健性 RLM 检验来对空间误差模型（SLM）与空间滞后模型（SEM）进行选择[30]。结果如表 8-6 所示，LM(Error)和 RLM(Error)显著性水平为 0.1%，而 LM(Lag)的显著性水平为 7.4%，同时 RLM(Lag)显著性水平为 4.5%，相比二者的显著性水平前者比后者更为显著，所以选择空间误差模型（SEM）更加适合于进行空间性的检验分析。鉴于全国各省（市、自治区）可能存在一定的空间联系，进一步进行 LR 检验，结果显示，空间滞后模型以及空间误差模型检验的结果分别是 31.19 与 42.75，表明在 10% 的检验水平上拒绝了空间滞后项与空间误差项无自相关的原假设，因此本章选用空间杜宾模型进行分析结果更为准确，并进一步进行了 Hasuman 检验，结果

为 -69.73，p 值小于 0.01，但因为结果呈现为负值，所以拒绝固定效应的原假设，本章采用随机效应模型研究。

3）实证回归结果及分析

表 8-7　空间杜宾模型(SDM)回归结果

决定因素	系数	p 值
$\ln fa$	0.075***	0.01(5.430)
$\ln si$	0.478***	0.01(3.780)
$\ln ti$	0.709***	0.01(4.780)
$\ln hc$	0.007	0.676(0.420)
$\ln ex$	0.059***	0.004(2.910)
$\ln fai$	0.053	0.431(0.790)
常数	-0.200	0.518(-0.650)
$W\times \ln fa$	0.038	0.147(1.450)
$W\times \ln si$	0.092	0.697(0.390)
$W\times \ln ti$	0.333	0.198(1.290)
$W\times \ln hc$	-0.031	0.309(-1.020)
$W\times \ln ex$	-0.013	0.596(-0.530)
$W\times \ln fai$	-0.365***	0.013(-2.490)

注：***、**、* 分别对应 1%、5%、10% 的显著性水平，( ) 中是 t 统计量的值。表格内为中国 31 个省域 2008—2017 的数据并由 Stata 软件计算得出。
数据来源：各省区市数据统计报告、国家统计局网站、中国经济网站、中国产业经济网站。

$$y=0.075\ln fa+0.0478\ln si+0.709\ln ti+0.007\ln hc+0.059\ln ex+$$
$$0.053\ln fai-0.200+0.038W\times \ln fa+0.092W\times \ln si+0.333W\times \ln ti-$$
$$0.031W\times \ln hc-0.013W\times \ln ex-0.365W\times \ln fai$$

从表 8-7 的空间杜宾模型的回归结果能够看出，金融集聚（$\ln fa$）对新型城镇化显著为正，存在积极作用，当金融集聚水平提高 1% 时，新型城镇化水平相对提高 0.075%，表明可以通过提升金融集聚水平促进新型城镇化的发展。从产业结构方面来看，第二产业增加值占 GDP 的比重（$\ln si$）在 1% 的水平下显著为正，表明第二产业每增加 1% 新型城镇化水平相对增加 0.47%；在 1% 的水平下第三产业增加值占 GDP 的比重（$\ln ti$）显著为正，可以看出第三产业增高 1%，新型城镇化水平提高 0.709%。我国现阶段处于经济转型的大背景下，产业结构的升级调整已然成为新型城镇经济发展的必由之路，而产业结构也是影响新型城镇化发展的主要因素之一,产业结构的升级迫使那些依赖原有产业的城镇不得不进行调整优化来解决问题。在逐步实现产业集聚的同时,也使得产业布局更加合理化,在此基础上,产业结构的升级优化推动新型城镇化的质量,从而提高我国整体的新型城镇化水平。从政府财政支出($\ln ex$)方面来看,政府财政支出对新型城镇化的建设显著为正,对其发展存在积极作用,每提高1%的政府财政支出,相应提高0.059%的新型城镇化水平。政府财政支出对新型城镇化基础设施的建设有着重要的资金支持,保障基本公共服务无差异化的同时带动新型城镇化的发展。而人力资本($\ln hc$)对新型城镇化建设有积极作用,提高1%的人力资本相应能够提高0.07%的新型城镇化水平,但是提升作用并不显著,人力资本不显著的原因有可能是因为人才的流动性,人才的大量聚集在较为发达的一线城市,造成中小城市的人才严重缺失,也使得发展不均衡。固定资产投资($\ln fai$)对新型城镇化发展产生积极作用,提高1%的固定资产投资对应提高0.053%的新型城镇化水平,但促进作用不显著,由此可知,为强化其在新型城镇化建设中的支撑作用,我国需要加快完善固定资产投资的结构,扩大基本建设投资。

8.4.4 小结

本节通过研究设计,构建空间面板模型,通过OLS检验得知存在显著的空间自相关性,并通过LM检验和Hausman检验等,选择更为准确的模型进行分析。通过空间杜宾模型回归结果获得如下结论:首先,通过对我国各省(市、自治区)的整体分析可知,金融集聚推动了新型城镇化的发展,且存在显著的积极作用;产业结构与政府财政支出对新型城镇化建设同样显著为正,存在积极作用;其次,人力资本与固定资产投资对新型城镇化产生正向作用,但影响并不显著,这可能是需要完善的地方。

8.5 结论与建议

想要实现现代化建设,新型城镇化是其中必不可少的重要一步,而新型城镇化的建设同时需要大量的资金支持。这笔大量的外部资金可以通过提升金融集聚水平、增加资金投放总量和扩大金融产品的多样性来实现,也可以通过提高金融集聚度、增加投资总额和扩大金融产品的多样性来实现。因此,本章基于金融集聚与新型城镇化相关机理的分析与探讨,以我国31个省(市、自治区)(不包括港澳台)2008—2017年的面板数据为样本,通过科学的原则选取指标并建立其综合值来进行水平测度与分析,进而通过空间自相关性检验等确立使用空间杜宾模型进行实证检验以研究金融集聚对新型城镇化的影响,并得出相关结论:

(1) 根据金融集聚与新型城镇化的相关理论以及科学性原则,全面构建二者综合值,采用数据无量纲化处理并采用区位熵和熵值法对二者的综合水平进行测度与分析。研究发现:十年来,我国金融集聚与新型城镇化水平得到快速提升,区域不平衡与地区差距大等问题暴露无遗且两极分化现象尤为明显。从金融集聚水平来看,结果呈现出两个特点:首先,北京、上海的金融水平稳定在较高的水平,由此看出,我国的金融中心仍然分布在京津冀与长三角这些经济水平较为发达的地区;其次,地区之间金融集聚水平的两极分化现象明显,当前我国在空间上依旧以极化效应与马太效应为主,空间不平衡特性明显。从新型城镇化水平来看,全国各省域的新型城镇化水平在空间上表现出明显的差异性和较强的空间特征,总体与金融集聚发展水平基本一致,中西部地区的新型城镇化水平低于东部地区。

(2) 采用空间计量模型进行实证分析进一步研究金融集聚对新型城镇化的影响,通过其检验结果可知:首先从空间自相关性检验看,OLS 中的莫兰残差值表明显著地存在空间自相关性。鉴于全国各省(市、自治区)可能存在一定的空间联系,进而进行了 LR 检验,结果显示空间滞后模型和空间误差模型检验的结果分别是 31.19 与 42.75,表明在 10% 的检验水平上拒绝了空间滞后项与空间误差项无自相关的原假设,因此本章选用空间杜宾模型进行分析结果更为准确,并进一步进行了 Hasuman 检验,结果为 -69.73,p 值小于 0.01,但因为结果呈现为负值,所以拒绝固定效应的原假设,本章采用随机效应模型研究。从空间杜宾模型的回归分析看,金融集聚在 1% 的水平下显著,对新型城镇化的发展产生积极作用,这和上文中所分析的结论相同,更加可靠地证明了金融集聚对新型城镇化存在积极影响。

本章主要研究内容为金融集聚对新型城镇化的影响,因此从该视角探讨的政策性建议如下:

(1) 加强建设区域金融中心推动中国新型城镇化的发展

一方面,要结合中国国情与现状,充分发挥政府在建设金融中心的主导作用;另一方面,要与各地区的区位与资源优势、区域发展特点相结合进行战略部署。通过上述分析结果可知,在空间维度上我国金融集聚依旧呈现出极化效应与马太效应,明显呈现出空间不平衡这一特征,同时东部地区的金融集聚水平较高,北京、上海等城市依托自身区位优势已经成为区域金融中心,拉动新型城镇化的发展;而中西部地区相较于东部地区金融集聚水平整体偏低。因此,应该充分认识区域之间的差异问题,积极发挥中心城市的主导作用,结合城市自身区位优势与特点,提出

第八章 金融服务业集聚对新型城镇化的影响研究

与之相对应的区域金融中心建设目标,制定差异化政策促进金融中心的形成与发展,使其区域经济努力达到共同发展,与此同时带动整体的经济发展。但在建设区域金融中心时,要注意避免同质化及恶性竞争,应将金融中心发展成具有多元化、差异化且包含明显区域特色,同时能够更加充分地将金融中心的辐射作用发挥出来,为新型城镇化建设提供强大的资金支持,进而促进新型城镇化的发展。

(2) 以深化金融产业积极带动新型城镇化的发展

基于上述结论可知,产业结构已然成为影响经济发展、新型城镇化建设的主要因素之一,我们要高度重视产业结构在金融集聚促进经济增长中的杠杆作用。一方面,要增强产业与城市功能的深度融合,根据不同地区当前的产业结构以及经济发展水平对金融资源进行合理配置,产业的发展离不开城市承载力在产业空间上的推动作用,保障产业发展的同时带动城镇金融产业链的扩张。另一方面,使金融集聚的作用机制得以充分发挥,增强各地区之间的产业联系,金融资源合理化配置,积极发挥产业结构对地区经济的辐射作用。政府应起到导向作用,加快建设金融保障机制,使其发展得以高效进行,同时,建立健全金融监管政策、加大金融监管力度,对金融资源的合理化配置起引导性作用并适当地对其进行调控,让金融集聚、产业结构及经济增长协同发展,促进地区的经济增长从而带动新型城镇化的发展。

(3) 缩小各地区间差距促进新型城镇化发展

通过探讨新型城镇化的水平测度值,我们知道各地区发展水平存在一定的差距。一方面,经济发展已有巨大成效,但由于各地区要素初始禀赋的不同,在人口结构、基础设施建设等方面也存在较大的差距,各地区的经济发展不协调日益突出。通过实证回归结果可知人力资本虽为正向但结果并不显著,这很有可能是因为人才的流动性造成的,人才多集中于较发达城市,发展落后的二、三线城市以及农村的人才驻留较少,不利于新型城镇化的全面发展,而缩小各地区之间的差距可以吸引大量的人才驻留。人才作为金融发展的基础之一,可以有效地促进经济发展。因此,建立相关的人才优待政策,吸引人才落户至关重要。另一方面,我国应该加快固定资产投资结构,增强基础建设投资,提升地区的综合水平,为城镇招商引资、生产要素流动起到很好的促进性作用;地方政府应当在注重本地区金融能力的同时,重视起与本地区以外区域的金融机构进行广泛合作,吸纳不同的资金,实现金融的多元化、层次化,对新型城镇化的建设提供充足的资金保障,使得新型城镇化得到协调、可持续的全面发展。

参考文献

[1] Andrews R B. Mechanics of the urban economic base: Historical development of the base concept[J]. Land Economics,1953,29(2):161-167.

[2] Nahashi, Stannics. Diverging patterns with urban growth[D]. Canada Economic Association Discussion Paper,2007.

[3] Pradhan. Thenexus between finance, growth and poverty in India: The coiutegration and causality approach[J]. Asian Social Science,2010,6(9):114-122.

[4] Kyung-Hwan Kim. Housing Finance and Urban Infrastructure Finance[J]. Urban Studies,1997,34(10):1597-1630.

[5] Buckley M, Hanieh A. Diversification by Urbanization: Tracing the Property-Finance Nexus in Dubai and the Gulf[J]. International Journal of Urban and Regional Research,2014,38(1):155-175.

[6] Peter R. Stopher. Financing urban rail projects: the case of Los Angeles[J]. Transportation,1993,20:229-250.

[7] Kempson E, Whyley C. Kept Out or Opted Out? Understanding and Combating Financial Exclusion[M]. Bristo I UK: The Policy Press,1999:56-62.

[8] Ang, J. Finance and inequality: the case of India[D]. Melbourne: Monash University, Department of Economics,2008.

[9] Jeanneney S G, Kpodar K. Financial development and poverty reduction: can there be a benefit without a cost[R]. IMF Working Paper,2008,62.

[10] Black D, Henderson V. A Theory of Urban Growth[J]. Journal of Political Economy,1999,107(2):252-284.

[11] Ye Changhua, Sun Chuanwang, Chen Litai. New evidence for the impact of financial agglomeration on urbanization from a spatial econometrics analysis[J]. Journal of Cleaner Production,2018(200):65-73

[12] 汪小亚. 中国城镇城市化与金融支持[J]. 财贸经济,2002(8):31-34.

[13] 范兆媛,周少甫. 金融支持对新型城镇化促进的空间效应研究:来自中国30个省域数据的实证分析[J]. 现代财经(天津财经大学学报),2017:69-81.

[14] 李凌妹. 金融集聚对新型城镇化作用机理研究[D]. 合肥:安徽大学,2015.

[15] 李文,庄亚明. 中国西部新型城镇化建设综合测度及金融支持研究[J]. 经济问题探索,2017(1):72-81.

[16] 李清政,刘绪祚. 金融支持与我国新型城镇化互动发展的理论与实证研究[J]. 宏观经济研究,2015(4):142-152.

[17] 李宝礼,胡雪萍.金融发展会造成人口城镇化滞后于土地城镇化吗:基于安徽省16个地级市面板数据的研究[J].华东经济管理,2014,28(12):18-23.

[18] 李伟军,王春阳.金融集聚对新型城镇化影响的门槛效应[J].安徽工业大学学报(社会科学版),2018,35(4):9-12.

[19] 陈志伟.金融发展对城镇化影响的实证研究:以河南省为例[J].经济经纬,2014,31(6):7-13.

[20] 张英丽,杨正勇.金融发展、城镇化对城乡收入差距的作用机理及动态分析[J].统计与决策,2018,34(5):84-88.

[21] 中国人民银行荆州市中心支行课题组,邵光清,谢云.中国金融发展与城镇化进程动态互动关系:基于面板VEC模型分析[J].武汉金融,2013(10):31-33.

[22] 邓德胜.中国城市化与金融发展关系研究[J].江西社会科学,2008(9):102-105.

[23] 王周伟,柳闫.金融集聚对新型城镇化支持作用的空间网络分解[J].上海师范大学学报(哲学社会科学版),2016,45(2):45-55.

[24] 王弓,叶蜀君.空间视角下的经济增长、金融发展与城镇化协调性研究:以中国城市群为样本[J].管理世界,2016(1):174-175.

[25] 俞思静,徐维祥.金融产业集聚与新型城镇化耦合协调关系时空分异研究:以江浙沪为例[J].华东经济管理,2016,30(2):27-33.

[26] 李宝礼,胡雪萍.金融集聚对中国城镇化的影响[J].城市问题,2015(10):55-62.

[27] 于斌斌.金融集聚促进了产业结构升级吗:空间溢出的视角:基于中国城市动态空间面板模型的分析[J].国际金融研究,2017(2):12-23.

[28] HAGGETT P. Geography in a Steady-state Environment[J]. Geography,1977,62(3):1-24.

[29] 柯丽菲.广西金融产业集聚及其对经济增长效应的比较研究[J].广西社会科学,2016(8):21-25.

[30] 杨宜.科技金融政策对区域创新的影响:基于京津冀地区的空间计量研究[J].北京联合大学学报(人文社会科学版),2018,16(4):40-50.

第三部分

金融服务业集聚新形态
——互联网金融

第九章

我国互联网金融发展模式与路径选择研究

9.1 绪论

互联网改变着我们的经济活动方式,也改变着我们的思维方式。在金融领域,互联网也在悄然改变着传统金融行业的运作模式,并且催生出了崭新的金融服务业集聚新形态。互联网金融为传统的金融行业注入了全新的理念和活力,与此同时也带来了新的竞争,促进了新的合作。

我国的互联网金融市场快速发展,新的思维、观点、产品和模式都不断出现,以第三方支付、网贷、众筹融资和理财产品等为代表的互联网金融正在朝气蓬勃地发展,已经快速成为具有较大规模和影响力的业态,发展速度甚至超越了美国。阿里巴巴、京东商城等电子商务大数据金融服务模式也迅速展开,越来越多的互联网公司进入金融服务的领域,如百度推出的百发产品上线,腾讯的理财产品理财通问世,以及互联网保险企业众安保险的诞生也吸引了众多业界的目光。

从需求上来说,随着经济结构的调整,现有的金融机构无法满足消费者日益增加的信贷需求,同时,金融个体对于降低交易成本有着很强的需求和渴望。在传统的金融市场交易中,各个主体之间的信息不对称导致的运营成本增加和时间浪费等使得他们对金融模式的创新和改变产生了强烈的需求。这种需求的日渐增加,推动了互联网金融的产生和发展。同时,现代科技的迅速发展也为这种需求提供了强有力的技术支持,推动了互联网金融的产生和发展。随着互联网和智能手机在我国的普及,大数据、云计算等技术手段的发展以及金融机构的革新,互联网金融的产生和发展也有了坚实的技术支持和保障。在未来,可以预见到传统金融将不断加快创新的步伐,金融行业将会成为一个既充满竞争,同时又充满机会的行业。

第九章 我国互联网金融发展模式与路径选择研究

互联网金融依托于互联网工具,是完全互联网化的,它的目的是实现资金的顺畅流通,完成在线支付以及担当信息中介的功能。互联网开放、平等和共享的精神使得互联网金融在处理业务的时候可以有更快捷的操作手段,更高的透明度和参与度,更好的协作性和更低的中间费用。从广义上来讲,涉及金融方面业务的互联网运用都属于互联网金融的范畴,比如第三方支付、网络借贷、互联网投资和理财产品等。随着互联网技术的发展,互联网和金融行业的相互渗透程度正在不断加深,互联网金融已经深入到了传统金融的重要业务功能之中,尤其是余额宝等互联网金融产品的出现,获取了很多忠实用户,更是聚集了各方的目光。互联网金融是金融服务模式的一种创新体现,它是一种新兴的金融行业形态,充分利用了互联网技术,革新了金融行业及其业务。在这样一个互联网的时代,金融的普惠性将得到显著性增强。

本章通过对我国互联网金融的发展背景和研究意义进行分析,引出互联网金融内涵及其特征界定。同时,结合具体的互联网金融企业发展案例,对我国互联网金融的发展模式和路径选择进行探究,并提出相关的对策和针对性建议。

本章分为五部分。第一部分是绪论,主要介绍了互联网金融的概念、内涵和发展背景。第二部分是文献综述,概括了国内外相关的互联网金融文献内容。第三部分和第四部分是文章的主体,主要介绍了我国互联网金融发展的不同模式和路径的选择。具体的发展模式包括第三方支付平台模式、P2P 网络借贷模式、众筹融资模式等,并选择了支付宝、宜信网和天使汇作为案例进行了具体的分析。而路径选择主要包括实现利率市场化,产品往多样化发展,平台向多元化发展以及理财产品实现个性化等。第五部分针对前文分析的内容,提出了互联网金融发展目前存在的缺失和漏洞,并对此提出了针对性的意见和建议。

9.2 文献综述

9.2.1 互联网金融的内涵综述

中国互联网金融发展历程要远短于美欧等发达经济体。截至目前,中国互联网金融大致可以分为三个发展阶段:第一个阶段是 1990—2005 年左右的传统金融行业互联网化阶段;第二个阶段是 2005—2011 年前后的第三方支付蓬勃发展阶段;而第三个阶段是 2011 年以来至今的互联网实质性金融业务发展阶段。

作为我国最早提出互联网金融概念的人,谢平认为互联网金融是完全崭新的金融形态。他把所有受到互联网技术和精神影响的各种金融活动都归为互联网金融的范畴[1]。杨东则认为,互联网金融是不同于把计算机技术应用于传统金融行业的简单结合,那只能称作是金融互联网,相对的,互联网金融是将互联网作为金融的一种渠道,使它介入传统金融中去参与和完成具体的业务[2]。在吴晓求的理论中,互联网金融是具有实现金融功能的链条并且同时具有独立空间的一种金融运行的结构,这两个要素是缺一不可的。与杨东一样,吴晓求也认为传统金融应用互联网技术去完善和健全自身产品以及行业机制,但是并不改变原有的运营模式的情形只能称为金融互联网,相比之下,互联网金融是一种根本性的改变和革新,包括思想理念、运行结构和模式等各个方面[3]。

9.2.2 互联网金融与传统金融

互联网金融的发展和壮大对传统的银行和金融业带来了巨大的冲击,也引起了很多学者的重视和探讨。周宇把互联网金融称为一场划时代的金融变革。他认为,互联网金融的出现和快速发展使得传统金融市场的改革加速,分业经营的模式已经不能满足大众的需求,金融方面的监管难度也大大增加[4]。对于货币市场和证券市场的影响,屈庆和龚映清等学者也都提出了自己的看法。他们认为,互联网金融的发展使得货币流通速度大大加快,从而降低了消费者对货币的需求迫切程度。在证券方面,它使得证券行业的经营模式、渠道、定位等都发生了变化[5-6]。在互联网金融对商业银行造成的影响上,学者们也是各持己见,没有确切统一的看法。袁博认为,互联网金融使得金融市场的中介弱化,操作方式更加智能,对商业银行的运行会产生一些影响,但是这二者在功能上有一定的互补关系。互联网金融的发展会推动商业银行与先进的信息技术相结合,降低了交易成本,促进双方的共同发展[7]。邱晗以互联网理财为视角,研究认为互联网金融实质上变相推动了利率市场化,加重了银行对同业拆借等批发性资金的依赖[8]。郭品和沈悦以我国83家商业银行为样本,经实证研究证明互联网金融发展经由恶化存款结构和抬高付息成本两种渠道显著加重了银行风险承担水平[9]。

在互联网金融的功能方面,首先互联网金融降低了信息不对称程度,互联网金融交易过程透明,风险管理和信任评级完全数据化,从而有效降低了信息不对称的风险[10]。其次,互联网金融的发展加速了金融脱媒化。在互联网金融蓬勃发展的过程中涌现出大量的投融资平台,通过平台,资金的供需双方实现了直接沟通,推动了金融脱媒化[11]。同时,众筹等互联网金融模式还推动了直接融资市场的发展,促进多层次的资本市场体系构建。最后,互联网金融有助于解决小微企业融资难、融资贵等问题,缓解个人的融资约束,促进个人投资、创业等活动。谢绚丽等指出数字金融对创业有显著的促进作用,并且表现出明显的普惠性特征[12]。

经过几年的发展,互联网金融也暴露出自身的劣势。唐士亚指出互联网金融中高收益理财产品普遍存在严重的期限错配现象,将居民资金投资于长期项目中,一旦发生居民挤兑,很容易引发流动性危机[13]。于博认为互联网金融的便捷性也导致其风险性具有传播性更强、虚拟性更高、底层资产更复杂、传播范围更广等特点,故而互联网金融比传统金融机构面临更强的信用风险,互联网金融的风险转型与变异对经济的冲击更大[14]。靳玉红认为,互联网金融对互联网信息系统的依赖程度很高,一旦互联网积累的大数据信息被恶意篡改,将直接影响公司的产品开发、风险控制、管理经营等[15]。

部分学者关注了中国互联网金融对传统金融市场的影响,从商业银行转型、货币政策等角度进行了研究。互联网金融作为新兴的金融模式给传统金融系统带来了深刻的影响[16]。一方面,互联网金融从负债业务、中间业务、资产业务等多个方面冲击以银行为主体的传统金融;另一方面,互联网金融与传统金融相互竞争,将会推动金融结构变革和金融效率的提升,使得金融更具普惠性[17]。

1) 互联网金融对商业银行效率的影响

互联网金融的发展给中国传统的商业银行带来了巨大的竞争压力,但也为传统银行提供了效率提升的动力和机遇。北京大学互联网金融研究中心课题组通过梳理165家中国商业银行的信息,构建了商业银行互联网转型指数,发现商业银行开始利用互联网金融技术进行转型,其中中小银行转型力度最大,大型国有银行则相对较小[18]。刘澜飚等通过梳理现有研究发现互联网金融对传统金融中介的替代作用较小,两者之间存在着较大的融合空间[16]。沈悦和郭品发现互联网金融在中国也存在技术溢出效应,其发展会显著提高商业银行的全要素生产率,但是影响存在异质性:股份制商业银行提升最大,城市商业银行次之,而大型银行则改变较小[19]。谢绚丽和王诗卉利用2010—2016年116家银行的年报数据和北京大学互联网金融研究中心的省级数字普惠金融指数,分析影响我国商业银行在互联网金融产品创新和管理创新行动的因素。实证结果表明,银行对产品创新和管理创新的采纳受到不同因素的影响:产品创新更多受到资源、治理结构等组织内部特征的影响,而管理创新的采纳则更多受到外部环境的影响。

2) 互联网金融对商业银行风险承担行为的影响

面对互联网金融的竞争性冲击,商业银行可能通过提高自己的风险承担行为来获得更高的利润。例如,余额宝等互联网理财产品的发展加剧了银行存款的竞争程度,根据"特许权价值假说",存款市场上的竞争将导致银行的特许权价值降低,为了提高利润,银行会提高风险承担行为。戴国强和方鹏飞也指出,互联网金融推高了银行的负债成本,从而使得银行贷款利率增加,导致贷款申请者更偏好于选择风险更大回报更高的资产,增加了银行风险[20]。郭品和沈悦发现互联网金融发展会加剧银行的风险承担行为,但是不同银行受到冲击的反应程度是不一样的。系统性重要银行相比于非系统性重要银行反应更为审慎和稳健[19]。刘忠璐则认为互联网金融发展对不同类型商业银行的风险承担行为影响存在异质性:股份制商业银行的风险承担行为会降低,但是城市商业银行、农村商业银行和大型商业银行的风险承担行为会提高[21]。

3) 互联网金融对货币政策传导机制的影响

货币政策的传导主要是通过金融中介来完成,而互联网金融这个新兴的金融模式的出现,可能会对传统的货币政策传导机制产生影响。战明华等构建了包含企业、家庭和银行的一般均衡模型,发现总体而言互联网金融是通过降低金融市场的摩擦来弱化货币政策银行信贷渠道的,微观机理上是因为货币政策紧缩时,互联网金融的发展会促使银行发售更多不需要缴纳存款准备金的理财产品,导致货币政策冲击减弱[22]。刘澜飚等从价格型和数量型货币政策有效性出发,基于微观银行模型分析,发现互联网金融增加了银行存贷款规模和利率对银行同业市场的敏感度,使得价格型货币政策的有效性提高[23]。但互联网金融的发展也加剧了狭义货币乘数的波动,减弱了数量型货币政策的有效性。

还有一些学者从电子货币的角度论述互联网金融发展对货币政策传导的影响。周光友和施怡波构造了基于电子货币的货币需求模型,发现电子货币发展不仅会对预防性现金需求产生影响,同时可以加快不同层次货币之间的转化,减少预防性货币需求,进而对货币流动速度产生影响[24]。谢平等发现互联网金融的发展将会使得移动支付的低交易成本优势得到充分发挥,人们对现金获得的需求下降,改变了货币需求形式;同时也会让中央银行和企业可以并行发行货币,冲击货币供给;供给端和需求端的改变将会大大降低货币控制的有效性,需要中央银行发明新的政策工具[25]。

到目前为止,互联网金融所展示的最大优势是支持普惠金融的发展[26]。数字技术为克服普惠金融的天然困难提供了一种可能的解决方案,一方面互联网平台通过建立一些诸如淘宝或者微信这样的"场景"紧紧地黏住数千万甚至上亿的移动终端;另一方面又通过对来自社交媒体和网购平台等的大数据进行分析,做信用评估。互联网金融就是这样在不见面的情况下降低获客与风控的成本,大大提高普惠金融发展的可行性。目前驱动金融发展的关键技术,主要包括大数据、云计算、区块链和人工智能等。关键驱动技术主要从规模、速度和准度三个维度提升数据处理能力,通过降低成本、提升风控能力和促进竞争,提升金融普惠性。因此,众多研究互联网金融的文献更多地在研究数字普惠金融,从这个意义上讲,互联网金融的概念等同于数字普惠金融。

9.2.3 互联网金融与创业

1) 数字平台/技术与创业

部分学者侧重于从数字技术/平台的创新而不是金融(资金支持)的角度来研究数字经济与创业活动。

互联网和数字技术情境下的创业活动呈现出开放性、无边界性和强互动性等新特点,需要基于大样本创业数据研究互联网情境下的创业行动、创业绩效和跨区域文化的创业模型框架。一方面,已有信息系统领域的研究在创业方面主要关注特定组织情境下信息技术对创业活动的影响,较少有研究对数字平台和创业活动之间的关系进行分析。另一方面,部分研究检验了数字技术对创业决策以及创业活动的影响,但是多集中在对相关概念、范畴和数字技术应用等领域,例如在线用户团体、社交网络和社交媒体等数字技术对创业的影响,这些研究认为数字平台是创业过程中知识和创意的来源,从而减少了创业可行性的前期检验过程以及商业机会识别的时间。

余江等研究发现,数字平台的开放性和自生长性降低了创业的学习成本和资源获取门槛,而数字平台的开放治理模式为异质性和动态性的创业团队形成提供了基础[27]。在全球数字化技术与数字经济快速发展的背景下,数字创业作为大数据分析、社交媒体、云计算和智能制造等数字技术和商业机会融合的新模式出现。以大数据技术为例,新兴的创业公司可以通过出售数据和服务,为行业提供更专业的解决方案,这种新型创业正成为数字经济时代重要的商业模式。数字创业在数字技术的嵌入下降低了创业门槛。云计算等数字技术产生的 ICT 服务更有效地支撑了中小企业创业,为中小企业提供了进入全球市场和增加合作创新的机会。

与传统创业产品的分销过程相比,数字创业产品能够在网络和数字化环境中快速和低成本地传播,数字创业机会呈现出碎片化和创业机会识别过程的动态性等特征。数字创业基于线上线下相结合的创业网络的资源整合和团队组建突破了传统实体创业模式,大大降低了沟通成本和资源获取成本限制。在技术知识资源的获取方面,创业主体之间的联系得到了大范围扩展,例如在开源社区中创业者可以免费使用开源硬件平台上的源代码、数据、设计图和材料清单等,快速和低成本地获取技术知识,极大地便利了创业企业的技术知识获取。

Nambisan将创业过程中的数字技术分为三类:数字组件(单独的软硬件或者数字平台的构成部分)、数字平台(具有可扩展性的操作系统或开源网络社区等)和数字基础设施(提供计算、沟通和资源集聚渠道的网络平台等),三类数字技术与创业过程的交互过程具有社会物质性,并对创业过程各阶段产生影响[28]。

2) 互联网金融、数字普惠金融与创新创业

传统金融供给的不足极大地制约了创业活动的开展,也促使互联网金融这一新型金融模式在中国蓬勃发展[25]。中国互联网金融起步于公益性小额信贷,后来扩展为支付、信贷等多业务的综合金融服务,并由于网络和移动通信等的广泛应用而得到长足发展。中国互联网金融的发展极大地提高了金融服务的可得性和便利性,特别是对于原先无法接触到金融的群体来说。虽然对于传统金融与创业的关系已有大量的研究,但是尚缺乏互联网金融对创业影响的系统性研究。目前在创业领域与互联网金融相关的研究大多是基于单一平台企业的微观机制研究,或者是在某一区域的小范围调查研究[29]。

从互联网金融发展的形式上看,近几年来,依赖于信息技术、大数据技术和云计算等创新技术的互联网金融,为降低金融交易成本,拓展金融的服务范围和触达能力提供了巨大的发展空间。通过互联网科技与金融行业的结合,以信息技术为支撑的互联网金融可以减少信息不对称、降低交易成本和优化资源配置[30]。例如,电子支付使得货币电子化,大大降低了金融交易的成本,不仅使得金融服务更加普及,也促生了电子商务、线上线下结合(O2O)等诸多新的创业机会。具体而言,众筹可以帮助创业企业在更大范围,用更低成本获得融资。网络借贷则对接了地理距离可能很远的资金需求方和供给方。谢绚丽、沈艳等也认为,P2P网络借贷可以通过互联网联结资金需求方和供给方,大大缩小线下的搜寻成本和匹配成本。众筹模式则可以将创业项目在线上向投资人发布,从而快速而广泛地获得资金支持。电商供应链金融则通过企业经营产生的数据,弥补了中小企业信用不足的问题,提高了它们获得贷款的可能。这些新型的互联网金融模式为解决中小企业融资难问题提供了新的机遇[12]。

数字普惠金融利用移动互联网、大数据、区块链等技术,打破了传统物理网点的局限,创造出全新的信贷技术和风控模式,为众多农村居民提供金融服务。这不仅为农村居民提供了获得教育、培训、医疗等必不可少的金融资源,也为农村个体

经营者、小微企业提供了盘活生产经营的资金,从而促进农村地区包容性增长。Manyika 等对互联网金融全面影响的量化结果显示,数字普惠金融发展有望让数十亿人的经济前景得以改善,让因缺乏信贷获取渠道而受阻的小型企业注入新的活力,让中国等中等收入国家 GDP 增加 5%[31]。

从文献来看,互联网金融影响创业的机制可能包括以下三个:弥补传统金融覆盖不足的不发达地区的创业,促进相对更小规模的小微企业的创业,以及促进创新[12]。

(1)互联网金融与农村/村户创业

部分学者通过实证研究发现,互联网金融的新形式缓解了农户创业贷款的压力,提升了农村金融的普惠性。鲁钊阳、廖杉杉的研究发现,P2P 网络借贷通过缓解农村电商创业农户的信贷约束,提供多种理财产品和个性化服务,有效促进了农村电商创业发展,最终提升了农产品电商创业者的偿债能力、营运能力和盈利能力[32]。湛泳、徐乐将互联网金融纳入整体金融发展水平的分析框架内,考察在"互联网+"视角下包容性金融发展水平对创业的影响,发现包容性金融发展水平越高,创业者越偏好正规金融服务,越偏好风险,其创业意愿越强[33]。张栋浩、尹志超采用中国家庭金融调查 2015 年数据,构建村庄金融普惠指数,加入了反映互联网金融服务的指标,发现金融普惠的使用度上,金融科技发展带来的互联网金融服务比传统金融服务发挥更大的作用。相比于传统金融机构和传统金融服务,村镇银行等新型金融机构和金融科技带来的互联网金融服务能够更加显著地降低农村家庭贫困脆弱性[34]。

对于互联网金融促进农户创业的机制,一方面,互联网金融可以用更低的成本提供金融服务。由于经济发展水平低、地理位置偏远等原因,传统金融机构在中国农村地区布局网点具有很高的成本,农村家庭要获得传统形式的金融服务需要满足诸多条件[34];同时由于农户居住较为分散,且农户和小微企业贷款往往具有小额性,传统金融机构发放农业信贷的单位成本高而总体收益较低,而互联网金融机构只需在初始阶段投入大笔资金用于产品研发、系统建设等,正式开展业务时发放信贷的边际成本很低,可变成本趋于零,且其覆盖范围可以突破时间和空间的限制,这恰好解决了传统小微金融的规模不经济问题[25]。互联网金融依托于互联网、大数据分析和云计算,能够打破地域的限制,降低交易成本。互联网金融的发展,可以不断完善金融基础设施,提高金融服务的可得性,实现以较低成本向全社会尤其是欠发达地区和弱势群体提供较为便捷的金融服务[12]。因此,互联网金融的发展可以满足普惠金融的要求,为欠发达地区和小微企业提供赶超的可能,从而促进经济社会的平衡发展。

另一方面,互联网金融降低了创业农户融资的门槛。经典文献认为,信贷约束会对创业产生负向影响。金融发展可以通过合理有效地分配资源、缓解潜在创业者的流动性约束来促进创业活动。互联网金融具有融资、投资和支付三项功能,其中,最常为大众所使用的是支付功能,其次是针对资金供给方的投资理财功能,以及针对资金需求方的融资功能。以 P2P 为代表的网络借贷产品一般不需要借款人提供抵押物,它通过技术手段对借款人的信用水平评级,并据此放贷。同时,互联网金融还降低了信息不对称的程度。信息不对称引发的道德风险和逆向选择问题是影响创业者信贷可得性的重要因素。借助互联网金融,尤其是数字支付,金融机构可以整合大量碎片化、非结构化的网络用户信息[35],扩大信息来源,减少借款前的信息不对称,降低逆向选择风险[36],从而为缺乏抵押和担保的借款人提供信贷支持,改善其信贷可得性。此外,互联网金融可以扩充农村资金来源。大量研究表明,中国农村资金外流现象严重,农村信贷市场存在巨大供需缺口,信贷供求结构不平衡。互联网金融中的网络借贷可以缓解这一问题,它依托网络技术实现借贷双方的供需匹配及资金交换,能够有效突破地域限制,增加农村资金来源,扩大信贷资金的覆盖范围。

还有学者认为,互联网金融可以通过信息交互和信任升级来对农户创业产生影响。事实上,获取有效的信息有助于农户较好地把握市场动态和政策调整,从而参与创业,并提高创业绩效[37]。互联网金融的理财、支付和信贷功能都可以发挥信息传递的作用。一方面,农户在使用互联网金融时,可以通过大数据技术接受和传递便捷度、准确度和透明度更高的信息,还可以通过互联网定点推送的信息获得更有针对性的、与创业联系更紧密的信息,从而得以以较低的成本获取创业机会、创业技能等方面的资源。另一方面,借助互联网金融平台,创业农户还可以与买家或其他创业者合作,实现信息交互,从而更准确地评估创业项目的可行性及市场前景[37]。数字支付和数字理财的使用能够推动农户通过移动互联网进行对安全性要求极高的金融资产交易,有助于提升农户对社会的信任感。信任感强的创业者与陌生人的弱联系也较强,这能够提升其创业绩效,对创业有显著的推动作用[38]。可以预期,依赖于信息、大数据和云计算等创新技术,数字经济和互联网金融可以进一步拓展金融的服务范围和触达能力,降低金融的约束力,有益于家庭创业,从而帮助实现创业机会的均等化和包容性增长。

但需要注意的是,一般文献研究的因变量是创业活动的产生,而不是创业活动的成功。对于互联网金融对创业的正向影响,可以解读为互联网金融通过帮助创业者,特别是不发达地区的创业者和小微企业创业者解决资本约束,从而增加了创业活动。但是,这无法说明这些创业活动是否获得了成功并促进了经济的发展。

(2) 互联网金融与小微企业

在创业活动中,作为主体之一的小微企业受到了学者们极大的关注。与传统金融侧重收入、学历、财务报表等硬信息不同,互联网金融更倾向于利用贷款人在互联网上沉淀下来的大量行为数据等软信息,以大数据分析手段,构建小微企业的信用评估模型[39]。这种基于大数据的风险评估为降低风险评估成本提供可能,也可以缓解小微企业硬信息不足的劣势,因此有助于小微企业获得融资,帮助小微企业跨越资金约束的创业门槛,从而促进创业。

大部分学者通过实证分析,认为互联网金融促进了小微企业融资和创新。王馨根据长尾理论分析互联网金融解决小微企业融资的可行性,指出互联网金融减轻了信贷配给程度,促进了金融资源的合理配置[40]。谢绚丽、沈艳等将北京大学数字普惠金融指数省一级数据与用来度量地区创业活跃度的新增企业注册信息相匹配,发现互联网金融的发展对创业有显著的促进作用,而且互联网金融的覆盖广度、使用深度和数字支持服务程度也均对创业有显著的促进作用。同时在作用机制的分析中,还发现互联网金融的发展对城镇化率较低的省份、注册资本较少的微型企业有更强的鼓励创业的作用,这体现了互联网金融普惠性的特征[12]。但也有文献认为互联网金融的发展不一定会对企业发展产生正向作用。有微观研究指出网络借贷市场中可能存在更强的信息不对称性问题,导致更强的逆向选择与道德风险[41],而且也有研究对众筹是否能促进中小企业发展提出了疑问。

(3) 互联网金融与创新机制

互联网金融作为一种金融基础设施,为创新提供了条件,从而增加了创业机会。技术本身就是商业模式变革的一个重要原动力。互联网使得消费者搜寻的成本、评估的成本以及交易的成本都极大地降低。Baden-Fuller 和 Haefliger 认为数字技术在消费者识别、消费者参与、企业价值交付以及变现四个维度上都对商业模式产生了影响[42]。互联网金融使得消费者与商家在线上完成交易成为可能,改变了商业模式中价值交付的环节,使得创新不断出现。例如,支付宝的出现极大地促进了电子商务的发展,并进一步促生了线下商务的线上化。谢绚丽、沈艳等将北京大学数字普惠金融指数省一级数据与用来度量地区创业活跃度的新增企业注册信息相匹配,通过对创新的中介机制研究发现,互联网金融和创新之间存在显著正向关系,说明互联网金融可能通过提高创新助力创业[12]。

9.2.4 互联网金融众筹模式

国外多位学者对互联网金融众筹模式进行了研究。Ghatak 等认为众筹即大众筹资或群众筹资,是利用"团购＋预购"的形式,向网友募集项目资金的模式。让小企业、艺术家或个人对公众展示他们的创意,争取大家的关注和支持,进而获得所需要的资金援助。由发起人、支持者、平台三部分构成[43]。Ward 和 Ramachandran 认为众筹融资(Crowd Funding)是指通过网络平台为项目发起人筹集从事某项创业或活动的小额资金,并由项目发起人向投资人提供一定回报的融资模式。众筹融资模式存在着明显的融资欺诈风险。因为靠投资者自己防止被欺诈存在着较大缺陷。因此,需要通过相关法律对众筹融资进行监管,从而加强市场稳定性,降低系统性风险[44]。Martin Balancing 认为众筹融资模式存在着种种风险,但其对于国家经济的发现、增加就业等问题有着积极的作用。因此,对企业参与众筹融资的资格要求过严或者过松都是不合理的,需要在这中间找到平衡。虽然众筹融资模式也有可能带来一定的风险,但是要想获得利益、增加就业就必须承担一定风险。只有通过一定时间的检验我们才能知道 Jobs 法案是成功还是失败,但现在它已经正在实施,人们就应该把重点放在如何用好它[45]。

而在国内相关研究中,首先对最近国内关于互联网金融模式概念方面的文献进行整理,这部分文献的主要成果在于对互联网金融的提出和未来金融业态的猜测。

王曙光指出,互联网金融的重要性是毋庸置疑的,将会向我国金融发展施加明显的推动作用,与此同时,也会给传统金融中介组织带来一定的冲击。所以,有必要针对传统银行业务进行相应的调整以及优化,避免被淘汰的命运[46]。赵昊燕指出,在互联网金融模式下,金融业务的相关操作正朝着更快、更好的方向不断发展[47]。谢平等于国内第一次提出了互联网金融模式这一概念。他认为当今的互联网金融主要表现出三大发展趋势:一,移动支付在一定程度上替代传统支付业务;二,人人贷在一定程度上替代传统存贷款业务;三,众筹融资在一定程度上替代传统证券业务[48]。杨彪、李冀申以第三方支付为对象,研究其有别于传统支付方式的风险机理,系统讨论了将其纳入政府监管框架的必要性以及现实依据[49]。在线小额贷款方面,潘意志探讨了阿里小贷模式的内涵、优势和问题,提出了监管是决定阿里小贷未来发展的关键因素[50]。吴晓灵认为,所谓互联网金融指的是,依托现代信息技术来开展金融业务,最终实现对资金的有效融通[51]。徐会志认为,互联网金融本质上就是一种去信用中介的新金融模式[52]。达姝洁认为互联网金融与金融互联网既相互区别又紧密联系,互联网金融是所有交易环节直接线上加部分交易环节间接(依赖于)线下,而金融互联网则是部分交易环节直线线上加部分交易环节直接线下。从技术上讲,互联网金融的进一步发展依赖于大数据与网络安全[53]。云佳祺、常振芳等认为互联网金融受互联网技术和互联网精神影响,其内涵在于金融效率和金融民主,特性是延伸、下沉金融服务,在提高金融便利性的同时,预示着自金融时代的到来[54-55]。

其次是关于互联网金融发展方面观点的文献整理,这部分文献的主要成果是理论上肯定了互联网金融发展的优势和对金融发展的积极作用。王海全等指出,国内互联网金融市场正处于活跃时期,尤其是"余额宝"一经推出,便极大地推动了互联网金融的发展,甚至在一定程度上改变了我国当前的金融体系[56]。黄明刚、卢玉志等通过研究得出,互联网金融能够有效解决中小企业融资中的信息不对称,通过降低交易成本、去金融中介化、提高融资效率、促进金融业发展创新等有效破解融资难、融资贵问题[57-58]。姜兆辉认为,互联网金融的影响主要集中在商业银行金融地位、经营模式和收入来源、经营理念以及金融监管几个方面。处在特定转型期的商业银行如何抓住互联网金融带来的机遇,并通过自身发展来应对互联网金融带来的冲击,将是商业银行在未来一段时期内必须面对的问题[59]。史亚荣、张茗分析和检验了 P2P、第三方支付和众筹这三种互联网金融形态对商业银行的盈利发展以及业务结构的影响。研究发现 P2P 对我国商业银行的盈利有负向影响;第三方支付对我国商业银行的非利息收入有正向影响;众筹对五大行和城商行的盈利以及非利息收入无影响,但对中小型股份制银行的发展有正向影响。建议我国商业银行积极变革,吸收互联网金融形态中的优势部分,进一步整合资源设立直销银行,利用大数据与人工智能提升服务价值与风险控制水平[60]。王聪聪等认为互联网金融在提升金融效率、解决信息不对称、缓解长尾群体融资需求缺口等方面发挥了传统金融机构难以替代的积极作用,但其快速发展也导致了信用风险、信息安全、金融监管等领域诸多问题的涌来。互联网金融跨学科的属性决定了未来的研究应加强多学科视角的融合[61]。

另外一部分主要从互联网众筹模式发展角度来进行文献整理,其重要观点是互联网金融众筹模式的发展对我国金融发展未来的影响。

周宇在《互联网金融:一场划时代的金融变革》一文中,详细介绍了互联网金融的崛起,并介绍了互联网金融四大业态,一是第三方支付,二是以 P2P 互联网为媒介的借贷业务,三是互联网众筹,四是互联网理财业务,然后在此基础上讨论了互联网金融给金融市场施加的深刻影响[62]。肖本华以众筹融资模式为对象,在阐述了形成原因的同时,介绍了美国众筹融资模式的运营现状,并指出其中的典型问题。在参考美国先进经验的条件下,认为有必要进一步加强对投资者利益的保护,我国可通过试点的方式以推动众筹融资的发展[63]。胡吉祥等指出,众筹融资目前仍旧属于一种新鲜事物,不仅具有受众广的优点,同时还具有成本低的优点,最近几年表现出了良好的发展态势,为个人和小型企业融资提供了诸多便利[64]。肖芳以众筹模式为对象,进行了系统研究,介绍了该模式于国内的发展情况,并指出了众筹企业实践环节可能遇到的问题,并指出,我国众筹网站若想取得成功,除借鉴美国经验之外,还应积极分析自身所处的内外部环境[65]。范家琛阐述了众筹融资的概念、起源以及当前的发展情况,分析了这一模式的特殊结构以及相关流程,并归纳了该模式的一大突出优势,即推动微创业[66]。施俊指出,众筹模式、P2P网贷模式之间存在一定的共通之处,均借助网络平台这一媒介以实现对募资方、投资方之间的有机对接,因而它们拥有良好的合作潜力和前景[67]。马婷婷指出,国内众筹网站现阶段尚没有走出起步阶段,业绩一般,能够高效融资的平台只占了很少一部分。导致上述现象的原因是多方面的,如我国民众倾向于在自身的社交圈内进行相应的投资。因此,在实践众筹模式的过程中,应重视和落实对信用以及风险的管控工作[68]。李雪静指出,众筹融资的出现和应用赋予互联网金融一定的融资功能,同时也为金融业注入了新鲜活力,在介绍众筹融资几大基本模式的同时,讨论了世界范围内的众筹融资现状,并分析了这一模式的未来走向,还给出了针对性的措施和建议[69]。黄健青、辛乔利明确而详细地介绍众筹的含义,分析了国内外众筹网站的发展及特点,认为众筹模式在一定程度上解决了个人和小型企业普遍面临的融资难问题;可实现对民间资本的科学引导,并使之成为一种有效投资;国家应正确引导互联网金融的发展,为其构建相应的法律监督管理体系[70]。

张建中基于新闻众筹这一视角进行研究,并指出,经历过去数年的发展,国内媒介环境已然发生了明显变化,以网络为建构基础的一大批新兴的、高效的媒体经营模式相继出现,尤其以众筹新闻模式最具代表性及创新性。在众筹模式的帮助下,受众通过提供报道资金的这一形式参与到新闻制作中去。该模式的出现和应用为媒体的高效运营和进一步发展提供了有益借鉴和参考[71]。黄飙、屈俊指出,众筹当前逐渐转化成了非营利性结构,其作用在很多方面和天使投资比较接近。文章还重点介绍了世界上最成功的众筹公司Kickstarter的平台运营情况、项目投资流程和公司的盈利模式[72]。袁康从法律的角度来探讨互联网众筹模式的发展,并指出,公众小额集资属于一种新鲜事物,然而其影响力却不容忽视,不仅影响着传统融资模式,同时还影响着金融法制。公众小额集资和我国现行金融法制之间有一些"不协调"的地方,因而有必要参考国外先进经验(如美国 JOBS 法案等),同时立足于本国的具体情况,对其进行合理界定,尤其是参与双方各自对应的法律地位及特征,并重点保障投资方的合法权益,另外,进一步完善其监管制度体系[73]。来艺博选取新媒体这一视角来观察国内众筹网站发展现状和趋势,并指出众筹网站虽然属于新兴事物,然而它符合市场发展的客观规律,因而可以预见众筹网站将会迎来非常广阔的发展前景[74]。B. b Ding 从三个典型的众筹筹资案例出发,得出:中国众筹与美国众筹存在很多相似的地方,同时也存在很多不同的地方。美国传统风险投资经过多年发展已经相当发达,众筹越过了传统意义上的风险投资,允许人们直接参与自己看好的项目,从而达成升值资本的目的[75]。

曹小林强调,众筹在本质上属于一种模式,然而并不是必然地和商业发生关系,众筹有些情况下也可能是拓梦模式。一讲到众筹,很容易让人联想到 Kickstarter,其甚至成了众筹的一个代名词,然而它不仅包括商业众筹,同时还包括拓梦众筹,商业众筹太过耀眼,使得很多人没有意识到众筹的多维度特性[76]。周春应等就互联网金融发展中的生态污染问题进行研究,指出众筹平台污染主要表现为不断出现跑路、搞资金池和隐性担保的行为,以及部分平台未经备案就擅自进行招假标、搞自融,触碰了法律的底线。这些问题都属于互联网金融不健康发展产生的污染,需要从根本上治理[77]。王劲屹采用交易费用理论,分析出农业众筹得以兴起的主要缘由在于其降低了生产者—消费者之间的搜索成本,但也面临项目信息的真实性无法保证、众筹平台无法承担监管职能等问题。提出应加强农业众筹平台的规范化、专业化建设,引入第三方权威检测机构,制定股权众筹的法律细则等改革方向,以此推进农业众筹向纵深发展[78]。顾乃康、赵坤霞探索产品众筹过程中的动态性,发现众筹的起始阶段和结束阶段由实时的社会信息所决定的筹资状况以及尽快实现众筹目标金额过半的筹资是决定产品众筹成败的关键[79]。刘征驰等认为互联网众筹可视为一种大众参与和共同创造的新兴创业孵化范式。基于社会资本理论,构建了异质性社会资本影响互联网众筹绩效的理论模型。研究结果表明:发起人的社交资本和社群资本对众筹绩效均有促进作用;与社交资本相比,发起人的社群资本对众筹绩效的促进影响更为明显[80]。

李薇等发现,以筹资目标完成作为分界点,国内众筹市场中出资者的出资行为先后表现出羊群行为和旁观行为。此外,众筹平台的网络关注度、众筹项目的首页推荐、众筹项目的更新、众筹项目的互动以及众筹项目的关注均对出资者的出资有正向影响[81]。杨青松、罗荣华为我国文化传媒行业融资提出"互联网+金融+文化传媒"的众筹融资新模式,其互动参与的门槛更低、项目类型多样且覆盖面更广,极大地压缩了融资的时间和空间成本。总结出众筹融资对我国文化传媒行业融资主体起到了拓宽融资渠道、降低融资成本、强化宣传推广等作用[82]。温健指出众筹是目前社会中最常见的一种融资渠道。企业通过众筹可以保障其正常的发展。通过众筹而得到资金,进而为企业发展做好铺垫。但是,在众筹过程中也存在着一定的问题。所以,企业在进行众筹的过程中一定要先对众筹的融资渠道进行了解,进而保证自己后续众筹过程中不存在风险[83]。饶瑛重点围绕互联网金融时代小微企业融资模式创新问题进行研究,指出对小微企业而言,众筹融资模式可以不需要进行经济审核,并且可以最大限度地避免资金以及创意方面的限制,与项目吸引力之间的关系较为密切,具备门槛较低、灵活性较强等优势[84]。

作为商业模式,众筹模式完全符合企业价值创造的核心逻辑,即价值发现(筹资人和出资人的投融资需求)、价值匹配(与商业伙伴的合作)、价值获取(与筹资人分成获利)。当前,众筹商业模式的实践尚处于摸索与起步阶段,国内外学术界对众筹商业模式的理论研究也处于空白状态。因此,对其做系统研究不仅有助于把握众筹商业模式的发展脉络和趋势,更有助于提供一种研究的视角和方法论。对企业界来说,则有助于提供一种全新的商业思维逻辑,促进商业模式的创新和实践。

9.2.5 小结

经济的发展是以科技为基础的,在全球化日益加剧的今天,互联网金融产业的兴起也是迎合了世界经济发展的趋势,从现阶段的发展来看其发展现状仍然存在着许多问题,但是互联网金融产业仍会是未来一个高增长、高增加值的产业,由其发展所带来的经济效益不可估量。本节从互联网金融的内涵、互联网金融对现有金融行业的影响两方面对相关文献进行了整理与评述,为下文我国互联网金融发展模式与路径选择研究提供了一定的理论基础。

9.3 我国互联网金融的发展模式研究

9.3.1 第三方支付平台模式

1) 第三方支付平台模式概述

所谓"第三方支付平台",指的是由第三方机构来自行运营的在线支付平台。它可以在各方业务参与者之间建立连接,作为一种信用的担保,同时为业务完成做

第九章 我国互联网金融发展模式与路径选择研究

出技术方面的支持,实现从消费者到商家以及金融机构之间的各种功能,如支付、资金流通和结算等。它不仅包括互联网支付企业,如支付宝、财富通、盛付通等,也包括金融型支付企业,如快钱、汇付天下等。买家选购好了商品之后,可以通过这样一个平台提供账户支付货款,并且由平台通知卖家货款的到达,然后进行发货。买方在检验好所收到的货物是符合要求的之后,就可以确认付款,再由这个第三方支付平台把货款转到卖家的账户里。其盈利的主要来源,是交易所产生的手续费,以及使用用户资金所带来的利息等。

从发展路径、功能和用户积累方式的不同,可以把第三方支付公司的运营模式分为两大类,一是独立第三方支付模式,二是以支付宝等产品为代表的依托于自身平台提供一定的担保功能的第三方支付模式。前者是指第三方支付平台完全独立于电子商务网站,这种模式不具有担保的功能,只是为用户提供支付相关的服务,如快钱、易宝等。以易宝支付为例,它最初是通过网关模式在第三方支付平台中占有了一席之地,针对行业专门地去做垂直支付,而后又以传统的行业信息化转型为契机,利用自身对具体行业的看法以及从行业中积累的经验,为客户提供定制化和个性化的解决问题的措施。而后者,是货款暂时由平台托管,在确认收货无误之后再将货款转给卖方账户,承担了担保功能的一种模式。

相比较而言,这两种模式各有特点。独立第三方支付主要立足于B(企业)端,通过服务与企业客户间接覆盖了客户的用户群,担保模式的第三方支付则立足于C(个人消费者)端,凭借用户资源的优势渗入行业之中。

2) 我国第三方支付的发展现状

我国的第三方支付市场经过十余年的发展和壮大,已经成为中国金融体系中的重要组成部分,也是中国互联网经济高速发展的基层支持力量和进一步发展的推动力。随着全球经济的发展和融合,以及计算机技术的进步,互联网和电子商务都取得了广泛而全面的发展,也随之带动了第三方支付的迅速发展。我国虽然在这方面的起步比较晚,但是市场却呈现出强劲增长的势态,第三方支付发展呈现出新的特征,在社会经济发展和提高人民的工作和生活品质上发挥了重要的积极作用。随着传统产业的互联网化,居民网络支付习惯的形成,互联网用户和移动互联网用户的规模不断发展,我国电子商务的快速增长以及第三方支付产业的发展壮大,网络支付、移动支付、电视支付等线上线下支付应用场景将不断丰富,第三方支付拥有巨大的发展空间,尤其是移动支付,市场空间和前景更加广阔。

从2013年起,我国的移动支付进入了一个高速增长的时期,并且至今也热度不减,持续增长,这得益于智能手机和智能移动设备的发展和普及。第三方支付企业发展触及了银行的核心业务,且在电子支付领域奠定了优势地位,未来第三方支付交易额将迎来爆炸式的增长。可以大胆预测,第三方支付甚至可能会独立创造出一个支付系统,并且与银行的支付完全不联系。用不了多长时间,银行卡可能就会被手机支付和二维码等技术取代。

3) 典型案例分析——支付宝

电子商务的发展带动了网上购物的兴起,促进了第三方支付平台的快速发展。第三方支付能否持续健康发展,取决于有没有持续的盈利模式。支付宝是第三方支付平台中的典型代表,为商家、消费者提供了一个良好的网上交易平台。支付宝是马云在互联网金融上做出的一项伟大成就,是我国电子商务发展史上一次重大事件,从根本上解决了阻碍我国电商发展的几个问题,如诚信问题、支付方式问题,以及物流上的问题。随着支付宝的快速发展,它的盈利模式也呈现出多元化的趋势,进一步拓展了盈利模式的空间。

支付宝最开始是淘宝网为了解决业务交易中经常存在的安全问题所设计的,该功能为首先使用的"第三方担保交易模式",由买家将货款打到自己的支付宝账户中,支付宝即刻就向卖家通知发货,然后在买家收到商品确认无误后确认支付,再由支付宝转账至卖家,至此网络交易完成。支付宝的这种功能特性是由我国当下信用体系的不健全催生的,它有效地阻止了交易中可能存在的安全隐患,使得我国的电子商务发展更加顺畅。

如今,支付宝已经和国内的几百家银行和国际的 VISA 组织等各大金融机构建立了良好的合作关系,支付宝依托于其背后阿里作为电商行业巨头的优势,发展迅猛,成为目前国内最大的第三方在线支付平台,在第三方支付市场上占有接近一半的市场份额。同时,支付宝也积极地向移动端拓展,截至 2019 年底支付宝用户数已突破 10 亿,手机网络支付用户规模比 2018 年增加了 1.82 亿,占手机网民的 85.3%,达到 7.65 亿。目前,支付宝已经成为全球最大的移动支付平台。

巨大的用户规模让支付宝挺直了腰杆,一方面可吸引越来越多的商户和消费者,另一方面提高了企业与银行的议价能力,进一步压低了银行的手续费率。更为重要的是,强大的支付宝在线支付平台的建成,进一步拓宽了支付宝多元化的盈利模式。目前,支付宝的盈利来源主要是以下几个方面:

(1) 广告收入。作为第三方支付,最显著的收益就是广告费,几乎无论是登陆哪一个第三方支付平台的网站,它们的网页上都会有大大小小、形形色色的广告,这些第三方支付机构就可以通过网页投放的各种广告来收取广告费用,获得丰厚的利润。广告服务是淘宝网官方首先宣布的盈利模式,支付宝主页上发布的广告相对于自身业务来说针对性比较强,广告的形式和类型包括横幅广告、按钮广告、插页广告等。因此,广告费用是支付宝最直接的盈利来源。

(2)手续费。手续费是通常情况下第三方支付方式的主要利润来源,也就是说第三方支付机构和银行经过商讨来确定一个基本的手续费率,用来向银行交纳,然后该支付机构在此费率上加上自己产品所需的毛利率,向用户收取这一相应的费用。一般来看,第三方支付平台主要是靠在交易过程中向商家和用户收取一定的手续费来盈利。但是,第三方支付的市场本身就是竞争激烈的,手续费高了就有可能失去用户。因此,这一盈利手段是不可持续的,也许会因为激烈的竞争而消失。

(3)服务费。这一盈利内容包含许多种服务费用的类型,如理财相关业务的服务费,余额宝的推出就是支付宝和天弘基金进行合作,并从中收入可观的服务费用。除此之外,还有代缴费业务中支付宝向其合作的商户收取的服务费用,如校园一卡通、医院挂号、缴纳水电网费等。

(4)沉淀资金的使用收益。由于淘宝网购存在物流配送的时间周期问题,在用户付钱到货物配送、收货直至卖家收钱之间会有一个时间差,因此就会产生一笔沉淀资金。淘宝的惊人成交量带来的是一笔非常巨大的沉淀资金,这些资金如果可以进行有效利用,会获得非常可观的一笔收入,这也是支付宝盈利的另一个主要来源。

(5)大数据服务带来的收入。淘宝网和支付宝经历了这些年的发展和壮大,累积了海量的用户数据,除了商户等的静态信息之外,还有商户和消费者通过各种交易产生的大量动态信息和数据。利用这些大数据资源,一方面可以建立起一个用户的信用体系,另一方面也可以为卖家提供精准的定制化服务,并从中收取费用。

(6)其他的增值服务所带来的收益。这里主要指的是建立在支付宝基础上形成的增值服务以及延伸的金融服务,如2014年6月支付宝就推出了个人资产证明的业务,可以为用户开具与银行具有同等效力的资产证明和流水明细等。

从以上分析我们可以看出,支付宝的盈利模式是多元化的,它的成功建立在淘宝强大的生态系统之上。支付宝对于同类型的第三方支付企业发展有着重要的启示意义,第三方支付企业只有不断强化平台的经营和运营,推进生态模式的创新,做好规模和流量,才能真正找到适合企业自身发展的多元化盈利模式。

9.3.2 网贷平台模式

1) 网贷平台模式概述

互联网金融带来了许多的新技术与新思路,创造了一个新的市场,传统的监管与配套措施存在一定的滞后,互联网金融存在较大的风险空间,近几年各类 P2P 爆雷事件就印证了这一观点。对此诸多学者探讨了互联网金融的风险问题,并提出了相关的监管措施。

所谓的 P2P,是指点对点的信贷,出资人一般为缺乏理财渠道的个人投资者,借款人则是急需资金但却无法得到银行贷款的中小客户。P2P 网贷平台就是连接这两类人的中介,通过平台对借贷双方进行匹配,然后由平台提供服务并进行审核,使得一笔贷款所带来的风险可以被多人一起承担,也让有意向借款的人可以充分选择对自己最有利的借款方,对双方的需求都能得到有效满足。

在运营过程中,根据运行方式有所不同,可以把 P2P 网贷平台分为四种常见的运营模式,包括电商模式、债权模式、保险公司模式和小贷公司模式。但是由于我国目前此类平台的发展都处于没有前人经验可借鉴的试验阶段,因此绝大多数 P2P 网贷平台都是混合这四种模式一起来经营平台的。

P2P 网贷平台模式提供的是一种小额信贷的个人对个人的直接信贷模式,其目标市场主要是小微企业以及普通的个人用户,这些用户由于个人财产状况不太好,相对来说在银行的贷款额度都不太高,资产信用状况也不好,因此他们都不是银行的主攻客户。同时,P2P 网贷平台无法使用央行建立的数据丰富的征信系统,因此在审核用户和交易的过程中也存在很大的困难,导致坏债率可能会比较高。P2P 在我国的发展和壮大,让借款者和被借款者之间的信息得到平衡,推动了利率的市场化。同时,它的简单易用好上手的特点,也使得金融市场的准入门槛降低,拓展了借款融资的渠道。但是,它只是对银行信贷业务的一种补充和扩展,并不是对银行业务的替代,也不能对银行这方面的业务造成致命的打击。

2) 我国 P2P 网贷的发展现状

我国的 P2P 网贷发展起始于 2007 年,最早是拍拍贷引进了这种发展模式。与互联网金融发展的其他模式相比,我国的 P2P 网贷平台模式发展迅猛,从 2012 年到 2013 年进入了一个爆发增长的阶段。我国 P2P 网贷的平台数量、投资人数量和成交额都在不断地增长之中,尤其是 2012 年以来,增长更是显著。之所以发展如此迅猛,与这个行业的自身特点是密不可分的。一方面,有闲散资金的投资人可以通过这样一个平台寻找并辨别资质好且有资金需求的企业主,获得比平时在银行存款更高的收益;另一方面,有资金需求的业主也可以在这一平台上仅仅通过点击鼠标就可以完成借款和还款等操作步骤,极大地提高了小微客户的融资效率。

但是,由于P2P网贷行业准入门槛低,行业标准不明确,监管不到位,导致部分平台企业玩庞氏骗局,轻易就圈钱走人,同时,由于这一行业的高收益率和本金保障等带来的诱惑,又不断吸引着那些风险偏好的投资人涌入。这样的虚假繁荣背后隐藏着极大的风险,由于监管制度的缺失,存在一些企业为了谋取利益而去越界经营,甚至做出违法和违规的行为,导致这一行业混乱,不断出现各种各样的问题,给行业参与者们带来了很大的麻烦和风险。

随着国家对P2P网贷平台的整顿,全国实际运营的P2P网贷机构由高峰时期的5 000家,逐渐压降,到2020年11月已完全归零。这些问题企业中,有些是倒闭,有些则是资金融通出现问题,产生了延期兑付、提现困难等。这一行业的快速发展导致了很多缺陷和漏洞,整个行业面临着被严格监控的局面。

P2P网贷平台的发展模式在中国经历了七八年的时间,形成规模效应,甚至是实力雄厚、品牌良好等在金融界很有影响力的企业也纷纷参加,说明它的市场还是很广的。但是,行业发展质量良莠不齐,恶性事件频繁发生,必须要通过加强监管和市场化的竞争来实现行业的优胜劣汰,通过提高准入门槛、发放营业执照等方式,规范P2P网贷的行业竞争行为,实现整个行业的健康发展。

3)典型案例分析——宜信网

宜信网创办于2006年,其功能包括了财富管理、信用风险管理、信用数据整合分析以及小额贷款、公益理财相关的业务,是一家综合性的服务企业。迄今为止,宜信网已经在全国一百多个城市和二十多个农村建立起强大的全国协同服务网络,如果按照累计成交规模计算的话,它已经成为全球最大的P2P借贷平台,服务客户数量达到数百万。

宜信网是类似于淘宝网一样的平台,它的一端是宜信自己找到的优质借款人,另一端则是有闲置资金的出借人,它作为一个平台将两端连接起来,使得双方的需求得以满足。同时,它还与很多商家有着密切的合作,为不同群体的消费者量身定制了个性化的信贷解决方案。目前,宜信网推出的服务有"精英贷""助学贷""宜农贷""宜房贷"等,涵盖了很多不一样社会阶层和身份的人,满足不同类型客户的需求。宜信网有着数量众多的线下工作人员,负责销售和审核以及解决产品相关的问题,在全国各地几十个城市都有分支机构。在担保方面,宜信网设立了专门的还款风险金,以降低交易可能产生的风险。宜信网的收入主要由两部分构成,一是账户管理费用,二是服务相关的费用。

经过多年的发展,宜信网在不断壮大的同时也面临着很多争议的声音。外界质疑它的商业模式、线下业务、真实坏账率、资金流不明晰等问题,不过,由于目前相关的法律法规还不成熟,所以我们也无法判断外界质疑的真实性,只有日后监管方逐渐完善了相关的规定之后,才能对此有一个明确的判断。

9.3.3 众筹融资

1) 众筹融资模式概述

所谓众筹,是一种最新兴起的融资模式。它指的是想要获得资金的筹款人在网络上通过社交功能向大众展现自己的想法和创意,努力得到大众的支持和鼓励赞同,从而能够得到他们的投资;同时,它以实物或者是项目相关的服务或宣传作为回报,但是不能涉及股权或者资金。目前,我国的众筹平台多数都带有公益和慈善的性质。众筹平台的典型代表有追梦网、点名时间等。

众筹模式通过搭建一个面向公众的网络平台,从公众那里筹资,让有创造力和想法的人可以实现他们的梦想。这种模式打破了传统的融资模式,使得每个人都可以选择成为投资人,打破了原有融资渠道和来源的局限性。众筹与P2P的不同之处在于,它是服务于融资方的,通过平台宣传的更多是项目本身,希望通过宣传和介绍吸引公众的关注,从而获得资金的支持。

根据众筹项目和内容的不同,可以将众筹平台分为几大类,分别是公益众筹、回报众筹、产品众筹、股权众筹、产权众筹和债权众筹。虽然有不同的类型,但众筹平台运营的模式有几条规则是必须要把握的。一是每个项目都需要有一个具体的筹集目标和目标实现所需要的时间;二是在这个确定好的时间段内必须要达到目标资金的要求,若是达不到,就应该把已经筹集到的钱款退还给之前的投资者们;三是要区分众筹和捐款的区别,众筹的参与者和支持者都应当得到回报。

随着众筹融资在互联网世界里的普及和发展,众筹模式正在成为个人或者小微企业通过网络渠道进行小成本融资的一个很好的渠道。它使得从前老旧的投资观念被颠覆,给了每一个想要创业的人一个实现梦想的机会,也让成为投资人这件事变得更加简单。在未来,众筹所涉及的行业或者项目一定会更广泛而令人惊叹,这一具有普惠性的互联网金融模式也会具有更大的市场发展潜力。

2) 我国众筹融资的发展现状

我国的众筹融资起步相对于外国来说,是比较晚的,但是发展很快。近年来我国已经陆续出现了几十家众筹网站,其运营方式也各有不同,主要集中在股权众筹和产品众筹。从平台类型和定位来看,我国的众筹网站可以分为两类,一是综合性的,这种平台承载的项目比较广,覆盖了各个方面;二是垂直类的,如乐童音乐等,专门做某一个领域内的众筹项目。

目前,我国也有了不少成功的众筹案例,这一融资模式也逐渐为人们知晓和接受。国内著名的众筹网站点名时间成功运行了《十万个冷笑话》和《大鱼海棠》的知名项目,使得网站的关注度也有了显著的提高。同时,互联网巨头们也开始关注众筹。2014年3月,阿里巴巴数字娱乐事业群推出了产品"娱乐宝",这一产品的实质就是众筹。投资人最低只需要出资一百元,就可以投资电影,还有机会进入剧组探班和亲自与明星见面,这其实就是阿里巴巴以众筹的模式进军影视行业。同时,百度和京东等也都陆续推出了各有特色的众筹产品,在这个大市场里分一杯羹。

通过众筹,可以给更多创业者一个实现梦想的机会,也满足了大众想要做投资者的愿望。展望未来,可以推测,众筹模式对国内的年轻人创业将会是一个很好的工具,当然,作为新生事物,它必然也需要经历淘汰和筛选的过程。只有经过考验的事物才是符合发展规律的,才是能够长久而且健康发展的。

3)典型案例分析——天使汇

天使汇成立于2011年底,是国内第一家正式发布了天使投资人的众筹规则的平台,它可以帮助初始创建的企业找到投资人,同时帮助天使投资人发现有前途的创业项目,是一个使得创业者和投资人快速彼此发现并对接的良好平台。天使汇能实现投资人和创业者之间快速而简单的对接,方便了双方的联系和发展,既资助了有前景的项目,也让投资者找到了自己想要投资的方向。

天使汇所具有的社交方面的功能对于创投双方都是很好的,可以让创业者得到资金帮助的同时也得到相关的建议,还可以通过这些交流和沟通,提高众筹融资的成功概率,并激发更多新的创意和灵感。天使汇自上线开始正式运营的几年时间里,通过认证的天使投资人就达到七百余人,每年在网站上的投资数额达到了65亿元,通过天使汇,使得七十多个中小企业项目成功融资2.5亿元人民币,平均每家企业的融资金额高达三百多万人民币。很多创业项目已经从天使融资成长到A轮和B轮阶段,例如滴滴打车、大姨吗、面包旅行、黄太吉煎饼等。如今,天使汇已经成长为国内众筹融资平台的龙头企业。天使汇的蓬勃发展和茁壮成长,让众筹从大家脑海里的想法转变成了现实存在的东西,不仅使得投资和融资方式得以改变革新,缓解了小企业和个人的融资困难,也给了更多人一个实现自我价值的舞台。

9.3.4 小结

本节介绍了我国互联网金融的三种主要的发展模式:第三方支付平台模式、P2P网贷平台模式与众筹融资。第三方支付根据发展路径、功能差异与用户积累方式,可以分为两大类,一是独立第三方支付模式,二是以支付宝等产品为代表的依托于自身平台提供一定的担保功能的第三方支付模式,两种模式各有特点。P2P网贷平台从2012年到2013年进入了一个爆发增长的阶段,但由于行业标准不明确、监管不到位,目前发展进入瓶颈期。众筹模式打破了传统的融资模式以及原有融资渠道和来源的局限性,服务于融资方,通过平台宣传的更多是项目本身,希望通过宣传和介绍吸引公众的关注,从而获得资金的支持。最后通过支付宝、宜信网、天使汇三个典型案例对这三种发展模式进行了案例分析。

9.4 我国互联网金融的路径选择

9.4.1 实现利率市场化的发展路径

无论是什么样的互联网金融产品,其根本的目的都是盈利。目前互联网金融行业能有越来越多的人投身其中,也都是为了从中获取一份利益。但是与高利润相伴而来的往往是高风险。美国在互联网金融的发展历程中,就曾经出现过危机。世界知名的第三方支付机构paypal,由于不遵从市场的利率,向客户提供过高的报酬,在美国金融危机到来之时,它受到了重创,货币市场基金没能逃脱危机的袭击。这也给我国的互联网金融发展提了醒。

目前国内的互联网金融发展得如火如荼,投资者很容易就迷失在这股热潮里,被高利率冲昏了头脑。以余额宝为代表的货币基金产品吸引了大量的用户,原因无外乎这些产品具有比传统银行高很多的流动性和收益性。而在这些产品推出的背后,也隐藏着一定的风险,比如监管和相关规定的缺失、盲目投资的风险等。

在利率市场化的情况下,互联网金融和货币基金都在蓬勃发展,但是也会造成部分参与者为了抢占市场、谋取利益,制造出虚假的高回报现象,而隐藏了其背后的风险。这层风险一旦被引发,将会造成严重而不堪设想的后果。因此,投资者和互联网金融市场的参与者都应当懂得辨别风险,理性地选择产品,而不是跟风和盲目热衷高利率。相关的机构也应当加强监管和规范,遏制违法和违规行为,规避风险,做到真正的利率市场化运行。

9.4.2 产品往专业化发展的路径

互联网金融行业，究其本质还是与金融相关的。相对于传统金融来说，它的信息不对称程度低，有比较好的技术优势，但是从根本上来说，互联网金融的发展靠的除了互联网的技术优势之外，还有传统金融行业的各种资源积累。国内的互联网金融行业各种各样类型的产品层出不穷，新鲜事物也很多，对于这些产品能否长久且健康地在市场中存活，非常重要的一点是产品能否做到专业化。仅仅有创新的噱头是不够的，只有专业化和规范化的产品和服务，才是符合市场需求和用户需求的，才能够真正地立足于互联网金融的大潮之中，良好地发展。

9.4.3 平台向多元化发展的路径

在美国，存在很多经营平台获得成功的互联网金融企业，例如 Lending Club 的成功。Lending Club 成立于 2007 年 5 月，它是利用了相互认识的人之间彼此信任的关系，连接双方的借贷需求，从而建立起一个系统的平台。这一模式与其他 P2P 的网络借贷平台不同的地方在于它有一个固定的借贷利率，从而避免了竞争带来的损耗。同时，它将现实生活中经常有的亲朋好友之间的借贷搬运到了网络上，一方面由于借贷双方本身相识，提高了效率，节省了运营成本，另一方面也提高了还款率。

如果我国在互联网金融发展过程中，也能借鉴这样一个创新平台的良好经验，在日后的发展过程中也一定会取得有效的进展。作为 P2P 或者其他模式的网络借贷平台，很重要的一点是有完善的信用系统。我国目前的征信系统还不是很完善，投资环境也存在很多问题，正是因为如此，建立完善的征信系统才更加重要。在此基础上，如果能够构建功能更为多样化和多元化的平台，相信我国的 P2P 网贷会发展得更好。

9.4.4 理财产品个性化的路径

在互联网金融的各种模式中，理财产品也是不可或缺的重要部分。在大数据时代，每个人的信息都是重要而独一无二的，如果能好好利用这些数据，作为理财产品判断和建议的依据，对于理财产品的发展也是一个很好的机会。通过雇佣具有专业背景的人士为客户提供个性化的理财建议和意见，让他们的投资收益最大化，或者通过专业的软件分析用户个人的收入支出和财务状况，为其提出具有针对性的理财建议等。

目前我国居民整体的理财意识并不是很强,对于这方面的主要观念还都来自传统的银行和金融业。如果这时能有一批低准入门槛而且服务更加个性化而贴心的投资理财产品出现,一定会取得不错的成绩,并且丰富互联网金融行业的发展。

9.4.5 小结

本节介绍了我国互联网金融发展的路径选择,具体存在利率市场化、产品专业化、平台多元化、理财产品个性化四大发展路径。

9.5 结论与建议

根据上文对于我国互联网金融发展模式以及路径选择的研究分析,可以得出我国互联网金融在未来存在以下几个方向的发展趋势。

1) 互联网金融的监管将被加强

互联网金融的发展是有底线的,一个是不能非法吸收公共存款,另一个是不能非法集资。目前,我国互联网金融发展主要面临的问题是监管制度不健全,监管主体不明确,征信体系也不够完善。因此,完善的监管体系和相关法律法规的制定都是当下我国迫切需要的。在互联网金融几乎类似于"野蛮生长"的背景下,加强监管是保证互联网金融市场健康和有序发展的一个必需的手段。毫无疑问的是,对于任何行业,越是规范,就越能够得到健康快速的发展,互联网金融业也不例外。如果缺乏相关规定的制定和监控管理,只会让金融秩序混乱,金融市场发展失调,各种企业的监管缺失。这样不仅仅会影响互联网金融的发展,甚至会危及传统金融行业和整个社会。加强互联网金融的监管是金融市场发展的大势所趋。这要求相关的部门必须拿出研究成果来,提出新的对策和管理条例。同时,也应当注重保护这个新行业的发展,监督和管理都是为了让它发展得更好,而不是遏制。因此,监管条例的制定不应该是维护既得利益者的手段,而是在尊重这一行业的基础上,结合其自身特点而制定的各种规定和条例。

2) 互联网金融向移动端的转移前景广阔

移动互联网结合了移动通信技术和互联网技术,满足了用户随时随地获取和处理信息及资源的需求。近年来,移动互联网行业发展势头甚猛,与传统行业的融合也逐步在进行,它的前景是非常广阔的。自从 2007 年苹果的智能手机 iPhone 正式上市以来,移动互联网的历史就打开了崭新的一页。带宽、智能移动终端、操

第九章 我国互联网金融发展模式与路径选择研究

作系统、软件和云服务这些新事物都在不断推动着移动互联网的创新和普及。

移动互联网金融的发展十分迅速,其产品不断增加,内涵也日渐丰富,移动互联网金融正在成为互联网金融行业领域里的蓝海市场,未来的发展前途不可限量。移动互联网金融的发展主要表现在以下几个方面:一是移动互联网金融的业务增长取得了很好的成绩,总体交易规模不断上升,增长速度飞快,用户数量也是在不断地增长当中。二是移动互联网金融领域里不断有产品创新,满足了新时代对金融服务业不断增加的需求,各种新业务和新服务不断诞生,成为互联网金融领域一道亮眼的风景。如移动支付、二维码支付、手机银行和理财 App 等,在不断刷新人们对于金融的认知的同时,也大大方便了人们的日常生活。三是越来越多的公司开始重视移动互联网金融这块大蛋糕,开始对此进行布局,推出自己的移动互联网理财产品或是支付产品。目前,已经有工行、农行、交行、中信、平安、浦发等多家银行开通了微信银行,互联网的三大巨头 BAT 也相继展开移动互联网金融的竞争,除了阿里巴巴的支付宝钱包之外,百度推出了百度百发和百度百赚两个理财产品,腾讯也开通了微信平台的理财应用理财通。从 PC 端转战手机端已经成了大势所趋。

一方面,互联网使得信息传播速度加快,也使得信息充分透明;另一方面,移动互联网的应用使得用户可以随时随地查看和交流财经金融信息,信息几乎达到了完全的对称和对等。如今,通过移动互联网和手机,我们可以完成支付、缴费、网购、理财和社交等功能。随着人们生活水平的提高和对于移动互联网的接受度与使用度进一步提高,移动互联网金融在用户和业务的覆盖程度上将全面超越 PC 端和实体。二维码识别、LBS 功能、NFC 服务、O2O 交易等都在潜移默化地改变着我们的生活方式,也使我们的生活更加方便快捷。

随着 5G 网络的普及覆盖,用户的网速进一步提升,他们将会花更多的时间在移动互联网上。移动化、社交化、平台化、开放化、产业化的发展趋势,让移动时代的特色更加鲜明。随着大数据和云计算与移动互联网结合日趋紧密,移动互联网金融产品也将获取更多的用户数据,并对此进行处理和分析,以得到更好的发展。当然,伴随着这些技术产生的安全问题也是值得我们重视的,只有加强监管,才能让移动互联网金融发展得既快又好,而且安全。

3)互联网金融对传统金融的冲击将更大

现在有一种看法,认为互联网金融不会对传统金融产生多大的影响,只是对传统金融的补充和延伸。原因是他们认为,传统金融和互联网金融的目标客户群体不同,不能产生替代的关系,而且有时候,互联网金融负责的只是银行业务的一种延伸,在规模上与银行也不能相提并论,况且互联网金融还存在着监管上的漏洞,如果加强了监管,必然会使它的发展受到阻碍。这种不用动态和全局的眼光看问题的思路是不正确的,互联网金融是一个新兴的、发展中的事物,并且极富创造力和生存力,凭借着强大的技术优势、信息和数据的处理能力,使得金融交易的成本大大降低,解决了很多传统金融解决不了或者解决不好的问题,极大地扩展了金融服务业的生产可能性边界,扩大了金融行业的服务对象范围。从短期来看,互联网金融也许还没有对传统金融产生实质性的冲击,但是从长远的眼光来看,互联网金融不仅会补充传统金融所服务不到的行业盲区,还会对传统金融服务业的核心内容产生冲击和挑战。

互联网金融顺应了互联网在全球迅速发展的趋势,在客户消费习惯变化的同时做出自我改变,提升用户体验,在未来必将会得到更多人的热爱。如今,人们的生活已经离不开互联网,包括社交网络、网上购物、网上缴费等,涵盖了我们生活中的方方面面,互联网正在加速着与传统的各个行业融合,只要足不出户就能享受各方面的生活服务,满足了广大用户的各种需求。互联网金融具有非常高的普惠性,可以满足平民大众的需求,这一点是传统金融无可比拟的。此外,相关政策的支持,也为互联网金融的发展提供了良好的外部支持。

互联网和移动互联网的飞速发展推动了互联网经济和金融的深入发展,近年来,随着互联网金融和移动互联网的规模不断扩大,新的产品形式不断涌现,用户量也不断增加,平台不断延展,它正在悄然改变着我国的金融发展形态、原有体系和服务的模式。

当然,认为互联网金融会完全、彻底地替代传统金融行业也是不太客观的,这二者并不是对立的关系,而是可以有相辅相成、共同发展的关系。正如电子商务没有完全替代零售业,电子书也没有使纸质书消失,网络视频也没有替代传统的电视一样。但是,互联网金融的发展确实使得传统金融业遭受了严峻的危机,传统金融行业也必须重视起来,转变老旧思维,拥抱互联网的变化,理解这种模式的核心本质,突破传统观念的束缚,创新和转变发展方式,推动自身的转型和升级。唯有如此,才能更好地适应互联网时代的变化和发展。

根据以上阐述,提出如下我国互联网金融面临的主要挑战及应对策略。

1) 我国互联网发展面临的挑战

虽然互联网金融发展速度很快,但是随之而来的,是它也存在很多的问题,面临着不小的挑战。主要表现在以下几个方面:

互联网金融的发展模式缺少创新。商业发展模式直接决定了互联网金融的发展状况,是互联网金融发展的决定性因素。近年来,国内外的互联网金融发展模式不断推陈出新,突破原有的几种固有模式,涌现出很多崭新的发展模式和产品以及公司。但是,目前我国的互联网金融发展仍处于起步阶段,很多产品和企业都是模仿前人和照搬外国范例的,并不适应中国的国情,这种缺乏原生性的企业很难长时间地立足和发展下去。同时,有很多的企业只是单纯地以高收益率来吸引用户,却并没有从根本上对产品模式进行革新。在互联网金融产品发展的初期,高回报率和收益率确实能够吸引相当一部分投资者,但是从长远来看,这并不是一种理性的行为,如果没有从模式上创新的话,是不可能留住用户的。

互联网金融发展存在着风险。互联网金融的本质还是金融活动,也必然存在着风险。在推动和支持互联网金融发展的同时,也必须清醒地认识到它的风险所在,只有了解和把控了风险,才能让互联网金融更加健康而长久地发展。首先是市场风险,互联网金融相关的企业取得成功困难还是比较大的,只有做到行业或者分支里的领头羊或是创新人,才有可能获得好的成绩。太多企业盲目跟风,却不顾自己的能力和资源,导致了行业中很多失败的案例。同时,信用问题以及与传统金融的相互竞争关系都是大问题,互联网金融企业有可能受到传统金融行业的排挤和打压,其自身也一直存在着征信系统不完善的问题,这些都值得企业和相关机构好好思考和解决。

法律风险和监管缺失。我国目前有关金融领域的法律法规大多是针对传统金融的,在互联网金融上存在缺失和空白的地方,再加上监管上的缺失,很容易导致各种各样的危及参与人的后果,也不利于行业的健康发展。目前,很多互联网金融企业都在打法律法规的擦边球,稍有不慎可能就会落入"非法集资"或者"非法吸收公共存款"的错误之中,这些企业往往还都是高投资回报率的企业,会吸引更多的参与者进来,而一旦做出了违规或是违法的行为,后果便要参与者自己承担,这后果无疑是惨痛的。目前,我国的监管机构尚未提出与互联网金融企业相匹配和相适应的监管要求,例如确定准入门槛、保证金、流动比率等,这都是亟待解决的重要问题。

用户和数据的安全隐患。由于大数据和云计算的发展和普及,互联网金融企业的用户使用数据随之承受了更大的风险,包括客户的个人信息、资金状况、使用记录等都有可能泄露,互联网金融企业的系统和平台也可能会遭受到攻击。这给那些企业和从业者带来了压力和挑战,数据不断增多导致了系统维护的难度增大,同时,如何防止黑客和外部攻击也是他们需要思考和解决的问题。

2) 应对策略和发展建议

打造互联网金融企业的良好生存环境和生态系统。良好的生存环境和生态系统能让互联网金融快速、稳定而健康地发展,它要求每一部分的参与者都精诚合作、团结互利、风险共担、利益共享,共同构建一个有利于各方发展的平台。生态系统的竞争,其实质就是互联网金融所选择的商业模式和路径的竞争。因此,互联网金融企业要积极协调各方,构建良好和谐的生态系统,迎接不断到来的新机遇和挑战,实现各方共赢。在建设良好的生态系统过程中,要注意坚持多样性和系统性的统一,提升核心实力,保证各方的和谐和利益共享。

对互联网金融发展的商业模式实行差异化创新。商业模式的竞争,是企业之间最核心的竞争。因此,能否对自身的商业模式实行差异化的创新,是互联网金融企业能否立足于这一行业而不倒下的核心。如前所说,互联网金融模式主要围绕着支付、理财和融资进行,企业的创新也都围绕着这三个主题来进行。企业商业模式的创新,应当根据企业自身的定位和内外部环境来决定,包括企业的发展状况、用户规模和群体分布、企业所处的行业大环境等。

加强互联网金融行业的监管力度。随着互联网金融的快速发展,它的风险也逐渐显现出来,如相关的法律法规缺失、风险控制制度不健全等。对此,有关部门应当尽快制定互联网金融的法律法规,成立针对互联网金融的监管机构,明确监管内容和方式,规范行业的业务模式,加强行业自律和征信系统的建设。对于互联网金融这一新生事物,只有在思想上包容,在行为上加强管理,才能让它发展得更好,为我国金融行业的发展做出更多的贡献。

参考文献

[1] 谢平,邹传伟.互联网金融模式研究[J].金融研究,2012(12):11-22.

[2] 杨东.互联网金融监管体制探析[J].中国金融,2014(8):45-46.

[3] 吴晓求.互联网金融的逻辑[J].中国金融,2014(3):29-31.

[4] 周宇.互联网金融:一场划时代的金融变革[J].探索与争鸣,2013(9):67-71.

[5] 屈庆,陈黎,余文龙.互联网金融发展对金融市场及债券市场影响分析[J].债券,2013(10):29-35.

[6] 龚映清.互联网金融对证券行业的影响与对策[J].证券市场导报,2013(11):4-8+13.

[7] 袁博,李永刚,张逸龙.互联网金融发展对中国商业银行的影响及对策分析[J].金融理论与实践,2013(12):66-70.

[8] 邱晗,黄益平,纪洋.金融科技对传统银行行为的影响:基于互联网理财的视角[J].金融研究,2018(11):17-29.

[9] 郭品,沈悦.互联网金融、存款竞争与银行风险承担[J].金融研究,2019(8):58-76.

[10] 王彦博,刘曦子,陈进.大数据时代商业银行小微金融客户续贷预测研究[J].浙江社会科学,2017(6):36-44+156.

[11] 李宏瑾,苏乃芳.金融创新、金融脱媒与信用货币创造[J].财经问题研究,2017(10):40-50.

[12] 谢绚丽,沈艳,张皓星,等.数字金融能促进创业吗:来自中国的证据[J].经济学(季刊),2018,17(4):1557-1580.

[13] 唐士亚.运用监管科技促进互联网金融均衡规制:以P2P网贷市场准入规制为例的研究[J].商业研究,2018(12):57-63.

[14] 于博.P2P网络借贷:交易决策、风险传导与监管策略:文献综述与研究反思[J].北京:中央财经大学学报,2017(10):21-32.

[15] 靳玉红.大数据环境下互联网金融信息安全防范与保障体系研究[J].情报科学,2018,36(12):134-138.

[16] 刘澜飚,沈鑫,郭步超.互联网金融发展及其对传统金融模式的影响探讨[J].经济学动态,2013(8):73-83.

[17] 吴晓求.互联网金融:成长的逻辑[J].财贸经济,2015(2):5-15.

[18] 北京大学互联网金融研究中心课题组.互联网金融发展指数的编制与分析[J].新金融评论,2016(1):101-129.

[19] 沈悦,郭品.互联网金融、技术溢出与商业银行全要素生产率[J].金融研究,2015(3):160-175.

[20] 戴国强,方鹏飞.监管创新、利率市场化与互联网金融[J].现代经济探讨,2014(7):64-67,82.

[21] 刘忠璐,林章悦.互联网金融对商业银行盈利的影响研究[J].北京社会科学,2016(9):61-72.

[22] 战明华,王晓君,应诚炜.利率控制、银行信贷配给行为变异与上市公司的融资约束[J].经济学(季刊),2013,12(3):1255-1276.

[23] 刘澜飚,齐炎龙,张靖佳.互联网金融对货币政策有效性的影响:基于微观银行学框架的经济学分析[J].财贸经济,2016,37(1):61-73.

[24] 周光友,施怡波.互联网金融发展、电子货币替代与预防性货币需求[J].金融研究,2015(5):67-82.

[25] 谢平,邹传伟,刘海二.互联网金融监管的必要性与核心原则[J].国际金融研究,2014(8):3-9.

[26] 黄益平,黄卓.中国的数字金融发展:现在与未来[J].经济学(季刊),2018,17(4):1489-1502.

[27] 余江,孟庆时,张越,等. 数字创业:数字化时代创业理论和实践的新趋势[J]. 科学学研究,2018,36(10):1801－1808.

[28] Satish Nambisan. Architecture vs. ecosystem perspectives:Reflections on digital innovation[J]. Information and Organization,2018,28(2):104－106.

[29] 刘开华,彭见琼. 贫困地区创新创业的金融支持研究:来自重庆武陵片区的实证[J]. 西南金融,2015(12):58－62.

[30] 谢平,邹传伟. 互联网金融模式研究[J]. 金融研究,2012(12):11－22.

[31] Manyika J,Lund S,Singer M,et al. Digital Finance for All:Powering Inclusive Growth in Emerging Economies[R]. America:Mckinsey Global Institute,2016.

[32] 鲁钊阳,廖杉杉. 农产品电商发展的区域创业效应研究[J]. 中国软科学,2016(5):67－78.

[33] 湛泳,徐乐. "互联网＋"下的包容性金融与家庭创业决策[J]. 财经研究,2017,43(9):62－75＋145.

[34] 张栋浩,尹志超. 金融普惠、风险应对与农村家庭贫困脆弱性[J]. 中国农村经济,2018(4):54－73.

[35] 骆永慧,岳中刚. 我国P2P网络借贷平台的借款风险研究:以人人贷为例[J]. 南京邮电大学学报(社会科学版),2016,18(1):60－68.

[36] 安宝洋. 互联网金融下科技型小微企业的融资创新[J]. 财经科学,2014(10):1－8.

[37] 苏岚岚,何学松,孔荣. 金融知识对农民农地抵押贷款需求的影响:基于农民分化、农地确权颁证的调节效应分析[J]. 中国农村经济,2017(11):75－89.

[38] 周广肃,谢绚丽,李力行. 信任对家庭创业决策的影响及机制探讨[J]. 管理世界,2015(12):121－129,171.

[39] 王会娟,廖理. 中国P2P网络借贷平台信用认证机制研究:来自"人人贷"的经验证据[J]. 中国工业经济,2014(4):136－147.

[40] 王馨. 互联网金融助解"长尾"小微企业融资难问题研究[J]. 金融研究,2015(9):128－139.

[41] 廖理,张伟强. P2P网络借贷实证研究:一个文献综述[J]. 清华大学学报(哲学社会科学版),2017,32(2):186－196.

[42] Charles Baden-Fuller,Stefan Haefliger. Business Models and Technological Innovation[J]. Long Range Planning,2013,46(6):419－426.

[43] Maitreesh Ghatak,Hannes Mueller. Thanks for Nothing? Not-for-profits and Motivated Agents[J]. Journal of Public Economics,2011,95(1):94－105.

[44] Ward C,Ramachandran V. Crowdfunding the next hit:microfunding online experience goods[C]. //NIPS 2010 Proceedings,December 10,2010,Canada. Canada:NIPS. 2010.

[45] Martin T A. The Jobs Act of 2012:Balancing Fundamental Securities Law Principles with the Demands of the Crowd[J]. Ssm Electronic Journal,2012.

第九章 我国互联网金融发展模式与路径选择研究

[46] 王曙光.互联网金融带来的变革[J].中国金融家,2013(12):95-96.
[47] 赵昊燕.我国互联网金融发展现状及对策研究[J].经济与管理,2013(35).
[48] 谢平,邹传伟.互联网金融模式研究[J].金融研究,2012(12):15-26.
[49] 杨彪,李冀申.第三方支付的宏观经济风险及宏观审慎监管[J].财经科学,2012(4):44-52.
[50] 潘意志.阿里小贷模式的内涵、优势及存在问题探析[J].金融发展研究,2012(3):30-33.
[51] 吴晓灵.互联网金融应分类监管区别对待[J].IT时代周刊,2013(21):14.
[52] 徐会志.互联网金融消费者保护研究[D].北京:对外经济贸易大学,2016.
[53] 达姝洁,王智慧.互联网金融的本质与未来展望[J].经济研究导刊,2016(13):82+133.
[54] 云佳祺.互联网金融风险管理研究[D].北京:中国社会科学院研究生院,2017.
[55] 常振芳.P2P网贷创新与监管问题研究[J].经济问题,2017(7):53-57.
[56] 王海全,农飞龙.我国互联网金融发展相关问题研究[J].华北金融,2013(11):59-62.
[57] 黄明刚.互联网金融与中小企业融资模式创新研究[D].北京:中央财经大学,2016.
[58] 卢玉志,李杰,赵冬晖.基于互联网金融的小微企业融资新渠道研究[J].农村金融研究,2017(11):38-42.
[59] 姜兆辉.互联网金融对商业银行的影响及对策研究[J].当代经济,2017(14):50-51.
[60] 史亚荣,张茗.互联网金融形态对我国商业银行影响的差异分析[J].北京工商大学学报(社会科学版),2018,33(2):105-115.
[61] 王聪聪,党超,徐峰,等.互联网金融背景下的金融创新和财富管理研究[J].管理世界,2018,34(12):168-170.
[62] 周宇.互联网金融:一场划时代的金融变革[J].探索与争鸣,2013(9):69-73.
[63] 肖本华.美国众筹融资模式的发展及其对我国的启示[J].南方金融,2013(1):54-58.
[64] 胡吉祥,吴颖萌.众筹融资的发展及监管[J].证券市场导报,2013(12):60-65.
[65] 肖芳.国内众筹网站举步维艰[J].互联网周刊,2013(10):20+22.
[66] 范家琛.众筹商业模式研究[J].企业经济,2013(8):74-77.
[67] 施俊.众筹模式与P2P应深度合作[J].新财经,2013(7):20.
[68] 马婷婷.中国众筹模式有待进一步发展[J].卓越理财,2013(8):79-81.
[69] 李雪静.众筹融资模式的发展探析[J].上海金融学院学报,2013(6):73-79.
[70] 黄健青,辛乔利."众筹":新型网络融资模式的概念、特点及启示[J].国际金融,2013(9):66-71.
[71] 张建中.众筹新闻:网络时代美国新闻业的创新及启示[J].现代传播(中国传媒大学学报),2013(3):111-114.
[72] 黄飙,屈俊.国外P2P和众筹的发展[J].中国外汇,2013(12):51-53.
[73] 袁康.互联网时代公众小额集资的构造与监管:以美国JOBS法案为借鉴[J].证券市场导报,2013(6):4-13+20.

[74] 来艺博.论众筹网站在中国的起步与发展:以"点名时间"网为例[J].今传媒,2013,21(11):110-111.

[75] Bob Ding.中国创业者众筹融资的三个案例[J].沪港经济,2013(10):50-51.

[76] 曹小林.众筹模式的多重维度,不只是电商的拓梦[J].互联网周刊,2012(23):32-33.

[77] 周春应,张丹,程玲丽.互联网金融发展中的生态污染及其治理策略研究[J].经济研究导刊,2018(36):121-122+139.

[78] 王劲屹.交易费用视角下农业众筹发展模式研究[J].农村金融研究,2018(12):64-68.

[79] 顾乃康,赵坤霞.实时的社会信息与互联网产品众筹的动态性:基于大数据的采集与挖掘研究[J].金融研究,2019(1):168-187.

[80] 刘征驰,周莎,马滔.异质性社会资本对互联网众筹绩效的影响研究:以"众筹网"为例[J].科研管理,2019,40(7):206-214.

[81] 李薇,田蜜.国内众筹平台上出资者行为研究:以京东众筹为个案[J].重庆邮电大学学报(社会科学版),2019,31(1):82-93.

[82] 杨青松,罗荣华.众筹融资在我国文化传媒行业中的作用分析[J].经营与管理,2020(1):23-27.

[83] 温健.金融大数据背景下互联网金融的风险控制分析[J].现代营销(经营版),2020(1):205-206.

[84] 饶瑛.互联网金融时代的小微企业融资模式创新研究[J].时代金融,2020(20):34-35.

第十章

互联网金融对大型商业银行经营效率的影响

10.1 绪论

近年来,我国信息技术发展迅速,各个领域都有着不同程度的发展,同时金融领域也正在被网络技术所影响、改变。互联网金融也悄然诞生了,互联网金融不是互联网技术与传统金融的简单结合,而是在实现安全、移动等网络技术水平上,被用户熟悉后,自然而然为适应新的需求而产生的新模式及新业务①。商业银行作为金融中的重头角色,自然也受到了一定的影响,基于互联网技术商业银行实现了网络支付、借贷等传统业务的便利化与平台化,但是同时网络的不真实性与隐蔽性也带来了巨大的风险隐患。互联网金融有利有弊,商业银行在开展网络业务的同时一定要确保使用者信息真实可信,保证网络状态的规范与安全。另外,随着互联网金融的发展,相关产品也在不断更迭,包括余额宝、互联网理财、P2P 网贷等,其业务面也从转账、汇款等金融边缘业务到风险定价、资金跨时空配置等金融核心领域挺进[1]。效率是衡量商业银行竞争力的集中表现[2],互联网金融的出现对商业银行的传统盈利模式产生了挤压效应,互联网金融对商业银行的经营效率的具体影响以及如何利用好互联网金融这把双刃剑是本研究的主要问题。

互联网金融发展迅速,对传统商业银行的经营产生了一定的影响。本研究通过统计互联网金融业务的关键词搜索次数,构建了互联网金融指数,以此作为外部冲击,采用 VAR 模型及脉冲响应函数分析的实证分析方法,研究了互联网金融对我国大型商业银行经营效率的影响。结果表明互联网金融发展初期会对商业银行的净利润存在负面冲击影响,而从长期来看,这种影响会转变成为正向影响;而对

---

① 《互联网金融风险专项整治工作实施方案的通知》

加权平均净资产收益率的冲击响应始终为正;对商业银行的吸收存款存在不利冲击影响,但这种影响会逐渐衰减。商业银行要加强监管,提高抗风险的意识与能力,化风险为机遇,促进金融市场的稳定发展。

10.2 文献综述

2013年以余额宝为代表的互联网理财工具出现后,商业银行的存款规模呈现出显著的下降[3],因此国内出现了一些针对互联网金融对商业银行的效率的研究,学者们基于不同角度,提出了不同观点。

部分学者认为互联网金融的出现挤压了传统的商业银行的生存空间,徐岚和徐青松借鉴美国经验分析发现互联网金融在支付结算、代理业务、理财业务等方面对传统银行业产生冲击,并且在资产、负债等不同方面存在竞争[4]。吴诗伟等人的研究发现互联网金融企业具有技术、政策、成本优势,逐步侵占了传统商业银行在存贷及中间业务层面的利润,这种利益竞争通过倒逼商业银行自身利率市场化及互联网化加大了商业银行经营的风险[5]。另外一部分学者则持不同的意见。褚蓬瑜与郭田勇认为互联网金融作为一种"倒逼式"金融创新将激励银行业汲取创新基因、深度嫁接现代信息技术以提升金融服务品质,最终两者将逐步实现融合以完善整个金融体系[6]。刘忠璐的研究表明互联网金融的迅速发展使得传统商业银行的经营模式发生变革,进而促进了经营效率的提升,弥补了其在盈利方面的不利冲击[7]。从技术溢出的角度来看,田佳慧、杨傲和王力的研究表明互联网金融"无意识"的技术溢出为商业银行提供了路径,提升了其经营效率[8-9]。从全要素生产率(TFP)的角度分析互联网金融对商业银行的影响时,吴海清通过实证分析验证了互联网金融凭借技术溢出推动了商业银行的全要素生产率的提高[10]。

基于以前的学者的研究,本研究将采用实证研究,通过互联网金融的关键词索引词库的频数统计构建互联网金融指数,并将互联网金融指数作为外部冲击,通过VAR模型进行脉冲响应分析,研究互联网金融对于我国大型商业银行经营效率的影响。

10.3 实证结果及分析

10.3.1 互联网金融指数的构建

1）指数模型分析

在研究互联网金融产生的影响时,由于技术的快速更迭与创新的层出不穷,代表互联网金融的指标难以统一,不具有规范性跟全面性。本研究选取 VAR 模型进行研究,首先须对变量进行指数化处理。裴平和傅顺的研究中采用了第三方支付和网络借贷规模之和与银行总资产规模的比值表示互联网金融发展的水平[11]。邹静和王洪卫采用互联网支付金额的变化率代表互联网金融[12]。但这些以网银交易额或者第三方支付额来代表互联网金融变量的研究仅仅考虑了互联网金融的支付功能,而忽视了互联网金融与商业银行业务更加贴近的其他业务。在研究互联网金融对商业银行的影响时,这些指标都不具有代表性,因此本研究在构建互联网金融指数时,选取网银、电子银行、在线支付、移动支付、网贷、互联网理财和互联网保险作为关键词,通过统计这些关键词在 2011—2019 年间 36 个季度的平均搜索频数,进行指数构建,采用加权平均法,得到相关指数,衡量互联网金融的发展。这些关键词涵盖了互联网金融与商业银行更加贴近的所有相关业务,在本研究中更加具有代表性。计算公式如下:

$$IF = \sum w_i x_i, \quad i = 1, 2, 3, \cdots, n$$

$$w_i = \frac{x_i}{\sum_{i=1}^{n} x_i}, \quad i = 1, 2, 3, \cdots, n$$

式中,w 代表权重;x 代表关键词在 36 个季度的平均搜索频数;i 代表不同的关键词。计算结果如表 10-1 所示。

表 10-1 互联网金融指数的构建结果

时间	IF	时间	IF	时间	IF
2011_1	1 689	2014_1	1 442	2017_1	1 391
2011_2	1 857	2014_2	1 571	2017_2	1 797
2011_3	2 157	2014_3	1 506	2017_3	2 205
2011_4	2 414	2014_4	1 323	2017_4	3 525

续表 10-1

时间	IF	时间	IF	时间	IF
2012_1	2 622	2015_1	1 375	2018_1	2 866
2012_2	2 441	2015_2	1 387	2018_2	2 414
2012_3	2 059	2015_3	1 441	2018_3	2 747
2012_4	1 731	2015_4	1 235	2018_4	3 566
2013_1	1 702	2016_1	1 207	2019_1	2 289
2013_2	1 719	2016_2	1 056	2019_2	2 065
2013_3	1 470	2016_3	1 160	2019_3	3 455
2013_4	1 397	2016_4	1 550	2019_4	3 566

数据来源：百度指数搜索引擎2011—2019年数据，下划线后面的数字代表季度。

2）数据平稳性检验

通过加权平均法构建的互联网金融指数，在正式进行模型分析之前，需要进行时间序列平稳性检验。为了保证检验结果的准确性，本研究采用多种检验方法。检验结果如表10-2所示。结果表明在5%的显著性水平下，LLC，PP和ADF检验都通过了一阶差分无截距无趋势项的平稳性检验。这说明构建的互联网金融指数结果平稳，满足一阶单整，即 IF~I(1)。

表 10-2　互联网金融指数平稳性检验结果

指标	统计量	概率	obs
LLC	−3.032 96	0.001 2	30
PP	34.304 5	0	34
ADF	10.239 4	0.006	30

注：互联网金融指数为一阶差分无截距无趋势项。

10.3.2　商业银行经营效率指标的选择

关于反映商业银行经营管理效率的指标中，我们参考李伟民与王浩男[13-14]的研究，选取最能直接反映商业银行经营状况的指标——净利润与平均净资产收益率。另外，商业银行通过吸收存款展现最传统的经营业务的状况，此科目是商业银行经营活动的基石，其波动关系到商业银行总体的经营状况。由于中小型商业银行受较多其他因素制约，因此我们选择大型国有商业银行为例进行研究。考虑到数据可得性与完整性，本研究依照王浩男[14]的研究，选取中国农业银行2011—2019年每季度的净利润、加权平均净资产收益率和吸收存款作为经营指标进行分析。

为了避免出现伪回归的问题,在进行模型分析之前,先对数据进行平稳性检验,保证时间序列数据的平稳性是保证检验结果的可靠性的前提。下面进行平稳性和协整检验、格兰杰因果检验以及协方差矩阵分析。

1) 平稳性检验

对商业银行的净利润、加权平均净资产收益率和吸收存款进行平稳性检验,结果如表 10-3 所示。结果表明,净利润通过了二阶差分无截距无趋势项的 LLC,PP 和 ADF 检验,加权平均净资产收益率不满足 LLC 和 ADF 检验,但通过了 PP 检验,吸收存款则通过了 LLC 与 PP 检验,但没有通过 ADF 检验,总体来说,符合时间序列数据平稳性要求。

表 10-3　经营指标平稳性检验结果

指标	净利润	加权平均净资产收益率	吸收存款
LLC	−23.379 0	−1.178 52	10.320 9
PP	263.391	69.939 4	24.242 5
ADF	263.391	2.454 05	2.472 28

注:净利润为二阶差分无截距无趋势项,吸收存款为一阶差分有截距无趋势项,其余为一阶差分无截距无趋势项。

2) 两变量协整关系检验

通过两变量协整关系的 EG 检验对商业银行的经营指标和互联网金融指数进行协整检验,结果如表 10-4 所示。结果表明,净利润和加权平均净资产收益率与互联网金融指数均通过了 ADF 检验,存在协整关系;而吸收存款与互联网金融指数之间的协整关系较弱。

表 10-4　经营指标与 IF 协整关系检验结果

指标	净利润	加权平均净资产收益率	吸收存款
ADF	−2.632 44	−1.753 02	−1.208 85
Prob	0.010 2	0.075 6	0.202 5

3) 格兰杰因果检验

协整分析之后,再进行格兰杰因果检验,检验结果如表 10-5 所示,从中可以得到互联网金融与吸收存款之间的因果关系最强,而其与加权平均净资产收益率和净利润之间的因果关系则较弱。

表 10-5　格兰杰因果检验结果

关系	F 统计量	p 值
IF 与吸收存款	2.823 8	0.102 6
IF 与加权平均净资产收益率	2.086 3	0.158 3
IF 与净利润	1.903 64	0.177 2

注：上述关系之后阶数均为1。

4) 协方差矩阵分析

最后进行各指标之间的协方差检验，检验结果如表10-6所示。结果表明，互联网金融与净利润和吸收存款都存在很大的协方差数值，而其与加权平均净资产收益率之间的协方差相对较小。

表 10-6　协方差检验结果

变量	净利润	加权平均净资产收益率	吸收存款	IF
净利润	64 794 517.1	−20 989	21 140 806 994	1 394 665
加权平均净资产收益率	−20 988.997 2	13.321 02	−9 392 581.795	−1 164.6
吸收存款	21 140 806 994	−9 392 582	8.250 82E+12	8.79E+08
IF	1 394 664.926	−1 164.6	878 842 028.6	511 976

10.3.3　基于VAR与脉冲效应的实证分析

互联网金融在实际应用中起着金融中介的作用，相对于传统银行业来说，具有方便快捷的特点，能有效替代商业银行的线下业务。因此，互联网金融的发展必然会对商业银行的经营状况产生冲击[14]。相对于受地域、地方政策影响而产生较大差异的城市商业银行，本研究选择了规模较大，同规模之间差异相对较小的大型商业银行进行研究，结果更具有普遍性。为了分析互联网金融对商业银行经营效率的不同方面的影响，采用两变量的VAR模型与脉冲响应进行分析。模型表述如下，其中IF表示互联网金融指数，Y依次以净利润、加权平均净资产收益率和吸收存款进行计量分析。本研究运用Eviews8.0进行模型的检验和估计。

$$IF_t = \alpha_1 \times IF_{t-1} + \alpha_2 \times IF_{t-2} + \beta_1 \times Y_{t-1} + \beta_2 \times Y_{t-2} + \mu_{1t}$$

$$Y_t = \lambda_1 \times IF_{t-1} + \lambda_2 \times IF_{t-2} + \eta_1 \times Y_{t-1} + \eta_2 \times Y_{t-2} + \mu_{2t}$$

$$t = 1, 2, 3, \cdots, T$$

1) 互联网金融指数对净利润的冲击分析

通过实证发现，AR根的模倒数都位于单位圆内（图10-1），VAR的系统是稳定的。从脉冲响应的图像看出,互联网金融指数对商业银行的净利润产生的冲击,第二期的值为负,从第三期开始为正值并呈上升趋势。这说明,互联网金融指数对净利润的冲击先为负,后为正,即对于净利润的增长起先抑制后促进的作用。

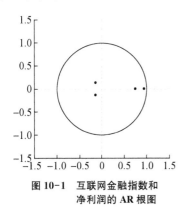

图 10-1　互联网金融指数和
净利润的 AR 根图

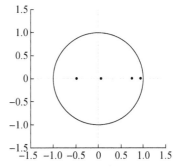

图 10-2　互联网金融指数和加权平均
净资产收益率的 AR 根图

2) 互联网金融指数对加权平均净资产收益率的冲击分析

通过实证发现,互联网金融指数对加权平均净资产收益率的 AR 根的模倒数都位于单位圆内(图 10-2),VAR 的系统是稳定的。而脉冲响应的结果表示,从第一期开始,响应冲击值都为正,且在第二期达到最高。这表示互联网金融指数对加权平均净资产收益率的冲击作用始终为正。

3) 互联网金融指数对吸收存款的冲击分析

通过 VAR 的脉冲响应进行检验发现,AR 根的模倒数不都位于单位圆内(图 10-3),VAR 的系统是不够稳定的。脉冲响应函数的图像分析发现,互联网金融指数对吸收存款的响应值从第一期开始为负值,此后在第七期高于 0,随后又变为负值。这表示互联网金融的发展初期会对商业银行的吸收存款产生不利影响,这种不利影响会逐渐加强再减弱。

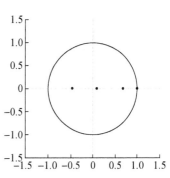

图 10-3　互联网金融指数和吸收
存款的 AR 根图

10.3.4　小结

本研究在构建互联网金融指数时,选取网银、电子银行、在线支付、移动支付、网贷、互联网理财和互联网保险作为关键词,通过统计这些关键词在 2011—2019 年间 36 个季度的平均搜索频数,进行指数构建,衡量互联网金融的发展。关于反映商业银行经营管理效率的指标,选取中国农业银行 2011—2019 年每季度的净利润、加权平均净资产收益率和吸收存款作为经营指标进行分析。互联网金融指数对净利润的冲击分析结果表明,互联网金融指数对净利润的冲击先为负,后为正,即对于净利润的增长起先抑制后促进的作用。互联网金融指数对加权平均净资产收益率的冲击分析结果表明,互联网金融指数对加权平均净资产收益率的冲击作用始终为正。互联网金融指数对吸收存款的冲击分析结果表明,互联网金融的发展初期会对商业银行的吸收存款产生不利影响,这种不利影响会逐渐加强再减弱。

10.4 结论与建议

随着互联网的普及以及层出不穷的技术突破,互联网金融也因此不断成长。本研究的实证结果显示,互联网金融发展初期会对商业银行的发展存在负面影响,而从长期来看,这种影响会转变成为正向影响。在互联网金融蓬勃发展的新形势下,商业银行应抓住机会,找寻与互联网金融"融合"的方式,取长补短,化风险为机遇,促进自身经营效率的提升。另外还要做到以下几点:

(1) 深化金融结构改革,开拓多样化的盈利业务。借助"互联网+"将传统的线下业务互联网化,方便用户进行交易及业务处理。利用互联网,推出能够提高用户体验的新业务,减少运营成本,提高盈利水平,提升自身竞争力。

(2) 增强抗风险能力,提高抗压能力。互联网金融在发展过程中也会不可避免地面临未知的风险,而商业银行较互联网金融有着较为丰富的抗风险经验。加强抗风险、抗压能力能够有效地帮助商业银行抵抗前期互联网金融带来的冲击。

(3) 加强市场监管。在金融市场中,互联网金融由于其创新性与初创性,一直未受到严格的监管,在这个过程中产生了许多风险,例如一直令人诟病的第三方支付的个人信息泄露问题等。由此看来,互联网金融的发展任重而道远,商业银行需要完善监管规则,预测、分散或化解各类金融风险。

参考文献

[1] 牛蕊.互联网金融对商业银行金融效率影响研究[J].山西大学学报(哲学社会科学版),2019,42(3):122-131.

[2] 周逢民,张会元,周海,等.基于两阶段关联DEA模型的我国商业银行效率评价[J].金融研究,2010(11):169-179.

[3] 郑才静.互联网金融对中国商业银行技术效率影响:基于57家商业银行实证研究[J].价值

工程,2019,38(29):129-131.

[4] 徐岚,徐青松.从美国经验看"互联网金融"对于国内传统银行业的冲击[J].上海经济研究, 2014(7):97-101.

[5] 吴诗伟,朱业,李拓.利率市场化、互联网金融与商业银行风险:基于面板数据动态 GMM 方法的实证检验[J].金融经济学研究,2015,30(6):29-38.

[6] 褚蓬瑜,郭田勇.互联网金融与商业银行演进研究[J].宏观经济研究,2014(5):19-28.

[7] 刘忠璐.互联网金融对商业银行风险承担的影响研究[J].财贸经济,2016(4):71-85+115.

[8] 田佳慧.互联网金融技术溢出对商业银行效率影响研究[J].中国民商,2018(4):41.

[9] 杨傲,王力.互联网金融技术溢出对商业银行效率提升的影响研究[J].北京化工大学学报 (社会科学版),2019(1):23-29+47.

[10] 吴海清.互联网金融对商业银行效率影响的实证研究[D].厦门:厦门大学,2017.

[11] 裴平,傅顺.互联网金融发展对商业银行流动性的影响:来自中国 15 家上市银行的经验证据[J].经济学家,2020(12):80-87.

[12] 邹静,王洪卫.互联网金融对中国商业银行系统性风险的影响:基于 SVAR 模型的实证研究[J].财经理论与实践,2017,38(1):17-23.

[13] 李伟民.互联网金融对商业银行效率影响研究[D].重庆:四川外国语大学,2019.

[14] 王浩男.互联网金融对我国大型商业银行经营效率的影响[J].湖南科技学院学报,2018,39 (3):84-86.

第十一章
互联网金融对居民消费影响的实证研究

11.1 绪论

在当今互联网飞速发展的背景下,互联网金融的应用与居民的生活息息相关,它在一定程度上影响着居民的消费习惯和消费结构。互联网支付的便利性和快捷性使得其普及率日益提高,以"支付宝""微信"为代表的互联网支付平台的发展和以"人人贷"为代表的 P2P 平台的兴起都标志着互联网金融的快速发展。互联网金融具有方便快捷、节约交易成本、满足消费者的流动性需求、参与门槛较低等优点,这使得人们的消费习惯逐渐从传统的金融消费方式向互联网金融消费方式转变。人们的支付方式从现金、银行卡逐渐过渡到了移动支付,借贷方式逐渐出现了"蚂蚁花呗"等新兴途径,互联网理财市场的发展扩大了人们投资理财的选择……鉴于以上研究背景,互联网金融对居民消费倾向和消费结构的影响研究具有现实意义。

在当今互联网金融快速发展的大背景下,互联网金融正通过互联网支付、互联网理财等诸多方面逐渐渗透到居民的消费生活中,并在一定程度上对居民消费产生影响。本研究通过收集整理文献来分析研究互联网金融对居民消费的影响机理,并通过数据收集和回归模型以及面板回归模型的构建来研究互联网金融对居民消费倾向以及居民消费结构的影响作用。研究结果表明,互联网金融的发展具有提高居民消费倾向的作用,并且互联网金融的发展可以进一步引导居民的消费结构由生存型消费向享受型消费和发展型消费过渡。本研究进而依据研究成果提出了相关建议。

11.2 文献综述

11.2.1 国内学者对互联网金融对居民消费影响的研究

我国学者普遍对互联网金融的发展持有正面观点,大多数学者从理论分析角度研究了互联网金融的发展对居民消费的影响机理,或是从实证角度检验了互联网金融的发展对居民的消费倾向、消费水平、消费结构等方面的影响,其中运用VAR模型和面板数据模型进行实证研究的文献较多。徐成晓在理论上分析互联网金融对居民消费的影响机理,并运用中国省级面板数据验证了互联网金融对居民消费需求的促进作用[1]。王曼卿从理论上分析了互联网金融主要通过提升消费倾向、稳定消费结构和增加可配置资金三方面对居民消费结构产生影响,并通过实证得出互联网金融不同模式对居民消费结构的影响程度各不相同且具有促进居民消费结构升级的作用的结论[2]。何启志和彭明生从理论上基于居民消费需求、心理、方式等角度分析了互联网金融对居民消费的影响机理,在实证方面运用动态面板模型和面板VAR模型进一步验证了互联网金融对居民消费的正向刺激作用[3]。陈思佳对比了国内外互联网金融的发展特征,并运用省级面板数据通过实证验证了互联网金融的发展能够促进居民消费结构的提升[4]。魏子东运用省级面板数据模型实证分析了互联网金融对居民消费水平的影响以及地区差异,并得出互联网金融的发展对农村居民消费水平的影响更大[5]。严相如以第三方支付为例分析了互联网金融影响中国居民消费的主要机制和途径,构造跨期最优消费决策模型,并对我国不同省份居民消费和互联网金融的发展进行计量检验和实证分析[6]。

同时也有学者对互联网金融的发展持有负面观点。胡萌分析了互联网金融的支付便利与借贷便利两条影响路径,她认为互联网金融发展一方面会通过增加消费渠道与支付方式等支付便利促进消费,另一方面会通过提供借贷便利、提高居民杠杆从而减少当期消费,总体而言会降低居民消费水平[7]。

11.2.2 国外学者对互联网金融对居民消费影响的研究

国外相关文献分别研究了互联网金融和居民消费的问题,Hem和Ficawoyi通过Tobit模型研究得出接触互联网的人更能保持消费信贷的平衡,虽然互联网会导致更多的贷款,但是教育能够减轻这些负债[8]。Agrawal详尽介绍了互联网金融中新兴发展的众筹融资的运行机制和发展态势[9];Sassi和Goaied利用动态面板模型证明了ICT(信息通信技术)与金融发展之间呈正相关关系[10]。

11.2.3 研究方法和思路

本研究通过收集整理文献来分析研究互联网金融对居民消费的影响机理,并进行数据收集和资料汇总,建立回归模型,研究互联网金融发展指数、居民可支配收入、居民的储蓄和人均GDP对居民消费倾向的影响作用;此外,通过建立面板回归模型,研究 2013—2019 年人均消费支出总量、人均生存型消费量、人均享受型消费量和人均发展型消费量分别受互联网金融发展指数和居民人均可支配收入的影响情况,并通过相关系数的对比,推测互联网金融的发展对居民消费结构的影响作用。

11.2.4　小结

这一节通过收集整理国内外学者对互联网金融对居民消费影响研究的相关文献,为接下来的研究分析奠定了一定的理论基础。综合上述国内外文献的整理和思考,国内的文献更侧重于将理论分析与实证研究相结合研究互联网金融的发展对居民消费的影响作用,而国外的文献更侧重于研究互联网金融的发展本身及其与居民消费的关系。

11.3　互联网金融对居民消费影响的机理

11.3.1　互联网金融提高居民的消费倾向

1) 提高交易效率

互联网金融为居民提供了线上的支付方式,很大程度上便捷了支付过程,减少了消费者的时间成本。由于互联网支付的便利性和快捷性,互联网支付的受众群体快速增加。互联网支付主要通过两方面提升消费者支付效率:扫码支付和网络购物。近年来扫码支付的方式逐渐渗透到购物、餐饮、交通等部门。2017 年数据显示,在线下消费品消费领域,扫码支付渗透率为 71.5%;餐饮行业扫码支付渗透率高达 68%;交通行业的线下扫码支付渗透率为 15%。同样,互联网支付主导了以阿里巴巴和京东为首的网购领域,且每年的成交额都在上升[7]。互联网支付简化了支付程序,通过便利性和快捷性加大了用户对互联网支付的依赖程度,并且提高了用户黏性,与此同时提高了居民的消费倾向[5]。

2) 心理账户

由于"心理账户"的存在,对于一些消费者,互联网支付带来的"厌恶损失"小于现金带来的"厌恶损失",即当人们面对同样数量的收益和损失时,认为损失对于他们来讲更加难以接受,但从程度上来讲互联网支付带来的这种效应程度较低。所以互联网支付可以在一定程度上提升居民的消费倾向[1]。

11.3.2　互联网金融提高居民投资的预期收益

互联网金融理财产品普遍具有高收益的特点。互联网理财企业在初创阶段选择压缩利润以提高投资者的收益率，并以此来开拓市场；此外，作为新兴理财产品，互联网理财领域的监管较为宽松，资金的运作空间大，使得博取高收益成为可能，尽管其中存在"劣币驱逐良币"的风险。互联网金融理财具有提高居民投资预期收益的效应，并与此同时促进居民消费。

11.3.3　互联网金融满足消费者的流动性需求

相比于传统贷款方式，互联网金融提供的消费信贷具有扩大消费者群体范围、降低消费信贷门槛的特点，并且在一定程度上延长了部分消费者的分期付款周期，减轻了消费者的付款压力，满足了消费者的流动性需求，并在一定程度上释放了居民的消费潜力[6]。

11.3.4　小结

互联网金融主要通过以下几种途径影响居民消费：①互联网金融能提高交易效率，同时对于一些消费者，互联网支付带来的"厌恶损失"小于现金带来的"厌恶损失"，故能够在一定程度上提升居民的消费倾向；②互联网金融能提高居民投资的预期收益；③互联网金融能满足消费者的流动性需求。

11.4　互联网金融对居民消费影响的实证分析

11.4.1　互联网金融提高居民的消费倾向效应

1）数据来源与变量选择

本研究选取北京大学数字金融研究中心提出的互联网金融发展指数作为衡量我国互联网金融发展的指标，并将其设置为解释变量。北京大学数字金融研究中心将该指标具体划分为四项指数，包括互联网金融支付指数、互联网金融货币基金指数、互联网金融保险指数和互联网金融投资指数。

本研究将居民消费倾向设置为被解释变量，来研究互联网金融发展指数对居民消费倾向的影响。该部分数据来源于国家统计局。

此外，本研究将其他影响居民消费的变量考虑在内，并将其设置为控制变量。

根据凯恩斯的绝对收入假说,居民的可支配收入是影响居民消费的主要因素,所以将其设置为控制变量;居民的储蓄也对居民的消费产生不可忽视的影响,于是也将居民的储蓄设置为控制变量;除此之外,随着一国的经济发展,GDP提高,居民的生活水平也有所提高。所以一国宏观经济的发展状况也应纳入考虑范畴,于是将GDP设置为控制变量。该部分数据来源于国家统计局。

2) 模型构建

本部分构建回归模型验证互联网金融的发展提高居民的消费倾向效应。根据收入绝对假说,居民的平均消费倾向$APC=C/Y$。将居民的平均消费倾向APC设为被解释变量,将互联网金融的发展指数hj,居民人均可支配收入Y,居民储蓄S和人均GDP引入模型,构建模型如下:

$$APC=\beta_0+\beta_1 hj+\beta_2 Y+\beta_3 S+\beta_4 GDP+\mu$$

3) 回归分析

本研究利用Eviews7.2对所构建的回归模型进行参数估计,回归模型的参数估计结果如表11-1。被解释变量为居民的平均消费倾向。

表11-1 居民的平均消费倾向回归模型的参数估计结果

解释变量	相关系数	标准差	t检验	相伴概率
常数项	0.810 854	0.018 962	42.760 92	0.000 5
互联网金融的发展指数	0.000 120	4.09E-05	2.939 964	0.098 8
居民人均可支配收入	−4.55E-06	2.78E-06	−1.636 682	0.243 3
居民储蓄	1.79E-07	5.39E-08	3.319 336	0.080 0
人均GDP	−1.69E-07	5.73E-08	−2.948 049	0.098 4

从回归分析的结果来看,模型调整后R^2为0.969 8,接近于1,说明模型在整体上拟合得较好。从F值的相伴概率来看,该数值为0.020 0,小于0.05,说明模型的线性关系在95%的置信水平下显著成立。互联网金融发展指数hj的参数估计结果为0.000 1,说明互联网金融发展指数每增加一个单位,居民的平均消费倾向增加0.000 1个单位。从t检验的结果来看,在0.1的显著性水平下,hj通过了变量的显著性检验。所以,可以推测互联网金融的发展具有提高居民消费倾向的效应。人均可支配收入Y的参数估计结果为-4.55×10^{-6},该参数不具备合理的经济意义。从t检验的结果来看,Y未通过变量的显著性检验。居民储蓄S的参数估计结果为1.79×10^{-7},即居民储蓄每增加一个单位,居民的平均消费倾向增加1.79×10^{-7}个单位。从t检验的结果来看,在0.1的显著性水平下,S通过了变量

的显著性检验。人均GDP的参数估计结果为-1.69×10^{-7},该参数不具备合理的经济意义。

11.4.2 互联网金融优化居民消费结构

1) 数据来源与变量选择

本研究所设置的被解释变量分别为人均消费支出总量(TC)、人均生存型消费量(SC)、人均享受型消费量(EC)和人均发展型消费量(DC)。将人均消费支出总量定义为居民人均消费支出;将人均生存型消费量定义为人均食品消费支出、人均衣着消费支出、人均居住消费支出、人均生活用品消费支出和人均医疗保健消费支出的加总;将人均享受型消费量定义为人均食品消费支出、人均衣着消费支出、人均交通通信消费支出和人均文教娱乐消费支出的加总;将人均发展型消费量定义为人均居住消费支出、人均生活用品消费支出、人均医疗保健消费支出、人均交通通信消费支出和人均文教娱乐消费支出的加总。该部分数据来源于国家统计局。

本研究将北京大学数字金融研究中心提出的互联网金融发展指数作为衡量我国互联网金融发展的指标,并将其设置为解释变量。该互联网金融发展指数包括互联网金融支付指数、互联网金融货币基金指数、互联网金融保险指数和互联网金融投资指数四项指数,总体来讲可信度较高。

居民的人均可支配收入作为影响居民消费支出的主要因素而被设置为控制变量。该部分数据来源于国家统计局。

2) 面板回归模型的构建

本研究选取我国全部地区的面板数据,时间选择为2013—2019年,并且为降低数据的波动程度并消除部分异方差,所有指标均采用自然对数形式。

本研究构建如下的面板回归模型,并对互联网金融的产生和发展优化居民消费结构的效应进行分析:

$$\ln(TC)=\beta_0+\beta_1\ln(hj)+\beta_2\ln Y+\mu$$
$$\ln(SC)=\beta_0+\beta_1\ln(hj)+\beta_2\ln Y+\mu$$
$$\ln(EC)=\beta_0+\beta_1\ln(hj)+\beta_2\ln Y+\mu$$
$$\ln(DC)=\beta_0+\beta_1\ln(hj)+\beta_2\ln Y+\mu$$

式中,TC代表人均消费支出总量;SC代表人均生存型消费量;EC代表人均享受型消费量;DC代表人均发展型消费量;hj代表我国互联网金融的发展指数;Y代表我国居民人均可支配收入;μ为随机误差项。

3）回归分析

本研究用 Eviews7.2 对所构建的面板回归模型进行参数估计，面板回归模型的参数估计结果如表 11-2～表 11-5，被解释变量为人均消费支出总量。

表 11-2　人均消费支出总量面板回归模型的参数估计结果

解释变量	相关系数	标准差	t 检验	相伴概率
常数项	0.803 722	0.400 283	2.007 884	0.115 1
互联网金融的发展指数	0.022 268	0.016 046	1.387 748	0.237 5
居民人均可支配收入	0.874 508	0.048 200	18.143 31	0.000 1

表 11-3　人均生存型消费量面板回归模型的参数估计结果

解释变量	相关系数	标准差	t 检验	相伴概率
常数项	0.019 231	0.551 042	0.034 900	0.973 8
互联网金融的发展指数	−0.018 758	0.022 090	−0.849 161	0.443 6
居民人均可支配收入	0.943 659	0.066 354	14.221 67	0.000 1

表 11-4　人均享受型消费量面板回归模型的参数估计结果

解释变量	相关系数	标准差	t 检验	相伴概率
常数项	3.013 036	1.007 458	2.990 730	0.040 3
互联网金融的发展指数	0.094 491	0.040 386	2.339 705	0.079 4
居民人均可支配收入	0.567 461	0.121 313	4.677 670	0.009 5

表 11-5　人均发展型消费量面板回归模型的参数估计结果

解释变量	相关系数	标准差	t 检验	相伴概率
常数项	−1.642 818	0.596 585	−2.753 704	0.051 2
互联网金融的发展指数	0.008 512	0.023 915	0.355 927	0.739 9
居民人均可支配收入	1.075 108	0.071 838	14.965 82	0.000 1

根据回归结果可以观察到，四个模型的 F 检验的相伴概率 P 值均接近于 0，表明四个模型的线性关系均在 95% 的置信水平下显著成立。

首先，在人均消费支出总量的模型中，互联网金融的发展指数对人均消费支出总量的影响系数为 0.022 3，即互联网金融的发展指数每增加一个单位，居民人均消费支出总量增加 0.022 3 个单位，所以互联网金融的发展对居民消费支出具有促进作用。而居民人均可支配收入对居民人均消费支出总量的影响系数为 0.874 5，

第十一章 互联网金融对居民消费影响的实证研究

该数值大于0,小于1,说明居民人均可支配收入对居民消费支出具有较强的促进作用,且该系数具有合理的经济意义。从 t 检验结果来看,h_j 未通过变量的显著性检验,而 Y 通过了变量的显著性检验。

在生存型消费的模型中,互联网金融的发展指数对生存型消费支出的影响系数为 -0.0188,即互联网金融的发展指数每增加一个单位,居民生存型消费支出减少 0.018 8 个单位,所以互联网金融的发展对居民生存型消费具有较弱的抑制作用。而居民人均可支配收入对生存型消费支出的影响系数为 0.943 7,该数值大于0,小于1,说明居民人均可支配收入对居民生存型消费支出具有较强的促进作用,且该系数具有合理的经济意义。从 t 检验结果来看,h_j 未通过变量的显著性检验,而 Y 通过了变量的显著性检验。

在享受型消费的模型中,互联网金融的发展指数对享受型消费支出的影响系数为 0.094 5,即互联网金融的发展指数每增加一个单位,居民享受型消费支出增加 0.094 5 个单位,所以互联网金融的发展对居民享受型消费具有促进作用。而居民人均可支配收入对享受型消费支出的影响系数为 0.567 5,该数值大于0,小于1,说明居民人均可支配收入对居民享受型消费支出具有促进作用,且该数据具有合理的经济意义。从 t 检验的结果来看,在 0.1 的显著性水平下,h_j 和 Y 均通过了变量的显著性检验。

在发展型消费的模型中,互联网金融的发展指数对发展型消费支出的影响系数为 0.008 5,即互联网金融的发展指数每增加一个单位,居民发展型消费支出增加 0.008 5 个单位,所以互联网金融的发展对居民发展型消费具有促进作用。而居民可支配收入对发展型消费支出的影响系数为 1.075 1,说明居民人均可支配收入对居民发展型消费支出具有较强的促进作用。从 t 检验的结果来看,h_j 未通过变量的显著性检验,而 Y 通过了变量的显著性检验。

综上所述,按照全国数据居民的人均可支配收入对居民的总消费支出以及居民的生存型、享受型、发展型消费均有着较强的促进作用,而互联网金融的发展指数同样对居民消费支出有着不可忽视的影响。从回归分析的结果来看,互联网金融的发展指数对居民总消费支出以及居民的享受型消费和发展型消费都具有促进作用。此外,由于互联网金融的发展指数对享受型消费和发展型消费有促进作用,而却对生存型消费有抑制作用;并且其中互联网金融的发展指数对享受型消费的促进作用要强于对发展型消费的促进作用。因此,可以判断互联网金融的发展具有影响居民消费结构的作用。通过回归结果还可以发现,居民的人均可支配收入对发展型消费的促进作用大于对生存型消费的促进作用,而对生存型消费的促进作用大于对享受型消费的促进作用,可以推测居民的可支配收入同样具有影响居民消费结构的作用。

11.4.3 小结

互联网金融的发展能对居民人均总消费支出以及三种不同消费(生存型、享受型、发展型消费支出)构成的消费结构产生影响,其中互联网金融的发展对居民人均总消费支出、享受型消费支出和发展型消费支出具有促进作用,对生存型消费支出具有抑制作用。而居民人均可支配收入对人均总消费支出以及三种不同消费均有促进作用。

此外,依据前文所分析的面板数据模型当中的相关系数的差异,可以推测互联网金融的发展和居民的可支配收入对居民的消费结构产生一定的影响作用。首先,从数据中可以推测互联网金融的发展可以进一步引导居民的消费结构由生存型消费向享受型消费和发展型消费过渡。通过前文的数据分析还可以判断出居民人均可支配收入可以引导居民的消费结构由生存型消费向发展型消费过渡。

11.5 结论和建议

本研究通过建立回归模型研究我国金融发展指数、居民人均可支配收入、居民储蓄和人均 GDP 对居民的平均消费倾向的影响。回归结果表明,互联网金融的发展具有提高居民消费倾向的效应,居民储蓄也对居民的人均消费倾向具有促进作用。

本研究通过建立面板数据回归模型,研究 2013—2019 年人均消费支出总量(TC)、人均生存型消费量(SC)、人均享受型消费量(EC)、人均发展型消费量(DC)受我国金融发展指数和居民人均可支配收入的影响情况。回归分析得出结果,互联网金融的发展对居民人均总消费支出、享受型消费支出和发展型消费支出具有促进作用,对生存型消费支出具有抑制作用。而居民人均可支配收入对人均总消费支出以及三种不同消费均具有促进作用。此外,根据所分析的面板数据模型当中的相关系数的差异可以推测互联网金融的发展可以进一步引导居民的消费结构由生存型消费向享受型消费和发展型消费过渡。通过前文的数据分析还可以判断出居民人均可支配收入可以引导居民的消费结构由生存型消费向发展型消费过渡。

由于目前互联网金融的高速发展,互联网支付、互联网理财的普及率逐步提高,我国政府及有关部门应该加大对互联网金融领域的监管力度,在一定程度上降低互联网理财高收益带来的风险;与此同时应该加强互联网支付的相关基础建设,例如交通部门建设扫码支付全覆盖等。

根据本研究实证分析结果,互联网金融的发展可以进一步引导居民的消费结构由生存型消费向享受型消费和发展型消费过渡,于是提出相关建议,即互联网金融企业可以着力发展文教娱乐相关项目或加强和文教娱乐领域企业的相关合作。

在当今互联网金融快速发展和普及的大背景下,消费者应该加强对互联网金融的认识,尤其是对于互联网购物和互联网理财的风险意识,在理性消费的同时要善于运用法律手段保护自己的合法权益。

参考文献

[1] 徐成晓.互联网金融对中国居民消费水平的影响研究[J].特区经济,2020(3):130-132.

[2] 王曼卿.互联网金融对居民消费结构影响的实证分析[D].西北农林科技大学,2019.

[3] 何启志,彭明生.互联网金融对居民消费的影响机理与实证检验[J].学海,2019(3):146-153.

[4] 陈思佳.互联网金融对居民消费结构的影响研究[D].北京:对外经济贸易大学,2018.

[5] 魏子东.互联网金融发展对中国城乡居民消费影响的实证分析[D].济南:山东大学,2018.

[6] 严相如.互联网金融对中国居民消费的影响[D].厦门:厦门大学,2017.

[7] 胡萌.互联网金融对我国家庭消费结构的影响机制研究[D].武汉:中南财经政法大学,2019.

[8] Hem C. Basnet, Ficawoyi Donou-Adonsou. Internet, Consumer Spending, and Credit Card Balance: Evidence from US Consumers[J]. Review of Financial Economics,2016,30:11-22.

[9] Agrawal A C, Catalini A, Goldfarb. Goldfarb Catalinimics of Crowdfunding[J]. NBER Working Paper,2013.

[10] Sassi Seifallah, Mohamed Goaied, Financial Development, ICT Diffusion and Economic Growth: Lessons from ENA Region[J]. Telecommunications Policy, 2013, 37(4—5):252-261.

附

总参考文献

[1] Alberto M. Environmental risk and insurance, a comparative analysis of the role of insurance in the management of environment-related risks[R]. OECD Report, 2002.

[2] Andrews R B. Mechanics of the urban economic base: historical development of the baseconcept[J]. Land Economics, 1953, 29(2): 161-167.

[3] Ang, J. Finance and inequality: the case of India[D]. Monash University, Department of Economics, 2008.

[4] Anselin, L., and R. J. G. M. Florax. New Directions in Spatial Econometrics[M]. Springer, Berlin, Heidelberg: 1995.

[5] Anselin, L. Some robust approaches to testing and estimation in spatial econometrics[J]. 1990, 20(2): 141-163.

[6] Anselin, L. Spatial econometrics: methods and models[M]. Boston: Kluwer Academic, 1988.

[7] Apergis, N., I. Filippidis, and C. Economidou. Financial Deepening and Economic Growth Linkages: A Panel Data Analysis[J]. Review of World Economics, 2007, 143, (1): 179-198.

[8] Bai, C. E., M. Hong, and W Pan. Spatial spillover and regional economic growth in China[J]. China Economic Review, 2012, 23, (4): 982-990.

[9] Behrens, K., G Duranton, and F. Robert-Nicoud. Productive Cities: Sorting, Selection, and Agglomeration[J]. Working Papers, 2010, (11): 1-27.

[10] Bernard, A. B., and C. I. Jones. Productivity and convergence across U. S. States and industries[J]. Empirical Economics, 1996, 21, (1): 113-135.

[11] Black D. and Henderson V. A Theory of Urban Growth[J]. Journal of Political Economy, 1999, 107(2): 252-284.

[12] Bossone B. Financial Infrastructure, Group Interests and Capital Accumulation[J]. Journal of Banking and Finance, 2003(5): 18-23.

[13] Buckley M, Hanieh A. Diversification by Urbanization: Tracing the Property-Finance Nexus in Dubai and the Gulf[J]. Interational Journal of Urban and Regional Research, 2014, 38(1): 155-175.

[14] Button K J. Urban Economics: Theory and Policy[M]. London: The Macmillan Press, 1976.

[15] Cagetti, Marco and Mariacristina De Nardi, Entrepreneurship, Frictions, and Wealth[J]. Journal of Political Economy, 2006, 114: 835 – 870.

[16] Chakraborty, Shankha and Tridip Ray, The Development and Structure of Financial Systems [J]. Journal of Economic Dynamics & Control, 2007, 31: 2920 – 2956.

[17] Changhua Ye, Chuanwang Sun, Litai Chen, New evidence for the impact of financial agglomeration on urbanization from a spatial econometrics analysis[J]. Journal of Cleaner Production, 2018: 65 – 73.

[18] Clark G L. London in the European Financial Services Industry[J]. Journal of Economic Geography, 2002(2): 34 – 39.

[19] Dai, Z. M., and Y. Luo. "Chang Jiu Dual-Core integration" financial agglomeration effect measure and policy design: 2015 12th International Conference on Service Systems and Service Management(ICSSSM)[C], 2015.

[20] Demirgu kunt A., Levine R. Finance, Financial Sector Policies, and Long-run Growth[R]. Social Science Electronic Publishing, 2010.

[21] Du H B, Xia Q Q, Ma X, et al. A new statistical dynamic analysis of ecological niches for China's financial centers[J]. Physica A: Statistical Mechanics and its Applications, 2014, Vol. 395, pp. 476 – 486.

[22] Fujita, M., Krugman, P. and Venables, A. The spatial economy[M]. MIT Press, Cambridge. 1999.

[23] Goldsmith R W. Financial Structure and Development[M]. New Haven, CT: Yale University Press, 1969.

[24] Greenwood Jeremyand Boyan Jovanovic. Financial Development [J]. Growth and the Distribution of Income Journal of Political Economy 1998, 05: 1076 – 1107.

[25] Haggett P. Geography in a steady-state environment[J]. London: Edward Amold, 1977, 62 (3): 159 – 167.

[26] Halpin, E. O. A political and economic history of the Jews of Afghanistan[J]. Journal of Modern Jewish Studies, 2017, 16, (3): 515 – 516.

[27] Jeanneney, S. G, Kpodar, K. Financial development and poverty reduction: can there be abenefit without a cost[R]. IMF Working Paper, 2008: 62.

[28] Jeucken, Marcel. Sustainable Finance and Banking: The Financial Sector and the Future of the Planet[M]. UK: Earthscan Publications Ltd, 2002.

[29] Kempson E, Whyley C. Kept Out or Opted Out-Understanding and Combating Financial Exclusion[J]. The Policy Press, 1999: 56 – 62.

[30] Kindleberger C P. The Formation of Financial Centers: A Study in a Comparative Economic

Theory[J]. Working Papers, 1973.

[31] King R G, Levine R. Finance, entrepreneurship and growth: theory and evidence[J]. Journal of Monetary Economics, 2004, 32(3):513-542.

[32] King, R. G., and R. Levine. Finance and growth: Schumpeter might be right[J]. Quarterly Journal of Economics, 1993, 108(3):717-737.

[33] Krugman, and Paul. Increasing Returns and Economic Geography[J]. Journal of Political Economy, 1991, 99, (3):483-499.

[34] Kyung-Hwan Kim. Housing Finance and Urban Infrastructure Finance[J]. Urban Studies, 1997, 34(10):1597-1630.

[35] LeSage, J., and R. K. Pace. Introduction to Spatial Econometrics[M]. Taylor and Francis, 2009.

[36] Levine R. Financial Development and Economic Growth: Journal of Enocomic Literature[J]. 1997, (35):688-726.

[37] Levine, R, S, Zervos, Stock Markets, Banks and Economic Growth[J]. American Economic Review, 1998, 88:537-558

[38] Levine, Ross. Financial Development and Economic Growth[J]. Journal of Economic Literature, 1997, 12:688-726.

[39] Liang, J. Study on Regional Differences between Financial Agglomeration and Economic Growth: 4th International Conference on Education Technology, Management and Humanities Science, Taiyuan, PEOPLES R CHINA, 2018[C].

[40] Lu S F, Yao Y. The Effectiveness of Law, Financial Development, and Economic Growth in an Economy of Financial Repression: Evidence from China[J]. World Development, 2009, 37(4):763-777.

[41] Lu Z, Zhu J, Zhang W. Bank discrimination, holding bank ownership, and economic consequences: Evidence from China[J]. Journal of Banking & Finance, 2012, 36(2):341-354.

[42] Maitreesh Ghatak, Hannes Mueller. Thanks for nothing? Not-for-profits and motivated agents. 2010, 95(1):94-105.

[43] Martin T A. The Jobs Act of 2012: Balancing Fundamental Securities Law Principles with the Demands of the Crowd[J]. Social ence Electronic Publishing, 2012.

[44] McKinnon R I. Money and Capital in Economic Development[M]. Washington DC: Brookings Institution, 1973.

[45] McKinnon R I. Money and capital in economic development[M]. Washington, D. C.: Brookings Institution Press, 1976. 89-116.

[46] MICHÈLE, S. M. Goldsmith (R.)—Financial Structure and Development[J]. Revue économique, 1970, 21, (3):491-492.

[47] Monaghan S. A borrower's guide to lowering corporate environmental liability[J]. Journal of Corporate Accounting & Finance,2010,4(3):353-367.

[48] Nahashi,Stannics. Diverging patterns with urban growth[D]. Canada Economic Association Discussion Paper No 87,2007.

[49] Naresh & Gary. The Dynamics of Industrial Clustering in British Financial services[J]. The Service Industries Journal,2001(6):56-64.

[50] Naresh,Gary. The Benefits of Industrial Clustering:Insights from the Financial services industry at three locations[J]. Journal of Financial Services Marketing,2003(3):21-25.

[51] Pandietel N R. The Dynamic of Industrial Clustering in British Financial Services[J]. The Service Industrial Journal,2001(4):43-51.

[52] Pandilt N R, Gary. A Comparison of Clustering Dynamics in the British Broad[J]. International Journal of the Economics of Business,2002(2):195-224.

[53] Park Y S. International Banking and Financial Centers[M]. Boston:Kluwer Acadamic Publishers,1989:532-569.

[54] Peter R. Stopher. Financing urban rail projects:the case of Los Angeles[J]. Transportation,1993,20:229-250.

[55] Porteous D J. The Geography of Finance:Spatial Dimensions of Intermediary Behaviour[M]. Avebury:Aldershot,1995:378-395.

[56] Porter M. Clusters & the New Economics of Competition[J]. Harvard Business Review,2000(11):54-63.

[57] Pradhan. Thenexus between finance, growth and poverty in Indian:The coiruegration andcausality approach[J]. Asian Social Science,2010,6(9):114-122.

[58] Qing,Z. Y. Strategic Emerging Industries Agglomeration, Spatial Spillover and Economic Growth Based on Chinese provincial panel data[J]. AGRO FOOD INDUSTRY HI-TECH,2017,28(3):3020-3022.

[59] Richard, R., M. Philippe, and O. Gianmarco. Global Income Divergence, Trade, and Industrialization:The Geography of Growth Take-Offs[J]. Journal of Economic Growth,2001,6,(1):5-37.

[60] Risto L R. Financial geography a banker's view[M]. London:Rout Ledge University Press,2003. 88-102.

[61] Sandrine Ansart, Virginie Monvoisin. The new monetary and financial initiatives:Finance regaining its position as servant of the economy[J]. Research in International Business and Finance,2017,39.

[62] Tayor. Financial Services Clustering[J]. Journal of Financial Economic,2003(9):336-342.

[63] Ward C,Ramachandran V. Crowdfunding the next hit:microfunding online experience goods

[C]. //NIPS 2010 Proceedings,December 10,2010,Canada. Canada:NIPS. 2010.

[64] Whitmore Adam. Compulsory environmental liability insurance as a means of dealing with climate change risk[J]. Energy Policy,2000,28(11):739-741.

[65] Ying Ge, Jiaping Qiu. Financial development, bank discrimination and trade credit[J]. Journal of Banking & Finance,2007,31:513-530.

[66] Zhao X B,Smith C J. China's WTO Accession and Its Impact on Spatial Restructuring of Financial Centers in Mainland China and Hong Kong[J]. World Development,2002(8):42-48.

[67] Zhao X B. Spatial Restructuring of Financial Centers in Mainland China and Hong Kong: Geography of Finance Perspective[J]. Urban Affairs Review,2003,8(4):535-571.

[68] 管驰明,徐爱华.基于面板数据的长三角金融业集聚动态研究[J].商业研究,2010(7):22-25.

[69] 丁艺,李树丞,李林.中国金融集聚程度评价分析[J].软科学,2009,23(6):9-13.

[70] 何德旭,王朝阳.金融服务业若干理论与现实问题分析[J].上海金融,2003(12):4-7.

[71] [英]亚瑟·梅丹.金融服务营销学[M].北京:中国金融出版社,2000:99.

[72] 黄少军.服务业与经济增长[M].北京:经济科学出版社,2000.

[73] 何德旭,王朝阳."十一五"期间中国金融服务业的发展思路和相关措施[J].经济社会体制比较,2005(4):111-116.

[74] 姚战琪.金融服务业产业关联度的比较研究[J].产业经济研究,2005(5):35-42.

[75] 姚战琪.金融部门FDI和金融服务贸易的理论与实证分析[J].财贸经济,2006(10):10-15+28+96.

[76] 陈维礼,郑珍远.福建省金融服务业的投入产出分析[J].统计与信息论坛,2007(6):64-70.

[77] 吴竞.金融服务业集聚的动因研究[D].上海:上海社会科学院,2010.

[78] 汪潇,姚辉.城市总部经济发展能力与金融集聚实证研究[J].经济理论与经济管理,2011(5):60-66.

[79] 康丹.海南金融机构效率分析[J].时代金融,2007(10):99-100.

[80] 王冠凤.基于金融效率的我国金融市场结构改进与优化[J].商业时代,2010(29):57-58.

[81] 楼蔚.金融集聚效率研究[D].杭州:浙江大学,2011.

[82] 孟庆民,杨开忠.一体化条件下的空间经济集聚[J].人文地理,2001(6):7-11.

[83] 黄运成,杨再斌.关于上海建设国际金融中心的基本设想[J].管理世界,2003(11):103-110.

[84] 吴竞.金融服务业集聚的动因研究[D].上海:上海社会科学院,2010.

[85] 孙国茂,范跃进.金融中心的本质、功能与路径选择[J].管理世界,2013(11):1-13.

[86] 孙志红,王亚青.金融集聚对区域经济增长的空间溢出效应研究:基于西北五省数据[J].审计与经济研究,2017,32(2):108-118.

[87] 梁颖. 金融产业集聚的宏观动因[J]. 经济学研究,2006(11):56-61.

[88] 林善浪,王健. 基于行动者网络理论的金融服务业集聚的研究[J]. 金融理论与时实践,2009(10):16-19.

[89] 潘英丽. 论金融中心形成的微观基础:金融机构的空间集聚[J]. 上海财经大学学报,2003(1):50-54.

[90] 殷兴山. 金融服务业发展研究:以宁波市为例[D]. 南京:南京农业大学,2008.

[91] 滕春强. 金融企业集群发展动因研究[J]. 金融教学与研究,2006(5):23-24+54.

[92] [英]亚瑟·梅丹. 金融服务营销学[M]. 北京:中国金融出版社,2000:99.

[93] 任英华,徐玲,游万海. 金融集聚影响因素空间计量模型及其应用[J]. 数量经济技术经济研究,2010(5):104-115.

[94] 车欣薇,部慧,梁小珍,王拴红,汪寿阳. 一个金融集聚动因的理论模型[J]. 管理科学学报,2012,15(3):16-29.

[95] 张浩然. 中国城市金融集聚的演进趋势与影响因素:区域异质性视角[J]. 广东财经大学学报,2016,31(3):56-63.

[96] 付双双. 关于国外金融产业集聚的研究述评[J]. 太原城市职业技术学院学报,2008(7):35.

[97] 丝奇雅·萨森. 全球城市:纽约、伦敦、东京[M]. 上海:上海社会科学院出版社,2005:156-166.

[98] 潘英丽. 论金融中心形成的微观基础:金融机构的空间集聚[J]. 上海财经大学学报,2003(1):55-57.

[99] 连建辉,孙焕民,钟惠波. 金融企业集群:经济性质、效率边界与竞争优势[J]. 金融研究,2005(6):72-80.

[100] 黄解宇,杨再斌. 金融集聚论[M]. 北京:中国社会科学出版社,2006(1):53-70.

[101] 刘红,叶耀明. 交易费用视角下的金融集聚效应[J]. 金融理论与实践,2007(12):11-13.

[102] 郝文泽. 金融集聚产业研究[D]. 天津:天津财经大学,2008.

[103] 李正辉,蒋赞. 基于省域面板数据模型的金融集聚影响因素研究[J]. 财经理论与实践,2012,33(4):12-16.

[104] 王弓,叶蜀君. 空间视角下的经济增长、金融发展与城镇化协调性研究:以中国城市群为样本[J]. 管理世界,2016(1):174-175.

[105] 张贵平. 上海市金融集聚水平的测度[J]. 时代金融,2018(12):56-57.

[106] 邹海荣,王亦男,吴国强. 长三角城市金融资源集聚与经济发展协调度研究[J]. 江西社会科学,2018,38(3):80-86.

[107] 李秋敏. 金融集聚的经济增长效益及时空分异特征研究:基于省级面板数据的空间计量分析[J]. 工业技术经济,2020,39(8):101-106.

[108] 王力,黄育华. 建设金融中心的机遇与战略[J]. 农村金融研究,2004(11):4-8.

[109] 黄佳军,蒋海. 金融集聚、信息缺陷与金融风险形成机制分析[J]. 理论研究,2010(11):31-

35.

[110] 樊向前,范从来.城市金融竞争力影响因素和评估体系研究:基于金融地理学的信息视角[J].江苏社会科学,2016(2):37-46.

[111] 刘军,黄解宇,曹利军.金融集聚影响实体经济机制研究[J].管理世界,2007(4):152-153.

[112] 丁艺,李林,李斌.金融集聚与区域经济增长关系研究[J].统计与决策,2009(6):131-134.

[113] 黎平海,王雪.基于金融集聚视角的产业结构升级研究:以广东省为例[J].广东金融学院学报,2009,24(6):51-58.

[114] 陈文锋,平瑛.上海金融产业集聚与经济增长的关系[J].统计与决策,2008(20):93-95.

[115] 刘红.金融集聚对区域经济的增长效应和辐射效应研究[J].上海金融,2008(6):14-19.

[116] 王雪.基于金融集聚视角的广东省产业结构升级研究[D].广州:暨南大学,2010.

[117] 孙社云.金融集聚与区域经济发展关系的实证研究[D].太原:山西财经大学,2011.

[118] 汪浩瀚,潘源.金融发展对产业升级影响的非线性效应:基于京津冀和长三角地区城市群的比较分析[J].经济地理,2018,38(9):59-66.

[119] 谢婷婷,潘宇.金融集聚、产业结构升级与中国经济增长[J].经济经纬.2018(4)

[120] 郑威,陆远权.中国金融供给的空间结构与产业结构升级:基于地方金融发展与区域金融中心建设视角的研究[J].国际金融研究,2019(2):13-22.

[121] 吴炎芳.金融集聚对区域经济增长的空间溢出效应研究:基于空间计量模型的三大城市群对比分析[J].经济问题,2020(8):61-69.

[122] 潘英丽.论国际金融中心形成与发展的成功经验[J].上海投资,2003(10):30-36.

[123] 徐全勇,英国金融服务业集群发展对上海金融中心建设的启示[J].上海金融,2004(12):42-44.

[124] 方祥.金融产业集聚对区域经济增长的影响研究[D].湘潭:湘潭大学,2010.

[125] 李健旋,赵林度.金融集聚、生产率增长与城乡收入差距的实证分析:基于动态空间面板模型[J].中国管理科学,2018,26(12):34-43.

[126] 王淑英,王洁玉,寇晶晶.创新资源流动对区域创新绩效的影响研究:空间视角下金融集聚调节作用的实证检验[J].科技管理研究,2020,40(3):57-64.

[127] 胡东婉,宋玉祥.金融集聚对区域经济增长的溢出效应研究[J].中南财经政法大学学报,2017(4):30-34.

[128] 郑志丹.京津冀协同发展背景下金融聚集的溢出效应:基于长三角、珠三角空间面板的对比分析[J].经济管理,2016,38,(3):33-44.

[129] 张艳平.区域金融服务业集聚与工业集聚协调发展水平评估[J].统计与决策,2014(5):143-145.

[130] 王朝阳,何德旭.英国金融服务业的集群式发展:经验及启示[J].世界经济,2008,(3):89-95.

[131] 苏李,臧日宏,闫逢柱.中国金融服务业与经济增长的Granger分析:基于地理集聚视角

[J].东北大学学报(社会科学版),2010,12(1):23-28.

[132] 唐松.中国金融资源配置与区域经济增长差异:基于东、中、西部空间溢出效应的实证研究[J].中国软科学,2014(8):100-110.

[133] 张同功,孙一君.金融集聚与区域经济增长:基于副省级城市的比较研究[J].宏观经济研究,2018(1):82-93.

[134] 刘军,黄解宇,曹利军.金融集聚影响实体经济机制研究[J].管理世界,2007(4):152-153.

[135] 潘辉,冉光和,张冰,等.金融集聚与实体经济增长关系的区域差异研究[J].经济问题探索,2013(5):102-107.

[136] 赵晓霞.金融集聚视角下的中国大城市经济增长方式探究[J].管理世界,2014(5):174-175.

[137] 张帆.中国金融产业集聚效应及其时空演变[J].科研管理,2016,37(S1):417-425.

[138] 李林,丁艺,刘志华.金融集聚对区域经济增长溢出作用的空间计量分析[J].金融研究,2011(5):113-123.

[139] 任英华,李彬.金融集聚竞争力评价模型及其应用:基于珠三角经济圈的实证研究[J].湖南大学学报(自然科学版),2013,40(8):119-124.

[140] 陆军,徐杰.金融集聚与区域经济增长的实证分析:以京津冀地区为例[J].学术交流,2014(2):107-113.

[141] 伍丹丹,张东玲,陈景帅.保险业发展对实体经济增长的空间溢出效应:基于山东省2007—2016的经验数据分析[J].青岛大学学报(自然科学版),2018,31(4):116-122.

[142] 周晓艳,高萌,贺文慧.金融发展、产业结构和地区资本配置效率[J].中央财经大学学报,2015,(5):38.

[143] 于斌斌.金融集聚促进了产业结构升级吗:空间溢出的视角:基于中国城市动态空间面板模型的分析[J].国际金融研究,2017(2):12-23.

[144] 谢婷婷,潘宇.金融集聚、产业结构升级与中国经济增长[J].经济经纬,2018,185(4):92-99.

[145] 潘卫红.金融集聚对区域经济增长的路径引导模型构建与政策启示[J].统计与决策,2015(20):172-175.

[146] 刘瑞娟,王建伟,黄泽滨.基于ESDA的"新丝绸之路经济带"物流竞争力空间格局演化及溢出效应研究[J].统计与信息论坛,2017,32(6):106-112.

[147] 吴茂国,陈影.金融集聚对我国区域经济增长的空间溢出效应研究[J].上海金融,2018(11):72-81.

[148] 贺强.资本市场热点问题探讨[J].价格理论与实践,2019(3):8-11.

[149] 郭红玉,王力,黄晓薇.北京金融产业发展的比较优势、风险及建议:基于与沪津深渝金融产业政策比较视角[J].北京社会科学,2013(3):121-127.

[150] 罗莉萍,徐文俊.关于广东科技、产业、金融融合创新发展的思考[J].科技管理研究,2016,

36(19):81-85.

[151] 张芳,李龙.中国银行业市场结构衡量指标及分析[J].宏观经济研究,2012(10):77-83.

[152] 周凯,刘帅.金融资源集聚能否促进经济增长:基于中国31个省份规模以上工业企业数据的实证检验[J].宏观经济研究,2013(11):46-53.

[153] 罗白璐,赵少平,蒋满霖."一带一路"沿线省域金融发展差异的实证研究[J].经济地理,2019,39(9):48-55.

[154] 何恩良,刘文.金融资本、地方政府干预与产业结构:基于中部地区的实证分析[J].经济问题,2011(5):37-40.

[155] 罗文波,吴洁,王璐.股票市场发展、不同渠道融资与经济增长:溢出或挤出?[J].经济管理,2011(4):136-143.

[156] 李红,王彦晓.金融集聚、空间溢出与城市经济增长:基于中国286个城市空间面板杜宾模型的经验研究[J].国际金融研究,2014(2):89-96.

[157] 卓志,孟祥艳.保险业空间集聚的动因及效应:九大城市群视角[J].财经科学,2019(4):80-93.

[158] 黄德春,徐慎晖.新常态下长江经济带的金融集聚对经济增长的影响研究:基于市级面板数据的空间计量分析[J].经济问题探索,2016(10):160-167.

[159] 孙晶,李涵硕.金融集聚与产业结构升级:来自2003—2007年省际经济数据的实证分析[J].经济学家,2012(3):80-86.

[160] 黄解宇.金融集聚的内在动因分析[J].工业技术经济,2011(3):129-136.

[161] 黄永兴,徐鹏,孙彦骊.金融集聚影响因素及其溢出效应:基于长三角的实证分析[J].投资研究,2011(8):111-119.

[162] 车欣薇,部慧,梁小珍,等.一个金融集聚动因的理论模型[J].管理科学学报,2012(3):16-29.

[163] 李静,朱显平,白江.我国地区金融集聚驱动因素的实证分析[J].东北师大学报(哲学社会科学版),2014(5):107-112.

[164] 姜华东,白艳.产业结构升级的内涵与影响因素分析[J].当代经济研究,2006(10):53-56.

[165] 杜传忠,郭树龙.中国产业结构升级的影响因素分析:兼论后金融危机时代中国产业结构升级的思路[J].广东社会科学,2011(4):60-66.

[166] 梁树广.产业结构升级影响因素作用机理研究[J].商业研究,2014(7):26-33.

[167] 张翠菊,张宗益.中国省域产业结构升级影响因素的空间计量分析[J].统计研究,2015(10):32-37.

[168] 刘世锦.为产业升级和发展创造有利的金融环境[J].上海金融,1996(4):3-4.

[169] 贺劲松.关于金融支持产业结构升级的思考[J].中国市场,2018(5):89-90.

[170] 郭露,丁峰.产业结构、金融集聚与协调发展:长三角地区16个地市1994—2013的实证研究[J].经济体制改革,2015(5):59-65.

[171] 宋俊生,宋华.安徽省金融集聚对产业结构升级的支持作用研究[J].皖西学院学报,2017(3):72-76.

[172] 张丹,田配艳.供给侧背景下金融发展对产业结构升级的影响实证分析:以湖南省为例[J].华北金融,2017(2):15-21.

[173] 孙继国,段黎,张晶.产业结构优化升级与金融发展互动关系的实证研究:以山东省为例[J].青岛大学学报(自然科学版),2017(1):118-123.

[174] 于斌斌.金融集聚促进了产业结构升级吗:空间溢出的视角:基于中国城市动态空间面板模型的分析[J].国际金融研究,2017(2):12-23.

[175] 施卫东,高雅.金融服务业集聚发展对产业结构升级的影响:基于长三角16个中心城市面板数据的实证检验[J].经济与管理研究,2013(3):73-81.

[176] 杨琳,李建伟.金融结构转变与实体经济结构升级(上)[J].财贸经济,2002(2):9-13.

[177] 曾国平,王燕飞.中国金融发展与产业结构变迁[J].财贸经济,2007(8):9-13.

[178] 罗超平,张梓榆,王志章.金融发展与产业结构升级:长期均衡与短期动态关系[J].中国软科学,2016(5):21-29.

[179] 傅强,周克红.利用外资与我国产业结构调整的相关分析与实证检验[J].世界经济研究,2005(8):64-72.

[180] 江小涓.中国的外资经济对增长、结构升级和竞争力的贡献[J].中国社会科学,2002(6):4-14.

[181] 唐艳.FDI在中国的产业结构升级效应分析与评价[J].财经论丛,2011(1):20-25.

[182] 黄茂兴,李军军.技术选择、产业结构升级与经济增长[J].经济研究,2009(7):143-151.

[183] 付宏,毛蕴诗,宋来胜.创新对产业结构高级化影响的实证研究:基于2000—2011年的省际面板数据[J].中国工业经济,2013(9):56-68.

[184] 张国强,温军,汤向俊.中国人力资本、人力资本结构与产业结构升级[J].中国人口.资源与环境,2011(10):138-146.

[185] 黄文正.人力资本积累与产业结构升级的关系:基于VAR模型的实证分析[J].经济问题探索,2011(3):24-27.

[186] 李平,张玉.国际智力回流对中国产业结构升级影响的实证研究[J].科学学与科学技术管理,2012(12):160-166.

[187] 武晓霞.省际产业结构升级的异质性及影响因素:基于1998年—2010年28个省区的空间面板计量分析[J].经济经纬,2014(1):90-95.

[188] [德]阿尔佛雷德·韦伯.工业区位论[M].北京:商务印书馆,1997.

[189] 任淑霞.金融集聚与城市经济增长研究[D].北京:北京邮电大学,2011.

[190] 施卫东,高雅.金融服务业集聚发展对产业结构升级的影响:基于长三角16个中心城市面板数据的实证检验[J].经济与管理研究,2013(3):73-81.

[191] 李丽颖.金融服务业集聚和战略性新兴产业集聚协同发展研究[D].贵阳:贵州财经大

学,2016.

[192] 马斌,张富饶.城乡居民收入差距影响因素实证分析[J].中国农村经济,2008(2):53-59.

[193] 王力.我国居民收入差距的测度及其影响因素研究[D].大连:东北财经大学,2012.

[194] 孙敬水,黄秋虹.中国城乡居民收入差距主要影响因素及其贡献率研究:基于全国31个省份6937份家庭户问卷调查数据分析[J].经济理论与经济管理,2013(6):5-20.

[195] 霍炳男.中国城乡居民收入差距影响因素的实证检验[J].统计与决策,2017(4):110-112.

[196] 张宏彦,何清,余谦.中国农村金融发展对城乡收入差距影响的实证研究[J].中南财经政法大学学报,2013(1):83-88+160.

[197] 刘玉光,杨新铭,王博.金融发展与中国城乡收入差距形成:基于分省面板数据的实证检验[J].南开经济研究,2013(5):50-59.

[198] 鲁尧.金融发展与城镇居民收入差距的关系[D].济南:山东大学,2017.

[199] 黄建欢,吕海龙,王良健.金融发展影响区域绿色发展的机理:基于生态效率和空间计量的研究[J].地理研究,2014,33(3):532-545.

[200] 吕海龙.金融支持区域绿色发展的机理研究[D].长沙:湖南大学,2014.

[201] 任佳丽.我国区域绿色发展的金融支持研究[D].太原:山西财经大学,2018.

[202] 陈旖旎,张晓丹,丁时杰.金融发展对我国区域绿色发展的影响效应研究[J].财务与金融,2018(2):7-13.

[203] 张靖艳.河北省绿色农业发展的金融支持研究[D].长沙:中南林业科技大学,2018.

[204] 刘建国,王林蔚.金融支持对区域绿色发展的影响研究:基于西北五省区2006—2015年的面板数据经验分析[J].重庆文理学院学报(社会科学版),2018,37(6):104-113.

[205] 汪小亚.中国城镇城市化与金融支持[J].财贸经济,2002:31-34.

[206] 范兆媛,周少甫.金融支持对新型城镇化促进的空间效应研究:来自中国30个省域数据的实证分析[J].现代财经(天津财经大学学报),2017:69-81.

[207] 李凌妹.金融集聚对新型城镇化作用机理研究[D].合肥:安徽大学,2015.

[208] 李文,庄亚明.中国西部新型城镇化建设综合测度及金融支持研究[J].经济问题探索,2017(1):72-81.

[209] 李清政,刘绪祎.金融支持与我国新型城镇化互动发展的理论与实证研究[J].宏观经济研究,2015(4):142-152.

[210] 李宝礼,胡雪萍.金融发展会造成人口城镇化滞后于土地城镇化吗:基于安徽省16个地级市面板数据的研究[J].华东经济管理,2014,28(12):18-23.

[211] 李伟军,王春阳.金融集聚对新型城镇化影响的门槛效应[J].安徽工业大学学报(社会科学版),2018.

[212] 陈志伟.金融发展对城镇化影响的实证研究:以河南省为例[J].经济经纬,2014,31(6):7-13.

[213] 张英丽,杨正勇.金融发展、城镇化对城乡收入差距的作用机理及动态分析[J].统计与决

策,2018,34(5):84-88.

[214] 中国人民银行荆州市中心支行课题组,邵光清,谢云.中国金融发展与城镇化进程动态互动关系:基于面板 VEC 模型分析[J].武汉金融,2013(10):31-33.

[215] 邓德胜.中国城市化与金融发展关系研究[J].江西社会科学,2008(9):102-105.

[216] 王弓,叶蜀君.金融集聚对新型城镇化影响的理论与实证研究[J].管理世界,2016:174-175.

[217] 俞思静,徐维祥.金融产业集聚与新型城镇化耦合协调关系时空分异研究:以江浙沪为例[J].华东经济管理,2016:27-33.

[218] 李宝礼,胡雪萍.金融集聚对中国城镇化的影响[J].城市问题,2015:55-62.

[219] 于斌斌.金融集聚促进了产业结构升级吗:空间溢出的视角:基于中国城市动态空间面板模型的分析[J].国际金融研究,2017(2):12-23.

[220] 柯丽菲.广西金融产业集聚及其对经济增长效应的比较研究[J].广西社会科学,2016(8):21-25.

[221] 杨宜.科技金融政策对区域创新的影响:基于京津冀地区的空间计量研究[J].北京联合大学学报(人文社会科学版),2008:16-4.

[222] 李延凯,韩廷春.金融环境演化下的金融发展与经济增长:一个国际经验[J].世界经济,2013(8):145-160.

[223] 韩廷春.金融发展与经济增长的内生机制[J].产业经济评论,2002(1):163-173.

[224] 丁艺,李靖霞,李林.金融集聚与区域经济增长:基于省际数据的实证分析[J].保险研究,2010(2):20-30.

[225] 刘军,黄解宇,曹利军.金融集聚影响实体经济机制研究[J].管理世界,2007(4):152-153.

[226] 潘辉,冉光和,张冰等.金融集聚与实体经济增长关系的区域差异研究[J].经济问题探索,2013(5):102-107.

[227] 胡鞍钢.全球气候变化与中国绿色发展[J].中共中央党校学报,2010(2):1-5.

[228] 赵建军,杨发庭.推进中国绿色发展的必要性及路径[J].城市,2011(11):24-27.

[229] 刘思华.科学发展观视域中的绿色发展[J].当代经济研究,2011(5):65-70.

[230] 牛文元.生态文明与绿色发展[J].青海科技,2012(4):40-43.

[231] 王玲玲."绿色发展"内涵探微[J].社会主义研究,2012(5):143-146.

[232] 蒋南平.中国经济绿色发展的若干问题[J].当代经济研究,2013(2):50-54.

[233] 赵建军.中国实施"绿色发展"面临的机遇与挑战[J].洛阳师范学院学报,2013(1):1-5.

[234] 向书坚,郑瑞坤.中国绿色经济发展指数研究[J].统计研究,2013,30(3):72-77.

[235] 李晓西.绿色产业:怎样发展,如何界定政府角色[J].改革,2018,34(2):5-19.

[236] 孙伟,周磊."十二五"时期我国发展绿色经济的对策思考[J].湖北社会科学,2012(8):81-84.

[237] 刘薇.国内外绿色创新与发展研究动态综述[J].中国环境管理干部学院学报,2012(5):17-

20.

[238] 李凯风,王捷.金融集聚、产业结构与环境污染:基于中国省域空间计量分析[J].工业技术经济,2017(3):3-12.

[239] 王峰,李紧想,张芳,等.金融集聚能否促进绿色经济发展:基于中国30个省份的实证分析[J].金融论坛,2012(9):39-47.

[240] 许宁,施本植,唐夕汐,等.基于空间杜宾模型的金融集聚与绿色经济效率研究[J].资源开发与市场,2018(10):1340-1347.

[241] 施本植,许宁,刘明,等.金融集聚对城市绿色经济效率的影响及作用渠道:基于中国249个地级以上城市的实证分析[J].技术经济,2018(8):87-95.

[242] 徐晔,魏茹.金融集聚对城市绿色经济绩效影响分析:基于产业结构高级化与合理化视角[J].南昌工程学院学报,2019(1):16-23+45.

[243] 谢婷婷,刘锦华.金融集聚、产业结构升级与绿色经济增长[J].武汉金融,2019(2):51-56.

[244] 袁华锡,刘耀彬,封亦代.金融集聚如何影响绿色发展效率:基于时空双固定的SPDM与PTR模型的实证分析[J].中国管理科学,2019(11):61-75.

[245] 魏茹.产业结构视角下金融集聚对绿色经济绩效的影响研究[D].南昌:江西财经大学,2018.

[246] 柯丽菲.广西金融产业集聚及其对经济增长效应的比较研究[J].广西社会科学,2016(8):21-25.

[247] 肖凯文.西北五省金融集聚对产业升级与绿色发展的影响研究[D].石河子:石河子大学,2018.

[248] 国家环境保护总局,国家统计局.2004中国绿色国民经济核算研究报告[J].环境保护,2006(18):22-29.

[249] 彭涛,吴文良.绿色GDP核算:低碳发展背景下的再研究与再讨论[J].中国人口·资源与环境,2010(12):81-86.

[250] 王锋,李紧想,陈进国,等.人口密度、能源消费与绿色经济发展:基于省域面板数据的经验分析[J].干旱区资源与环境,2017(1):6-12.

[251] 严圣艳,徐小君.金融产业集聚、技术创新与区域经济增长:基于中国省级面板数据的PVAR模型分析[J].北京理工大学学报(社会科学版),2019(1):103-109.

[252] 谢平,邹传伟.互联网金融模式研究[J].金融研究,2012(12):11-22.

[253] 杨东.互联网金融监管体制探析[J].中国金融,2014(8):45-46.

[254] 吴晓求.互联网金融的逻辑[J].中国金融,2014(3):29-31.

[255] 周宇.互联网金融:一场划时代的金融变革[J].探索与争鸣,2013(9):67-71.

[256] 屈庆,陈黎,余文龙.互联网金融发展对金融市场及债券市场影响分析[J].债券,2013(10):29-35.

[257] 龚映清.互联网金融对证券行业的影响与对策[J].证券市场导报,2013(11):4-8+13.

[258] 袁博,李永刚,张逸龙.互联网金融发展对中国商业银行的影响及对策分析[J].金融理论与实践,2013(12):66-70.

[259] 邱晗,黄益平,纪洋.金融科技对传统银行行为的影响:基于互联网理财的视角[J].金融研究,2018(11):17-29.

[260] 郭品,沈悦.互联网金融、存款竞争与银行风险承担[J].金融研究,2019(8):58-76.

[261] 王彦博,刘曦子,陈进.大数据时代商业银行小微金融客户续贷预测研究[J].浙江社会科学,2017(6):36-44+156.

[262] 李宏瑾,苏乃芳.金融创新、金融脱媒与信用货币创造[J].财经问题研究,2017(10):40-50.

[263] 谢绚丽,沈艳,张皓星,等.数字金融能促进创业吗:来自中国的证据[J].经济学(季刊),2018,17(4):1557-1580.

[264] 唐士亚.运用监管科技促进互联网金融均衡规制:以P2P网贷市场准入规制为例的研究[J].商业研究,2018(12):57-63.

[265] 于博.P2P网络借贷:交易决策、风险传导与监管策略:文献综述与研究反思[J].中央财经大学学报,2017(10):21-32.

[266] 靳玉红.大数据环境下互联网金融信息安全防范与保障体系研究[J].情报科学,2018,36(12):134-138.

[267] 王曙光.互联网金融带来的变革[J].中国金融家,2013(12):95-96.

[268] 赵昊燕.我国互联网金融发展现状及对策研究_[J].经济与管理,2013(35).

[269] 谢平,邹传伟.互联网金融模式研究[J].金融研究,2012(12):15-26.

[270] 杨彪,李冀申.第三方支付的宏观经济风险及宏观审慎监管[J].财经科学,2012(4):44-52.

[271] 潘意志.阿里小贷模式的内涵、优势及存在问题探析[J].金融发展研究,2012(3):30-33.

[272] 吴晓灵.互联网金融应分类监管区别对待[J].IT时代周刊,2013(21):14.

[273] 徐会志.互联网金融消费者保护研究[D].北京:对外经济贸易大学,2016.

[274] 达姝洁,王智慧.互联网金融的本质与未来展望[J].经济研究导刊,2016(13):82+133.

[275] 云佳祺.互联网金融风险管理研究[D].北京:中国社会科学院研究生院,2017.

[276] 常振芳.P2P网贷创新与监管问题研究[J].经济问题,2017(7):53-57.

[277] 王海全,农飞龙.我国互联网金融发展相关问题研究[J].华北金融,2013(11):59-62.

[278] 黄明刚.互联网金融与中小企业融资模式创新研究[D].北京:中央财经大学,2016.

[279] 卢玉志,李杰,赵冬晖.基于互联网金融的小微企业融资新渠道研究[J].农村金融研究,2017(11):38-42.

[280] 姜兆辉.互联网金融对商业银行的影响及对策研究[J].当代经济,2017(14):50-51.

[281] 史亚荣,张茗.互联网金融形态对我国商业银行影响的差异分析[J].北京工商大学学报(社会科学版),2018,33(2):105-115.

[282] 王聪聪,党超,徐峰,等.互联网金融背景下的金融创新和财富管理研究[J].管理世界,

2018,34(12):168-170.
[283] 周宇.互联网金融:一场划时代的金融变革[J].探索与争鸣,2013(9):69-73.
[284] 肖本华.美国众筹融资模式的发展及其对我国的启示[J].南方金融,2013(1):54-58.
[285] 胡吉祥,吴颖萌.众筹融资的发展及监管[J].证券市场导报,2013(12):60-65.
[286] 肖芳.国内众筹网站举步维艰[J].互联网周刊,2013(10):20+22.
[287] 范家琛.众筹商业模式研究[J].企业经济,2013(8):74-77.
[288] 施俊.众筹模式与P2P应深度合作[J].新财经,2013(7):20.
[289] 马婷婷.中国众筹模式有待进一步发展[J].卓越理财,2013(8):79-81.
[290] 李雪静.众筹融资模式的发展探析[J].上海金融学院学报,2013(6):73-79.
[291] 黄健青,辛乔利."众筹":新型网络融资模式的概念、特点及启示[J].国际金融,2013(9):66-71.
[292] 张建中.众筹新闻:网络时代美国新闻业的创新及启示[J].现代传播(中国传媒大学学报),2013(3):111-114.
[293] 黄飙,屈俊.国外P2P和众筹的发展[J].中国外汇,2013(12):51-53.
[294] 袁康.互联网时代公众小额集资的构造与监管:以美国JOBS法案为借鉴[J].证券市场导报,2013(6):4-13+20.
[295] 来艺博.论众筹网站在中国的起步与发展:以"点名时间"网为例[J].今传媒,2013,21(11):110-111.
[296] BOB DING.中国创业者众筹融资的三个案例[J].沪港经济,2013(10):50-51.
[297] 曹小林.众筹模式的多重维度,不只是电商的拓梦[J].互联网周刊,2012(23):32-33.
[298] 周春应,张丹,程玲丽.互联网金融发展中的生态污染及其治理策略研究[J].经济研究导刊,2018(36):121-122+139.
[299] 王劲屹.交易费用视角下农业众筹发展模式研究[J].农村金融研究,2018(12):64-68.
[300] 顾乃康,赵坤霞.实时的社会信息与互联网产品众筹的动态性:基于大数据的采集与挖掘研究[J].金融研究,2019(1):168-187.
[301] 刘征驰,周莎,马滔.异质性社会资本对互联网众筹绩效的影响研究:以"众筹网"为例[J].科研管理,2019,40(7):206-214.
[302] 李薇,田蜜.国内众筹平台上出资者行为研究:以京东众筹为个案[J].重庆邮电大学学报(社会科学版),2019,31(1):82-93.
[303] 杨青松,罗荣华.众筹融资在我国文化传媒行业中的作用分析[J].经营与管理,2020(1):23-27.
[304] 温健.金融大数据背景下互联网金融的风险控制分析[J].现代营销(经营版),2020(1):205-206.
[305] 饶瑛.互联网金融时代的小微企业融资模式创新研究[J].时代金融,2020(20):34-35.
[306] 李思霖,魏修建.我国金融集聚与经济增长的空间相关性研究[J].财经问题研究,2017

(3):55-59.
[307] 王文静,侯典冻.金融集聚对产业结构升级影响的实证分析[J].统计与决策,2019,35(19):158-162.
[308] 许宁,施本植,唐夕汐,邓铭.基于空间杜宾模型的金融集聚与绿色经济效率研究[J].资源开发与市场,2018,34(10):1340-1347.
[309] 修国义,朱悦,刘毅.金融集聚对科技创新效率影响的双重特征分析[J].科技进步与对策,2019,36(17):122-127.
[310] 李健旋,赵林度.金融集聚、生产率增长与城乡收入差距的实证分析:基于动态空间面板模型[J].中国管理科学,2018,26(12):34-43.
[311] 龙云安,张健,冯果.区域发展视角下金融深化、金融集聚与产业结构升级研究:以成渝城市群为例[J].金融理论与实践,2019(11):46-53.
[312] 苟小菊,牛传涛.金融集聚与江淮城市群城镇化空间计量分析[J].北京航空航天大学学报(社会科学版),2016,29(1):98-103.
[313] 陈启亮,王文涛.中国省域金融集聚的影响因素分析[J].统计与决策,2017(12):154-157.
[314] 王建植.要素价格扭曲视角下金融集聚提升城市化了吗?[J].金融与经济,2019(10):72-78.
[315] 韩峰,洪联英,文映.生产性服务业集聚推进城市化了吗?[J].数量经济技术经济研究,2014,31(12):3-21.
[316] 陈培林.金融集聚与区域经济增长的关系分析[J].现代经济信息,2019(22):473.
[317] 张玄,冉光和,王权堂.金融集聚与经济增长问题研究综述[J].西华大学学报(哲学社会科学版),2019,38(3):71-83.
[318] 季姣姣,潘珺璇.江苏省新型城镇化发展路径研究[J].合作经济与科技,2018(1):4-6.
[319] 孙志红,王亚青.金融集聚对区域经济增长的空间溢出效应研究:基于西北五省数据[J].审计与经济研究,2017,32(2):108-118.
[320] 黄德春,徐慎晖.新常态下长江经济带的金融集聚对经济增长的影响研究:基于市级面板数据的空间计量分析[J].经济问题探索,2016(10):160-167.
[321] 谭朵朵.金融集聚的演化机理与效应研究[D].长沙:湖南大学,2012.
[322] 王方方,雷丽萍,杨旭宇.基础设施提升对区域金融集聚的影响:来自粤港澳大湾区的经验检验[J].经济研究参考,2019(7):67-78.
[323] 邓涛涛,黄蓓蓓.金融产业集聚的微观动因:基于对温州正规与非正规金融机构的调查分析[J].金融管理研究,2015(2):64-79.
[324] 黄解宇,杨再斌.金融集聚论:金融中心形成的理论与实践解析[M].北京:中国社会科学出版社;线装书局,2006.
[325] 冉光和,王定祥,温涛,等.金融产业资本论[M].北京:科学出版社,2007.
[326] 孙兆斌.金融产业集聚论[D].南京:南京大学,2008.

[327] 陈铭仁.金融机构集聚论:—金融中心形成的新视角[M].北京:中国金融出版社,2010.

[328] 赵永平.新型城镇化发展水平测度及其时空差异分析[J].西安电子科技大学学报(社会科学版),2016,26(5):60-68.

[329] 曹玲玲,陈香.基于改进熵值法的发达地区新型城镇化综合水平测度:以江苏省为例[J].商业时代,2014(30):40-42.

[330] 伊金秀.江苏省新型城镇化发展水平评价及其空间特征分析[J].中国农业资源与区划,2017,38(8):77-84.

[331] 孙沛瑄.基于VAR模型的新型城镇化动力机制研究[D].重庆:重庆工商大学,2014.

[332] 罗霞,周燕.江苏新型城镇化发展现状及综合评价[J].唐山师范学院学报,2016,38(6):117-120.

[333] 李发志,朱高立,侯大伟,等.江苏城镇化发展质量时空差异分析及新型城镇化发展分类导引[J].长江流域资源与环境,2017,26(11):1774-1783.

[334] 祁岚.江苏区域经济差异及其对策研究[J].时代金融,2017(8):130+132.

[335] 姚雪松,方勇华.金融发展对城镇化影响的实证分析[J].统计与决策,2017(13):168-171.

[336] 王春阳,李伟军.金融集聚、人力资本与经济增长:基于省际动态面板数据差分GMM分析[J].山东工商学院学报,2017,31(1):99-105.

[337] 李修彪,齐春宇.人力资本积累与城镇化的互动关系研究:基于空间面板联立方程的分析[J].南方人口,2015,30(4):54.

[338] 胡莲,易鸣.金融集聚一定提升城镇化水平吗:要素价格扭曲的门槛效应[J].武汉金融,2019(2):57-63+68.

[339] 王建植.要素价格扭曲视角下金融集聚提升城市化了吗?[J].金融与经济,2019(10):72-78.

[340] 籍磊,陈立泰,叶长华.长江经济带金融集聚对城镇化影响的机制研究[J].预测,2019,38(3):70-75.

[341] 刘澜飚,沈鑫,郭步超.互联网金融发展及其对传统金融模式的影响探讨[J].经济学动态,2013(8):73-83.

[342] 吴晓求.互联网金融:成长的逻辑[J].财贸经济,2015(2):5-15.

[343] 北京大学互联网金融研究中心课题组.互联网金融发展指数的编制与分析[J].新金融评论,2016(1):101-129.

[344] 戴国强,方鹏飞.监管创新、利率市场化与互联网金融[J].现代经济探讨,2014(7):64-67,82.

[345] 刘忠璐,林章悦.互联网金融对商业银行盈利的影响研究[J].北京社会科学,2016(9):61-72.

[346] 刘澜飚,齐炎龙,张靖佳.互联网金融对货币政策有效性的影响:基于微观银行学框架的经

济学分析[J].财贸经济,2016,37(1):61-73.

[347] 周光友,施怡波.互联网金融发展、电子货币替代与预防性货币需求[J].金融研究,2015(5):67-82.

[348] 余江,孟庆时,张越,等.数字创业:数字化时代创业理论和实践的新趋势[J].科学学研究,2018,36(10):1801-1808.

[349] 刘开华,彭见琼.贫困地区创新创业的金融支持研究:来自重庆武陵片区的实证[J].西南金融,2015(12):58-62.

[350] 鲁钊阳,廖杉杉.农产品电商发展的区域创业效应研究[J].中国软科学,2016(5):67-78.

[351] 湛泳,徐乐."互联网+"下的包容性金融与家庭创业决策[J].财经研究,2017,43(9):62-75+145.

[352] 张栋浩,尹志超.金融普惠、风险应对与农村家庭贫困脆弱性[J].中国农村经济,2018(4):54-73.

[353] 骆永慧,岳中刚.我国P2P网络借贷平台的借款风险研究:以人人贷为例[J].南京邮电大学学报(社会科学版),2016,18(1):60-68.

[354] 安宝洋.互联网金融下科技型小微企业的融资创新[J].财经科学,2014(10):1-8.

[355] 苏岚岚,何学松,孔荣.金融知识对农民农地抵押贷款需求的影响:基于农民分化、农地确权颁证的调节效应分析[J].中国农村经济,2017(11):75-89.

[356] 周广肃,谢绚丽,李力行.信任对家庭创业决策的影响及机制探讨[J].管理世界,2015(12):121-129,171.

[357] 王会娟,廖理.中国P2P网络借贷平台信用认证机制研究:来自"人人贷"的经验证据[J].中国工业经济,2014(4):136-147.

[358] 王馨.互联网金融助解"长尾"小微企业融资难问题研究[J].金融研究,2015(9):128-139.

[359] 廖理,张伟强.P2P网络借贷实证研究:一个文献综述[J].清华大学学报(哲学社会科学版),2017,32(2):186-196.

[360] 徐成晓.互联网金融对中国居民消费水平的影响研究[J].特区经济,2020(3):130-132.

[361] 王曼卿.互联网金融对居民消费结构影响的实证分析[D].杨陵:西北农林科技大学,2019.

[362] 何启志,彭明生.互联网金融对居民消费的影响机理与实证检验[J].学海,2019(3):146-153.

[363] 陈思佳.互联网金融对居民消费结构的影响研究[D].北京:对外经济贸易大学,2018.

[364] 魏子东.互联网金融发展对中国城乡居民消费影响的实证分析[D].济南:山东大学,2018.

[365] 严相如.互联网金融对中国居民消费的影响[D].厦门:厦门大学,2017.

[366] 胡萌.互联网金融对我国家庭消费结构的影响机制研究[D].武汉:中南财经政法大学,2019.

[367] 牛蕊.互联网金融对商业银行金融效率影响研究[J].山西大学学报(哲学社会科学版),

2019,42(3):122-131.
[368] 周逢民,张会元,周海,孙佰清.基于两阶段关联DEA模型的我国商业银行效率评价[J].金融研究,2010(11):169-179.
[369] 郑才静.互联网金融对中国商业银行技术效率影响:基于57家商业银行实证研究[J].价值工程,2019,38(29):129-131.
[370] 徐岚,徐青松.从美国经验看"互联网金融"对国内传统银行业的冲击[J].上海经济研究,2014(7):97-101.
[371] 吴诗伟,朱业,李拓.利率市场化、互联网金融与商业银行风险:基于面板数据动态GMM方法的实证检验[J].金融经济学研究,2015,30(6):29-38.
[372] 褚蓬瑜,郭田勇.互联网金融与商业银行演进研究[J].宏观经济研究,2014(5):19-28.
[373] 刘忠璐.互联网金融对商业银行风险承担的影响研究[J].财贸经济,2016(4):71-85+115.
[374] 田佳慧.互联网金融技术溢出对商业银行效率影响研究[J].中国民商,2018(4):41.
[375] 杨傲,王力.互联网金融技术溢出对商业银行效率提升的影响研究[J].北京化工大学学报(社会科学版),2019(1):23-29+47.
[376] 吴海清.互联网金融对商业银行效率影响的实证研究[D].厦门:厦门大学,2017.
[377] 裴平,傅顺.互联网金融发展对商业银行流动性的影响:来自中国15家上市银行的经验证据[J].经济学家,2020(12):80-87.
[378] 邹静,王洪卫.互联网金融对中国商业银行系统性风险的影响:基于SVAR模型的实证研究[J].财经理论与实践,2017,38(1):17-23.
[379] 李伟民.互联网金融对商业银行效率影响研究[D].重庆:四川外国语大学,2019.
[380] 王浩男.互联网金融对我国大型商业银行经营效率的影响[J].湖南科技学院学报,2018,39(3):84-86.

后　记

　　本书是在我长期从事研究生和本科生金融市场、区域经济政策的教学和科研基础上累积的成果，在相关论文不断发表的基础上，确立把金融服务业集聚和经济增长、城镇化及互联网金融的关系作为本书的研究框架。随着信息的迅速发展和全球化金融业的内部结构和发展方式取得了空前的发展，金融资源的交换变得越来越频繁和灵活，金融业的标准模式已经变成金融资源的全球流通，金融服务业集聚研究越来越受到学术界、企业界和政府界关注。本书要研究的重点是金融集聚是如何提高生产效率，并通过区域间合作和信息资源交换实现规模经济？金融集聚是如何通过集中减少交易成本，合理分配当地金融资源，实现可持续绿色发展的战略目标，实现高质量的经济发展和产业发展？金融集群规模的不断扩大，金融资源如何呈现出集中化和丰富化的趋势，并对周边地区带来强烈的辐射效应？

　　感谢赵林度教授对本书出版的支持和帮助！在本书编写的过程中，我指导的研究生和本科生蒲婧、高涵、薛天怡、高雅、马研、谢玉蓉、杨天然等帮助我收集整理相关文献及处理相关数据，蒲婧研究生协助我进行统稿和技术处理，在此一并表示深深的感谢！

　　最后对东南大学出版社的编辑表示诚挚的感谢！感谢他们对本书的每个细节的严格把关，他们对待工作的严谨的作风让我感动。